重构
教育生态

区域教育生态与
区域教育发展

方华 著

华东师范大学出版社
·上海·

图书在版编目（CIP）数据

重构教育生态：区域教育生态与区域教育发展／方华著. —上海：华东师范大学出版社，2024
ISBN 978-7-5760-4646-5

Ⅰ.①重… Ⅱ.①方… Ⅲ.①地方教育—教育生态学—研究—中国②地方教育—发展—研究—中国 Ⅳ.①G527

中国国家版本馆CIP数据核字（2024）第037446号

重构教育生态：区域教育生态与区域教育发展

著　者　方　华
策划编辑　彭呈军
责任编辑　朱小钗
责任校对　张　筝　时东明
装帧设计　刘怡霖

出版发行　华东师范大学出版社
社　　址　上海市中山北路3663号　邮编200062
网　　址　www.ecnupress.com.cn
电　　话　021-60821666　行政传真 021-62572105
客服电话　021-62865537　门市（邮购）电话 021-62869887
地　　址　上海市中山北路3663号华东师范大学校内先锋路口
网　　店　http://hdsdcbs.tmall.com

印　刷　者　上海展强印刷有限公司
开　　本　787毫米×1092毫米　1/16
印　　张　22.25
字　　数　351千字
版　　次　2024年4月第1版
印　　次　2025年4月第3次
书　　号　ISBN 978-7-5760-4646-5
定　　价　78.00元

出版人　王　焰

（如发现本版图书有印订质量问题，请寄回本社客服中心调换或电话021-62865537联系）

目 录

第一章 认识教育生态   1

教育生态是什么   2
写给区域良好教育生态实验区建设   4
怎样才能形成"尊师重教"的区域文化生态   7
多主体下的教育生态   11
构建教育生态圈之区域篇   13
区域教育生态圈的首席构建者   16
过度宣传高考成绩影响教育生态   19
从"教师勇气更新"到教育生态   21
良好教育生态需要呵护   25

第二章 教育生态与教育发展   29

教育的立场   30
以良好的校风影响家风改变民风   36
教育，成为每个人的"日用品"——献给改革开放 40 年   40
教育者首先要把教育"想明白"   43
教育需要科学思维   47
教育的伟大在于真实   51
教育需要"教育情怀"   55

| 教育，需要倡导"首创精神" | 60 |
| 关注"成长"和"当下"，做有温度的教育 | 64 |

第三章　重构教育生态　　67

呼唤"适宜"教育	68
教育需要重新定义"成功"	73
关于县中"塌陷"现象的思考	78
做好成果"推广人"，助推基础教育高质量发展	86
基于"成果推广应用"视域谈谈"成果"	91
基础教育阶段培养学生创新能力之思考	96
关于家庭教育现状分析与对策之我见	101
"一句话"的力量	106
站在孩子成长的视域看"进校园"	112
淄博烧烤："烧"掉长辈和前辈的错误认知，"烤"出晚辈和后辈的历史超越	115
学生是我们的牵挂	118
教育科研的发展需要良好教育生态	121
为区域教育高质量发展助力	124

第四章　局长：区域教育生态的设计者　　129

谁做教育局长？	130
再谈教育局长	134
专业能力是教育局长履责的基础支撑	140
关于"教育局长研究"几个问题的回应	144

第五章　校长：区域教育生态的推动者　　**151**

谁做校长？　　152
"二层次十要素"——校长领导力的构成　　159
校长领导力建设　　167

第六章　教师：区域教育生态的实践者　　**179**

说说教师队伍　　180
谁做教师　　184
关于教师队伍建设的几点思考　　191
新教师选岗规则怎样制定才公平　　195
合理流动　保障教师队伍稳定　　199
教师队伍建设要从管制走向服务　　203
乡村教师"安"才能"定"　　206
教师培训"三要素"　　212
警惕教师队伍建设中的"青年教师"现象　　216
吸引学生是教师专业能力的显性标识　　220
区域教育生态视域下的"名师"建设思考　　223
聊聊"名师"引进这件事　　228

第七章　学校管理：区域教育的基本样态　　**233**

教育评价决定教育高质量发展　　234
教育一旦资源化，就会减弱或丧失教育性　　238
学校管理的五个走向　　242
工作中的四种思维类型　　248

两个"最常见" 254
活生生的人才是课堂的核心 258
教师不减负,有价值的教育就难以实现 264
走近学生的教师最美丽 267
给学生恰到好处的帮助 269
面对教学质量 271
从育人视域看作业管理 275
校史 校友 校庆 278
关于教育评价科学性的思考 282
了解教育美好背后的现实,是做美好教育的前提 286
坚守"三常"是学校健康发展之道 292
文化筑魂,课程育人——谈谈新疆"九团中学"和合文化建设 297
诗育儿童 诗趣人生——评顾文艳老师的童诗教育 301

第八章 家校合作:区域教育生态的基础策略 305

家校社协同育人:法律是依据更是机遇 306
"家校合作"是区域教育高质量发展的必经之路 308
共育 助育 312
不能让孩子在"迷糊"中成长 315
家长,永不退休的岗位 318
家长成为学校"教育合伙人" 323
教育需要"合伙人",不需要"雇佣" 326
构建"教育合伙人" 家长成为学校"教育合伙人" 332
家校合作的两个关键要素——责任与策略 334
家长,面对的是"未知" 338
跨省家长会 346

第一章
认识教育生态

教育生态是什么

教育生态是基于自然生态、精神文明生态、社会生态等方面的启发提出的。在 2013 年 5 月至 2018 年 3 月期间，我在江西省上饶市弋阳县任教育体育局局长，提出区域教育总体发展理念——"以良好的校风影响家风改变民风"。

这既是我个人在教育实践中慢慢累积的"认识"，也是当时区域发展过程中对教育的认知，很原始，很直白，没有进行学理追问。

离开江西，离开熟悉的教育管理岗位，来到一个新的地方，面对新的工作环境和岗位，感慨颇多。去过不同的地方，接触与探访了不同岗位的教育人士，让我对"以良好的校风影响家风改变民风"有了更深的理解。

什么是教育生态？影响教育发展的各种因素之间的关系就是教育生态。影响教育发展的因素很多，简单来说就是教育各主体之间的关系，教育各资源之间的关系，教育各要素之间的关系，也是教育主体、教育资源、教育要求之间的关系。

教育生态对教育发展影响有多大？个人认为教育生态对教育发展的影响是基础性、综合性、长期性的。其基础性体现在教育生态决定教育发展基本方向、基本态势、基本水平和基本能力；其综合性是指它既能让影响教育的各种因素发挥各自作用，还能发挥 1 + 1＞2 的作用；其长期性是指它能形成连锁的增值作用，且能使影响教育发展的各因素相互促进，朝正面、健康的方向循环，形成正态积极自我修复，自我改进的状态，从而保持教育高质量发展。

区域（学校）教育生态有哪些方面？区域（学校）教育生态至少包括区域教育政治生态、区域教育政策生态、区域教育社会经济生态、区域教育人文生态、区域教育队伍生态等方面。这些生态有独自的生态圈，也有相互交叉与复合的生态圈。这些生态可以独立存在，也可以同时存在，但它们之间有着必然的内在关系。

新时代社会治理正从体系治理向治理体系发展，教育现代化治理和教育高质量发展同样离不开教育体系和教育治理体系建设。而教育生态正好呼应与适应新时代教育发展需要。构建区域（学校）教育良好的生态是为区域（学校）高质量发展提供可能性，同时也是为区域高质量发展提供源源不断的动力。

写给区域良好教育生态实验区建设

离开生活、学习、工作了近50年的家乡，来到一个陌生、教育发展程度较高的城市生活、学习、工作。虽然从事同一行业，但不同的工作内容及方式，给自己带来不小的挑战与冲击，这让我对教育有了更多反思与追问的"机会"。但是，反思与追问到一定程度，就感觉到了一个"瓶颈"，如果突破不了这个"瓶颈"，被反思与追问的教育问题，从始至终都会在某一空间内"绕圈"，看似不断努力，不断变革，但好似终不得要领，没有实质的进展。

比如说，这些年来，教育进行了基础教育课程课堂改革、中高考考试改革、基础教育教材改革、对教育各主体的教育评价改革、教师队伍建设、针对学生的各种减负、区域与学校教育治理改革等一系列改革，取得了一定成绩。可是，我们会发现，改革到一定程度就到了"瓶颈"，好像触摸到"天花板"，各教育主体方的内驱力就不够，出现"倦怠"，使用新名词，启动新改革，效果达不到预期，好像"隔山打牛"。这是为什么呢？

以上讲到的各项教育改革的内容，都是影响教育发展的重要因素，做好了其中一环，将会推动教育发展。之所以会出现上文所说的现象，是因为每项内容对教育发展的作用是"有限"的，哪怕是很重要的一项内容，它对教育的作用也是"有限"的。因为每项内容本身的作用是"有限"的，这是其一；只有与之相关的其他因素也发生相对应的改变，内容本身的作用才会进一步增大。这是教育的本质特性所带来的。因为教育发展是系统而综合的，所以影响教育发展的因素多样且多元，而且相互影响。

基于教育的特点，笔者认为，教育发展不仅受到多样多元因素本身影响，还会由于因素之间的作用，进而影响教育发展，这就是"教育生态"对教育发展的影响。

什么是教育生态呢？

教育生态是指影响教育发展的诸多因素及其关系。举例说明，学校课程建设的状态，受学校条件、环境、文化、机制、队伍、评价以及学校办学理念、育人方向和治理能力等诸多因素的影响，每个因素对学校课程建设的状态，有它们独自而有限的作用。每个因素发挥作用，又受到其他某一个或某一些因素的影响，而且因素与因素之间的作用，超过某一个因素单独的作用，而这就是学校课程建设所需的教育生态。以此为例，学校发展的状态，受学校文化建设、学校机制体制、学校组织结构、学校课程建设、学校团队建设、学校硬件条件及校园环境、家校关系、校社关系、校政关系等因素的影响，其中任何一个因素，对学校发展状态都有独特的作用，缺一不可。但它们中任何一个因素的作用都是有限的，且发展到一定程度或需要发挥它应有的作用时，就需要并得到其他因素的正面影响，这就是学校发展所需的教育生态。

曾经，基础教育界流传这么一句话，"一位好校长就有一所好学校"。姑且不说这句话是否严谨与科学，客观上，确实引起许多从事基础教育同仁的思考且广受认同。不知什么时候，这句话有所修改，从"一位好校长就有一所好学校"变成了"一所好学校背后有一位好校长"。这两句话的共同点，就是说明校长是学校发展的重要而关键的因素。不同点在于，第一句话说明校长在学校发展过程中的主体作用得以彰显，学校自主办学的空间较大；第二句话说明校长在学校发展过程中的主体作用相对较小，学校自主办学的空间缩小。

其实，校长在学校办学中作用的这种转变，我们能找到相关佐证。一是教育地位。国家对教育定位发生了改变，如：教育成为社会公共治理的重要组成部分，这就让教育处于较为重要的地位，教育的决策、资源配置、评价监督等更多来自于"非教育"，地方党委政府和他们所属的教育行政部门，就有更多更细的"介入"。二是教育发展。时代发展带来教育的必然发展，学校教育已经不再是"关门办学"的时代，学校发展除了学校本身的原因之外，还受诸多校外的

"直接"与"间接"因素影响。三是教育政策。基础教育国家管理体制"省级统筹，县区为主"，决定县区级政府是承担基础教育的责任主体，县区级政府对本区域基础教育有更多的"影响"，县区级教育行政管理部门对区域教育发展的作用随即扩大。这些都导致学校教育发展"受制"因素增加，校长对学校发展依然重要而关键，但影响学校校长办学治校的"其他因素"，也同样是重要而关键的。

笔者认为，我国基础教育发展到今天，有两个非常重要的要素，这两个要素就是"区域"（以行政划分的县区）与"教育生态"，二者是基础教育现代化治理与基础教育高质量发展的"基础"和"关键"。

怎样才能形成"尊师重教"的区域文化生态

家风、民风和校风组成区域文化生态,"三风"建设涉及政府、社会、家庭与学校,是系统而复杂的社会公共文化建设。

家有家风,不同家庭由于遗传基因、家庭价值追求、家庭发展定位、家庭成员为人处事、家庭氛围及成员关系等差异,营造出不同的家风。

民有民风,不同社区与区域由于地域位置、历史文化、政治文化、经济水平、人文环境与风俗习惯等差异,出现个性鲜明、风格迥异的区域文化与风俗。

校有校风,不同学校由于学校办学历史、学校文化、所在地域、学段、资源、办学水平等差异,形成不同的校风。家风、民风和校风融合为社区、乡域、县域的区域文化生态。

从家庭走向村庄或社区,从家风走向村风或民风,是形成民风的重要路径。以下就从教育角度,重点聊聊区域如何形成"尊师重教"的文化生态。

大家在研究与探讨如何营造"尊师重教"文化生态的过程中,往往基于单向的思维模式,而忽视了教育生态中各要素的主体性作用,即让学校助力社区发展、让教师引领家长思考,家校合作产生合力作用,创设真正的"尊师重教"文化生态。

一种文化生态的形成需要多种因素,如:长期积淀、持续优化、各方力量、互动协调、相互赋能、权责共担,等等。

基于以上理解,笔者认为区域要构建与形成"尊师重教"的文化生态,需要区域有"内生外势"的力量。所谓"内生外势",是把教育系统或部门及人员称之为"尊师重教"文化生态的"内";把教育系统或部门及人员以外各方资源称之为"尊师重教"文化生态的"外"。"内生"是教育要予以社会、予以家长、予以区域什么样的文化生态要素,这种要素是教育要以生长性的姿态呈现出教育的独特魅力与作用;"外势"是教育以外的政府、社会、家庭要予以教育、予以学校、予以教师什么样的文化生态要素,政府、社会、家庭以教育为要、以教育为重、以教育为本和以教育为荣的认识与定位,让自己成为教育的一分子,形成区域尊敬教育、重视教师的社会风气与氛围。区域"尊师重教"文化生态没有"内生",难有"外势";区域"尊师重教"文化生态没有"外势",也难得"内生",二者相互支持、相互促进、相互作用,对教育都有各自的作用,同时二者的教育合力作用要大于它们各自的作用。

笔者曾经在县级教育行政部门从事管理工作,与全县教育同仁交流过关于行业与部门在区域中的作用及地位的话题。任何一个行业、部门要在区域内有所作用,有相应地位(站在行业与部门履行职责,发挥作用,作出贡献的立场上说的"地位"),都必须具有其独有且不可替代的作用,不是资源与管理的独有与不可替代,而是行业给区域带来的正面影响。教育也是如此。如果一个行业和部门,长期需要上级政府、同级部门、社会各界关心、支持、帮助,这个行业与部门发展是不可能持续的,也是不健康的。这间接说明这个行业和部门,没有通过自身努力,去发挥、挖掘、拓展行业和部门应有的作用,这就是前面讲的教育需要"内生"。

如果一个地方长期没有形成"尊师重教"的文化生态,教育部门、学校、教师是否也应该"自我省视"?只有我们具有包容与反省的能力,区域"尊师重教"的文化生态才有可能形成。

"以良好的校风影响家风改变民风",是笔者从事县级教育行业部门管理工作,为县域教育发展提出的教育愿景和教育理想。当时一经提出,好多人问我,为什么不是"以良好的民风影响家风改变校风"呢?为什么教育部门还要去"管家风",去"管民风"呢?

从教育部门与教育者的角度来说,能够"以良好的民风影响家风改变校风",是最好不过的现状,这无论是教育发展工作难度,还是工作效度都是更有帮助的。但是,这只是教育部门与教育者的"一厢情愿",现实很难达到,地方政府及部门、社区、家长是否也这样认为呢？如果不是，不就出现"争论盖过行动"了吗？教育如何能发展？加上家长"点多面广"，人多难以统一协调，要从家风入手，难度大，且实际操作性不强；社区就更是各有各的观点，各有各的事情，很难聚焦且静心思考教育问题。地方政府职能职责多，教育只是其中众多工作之一，其他部门都有各自的工作，很难站在教育立场认识教育。所以，"以良好的民风影响家风改变校风"设想很美但不能落地。如果这样，我们教育者怎么办？坐等吗？还是大家互相"埋怨与指责"？如果这样，孩子一拨一拨长大，他们等不了，会有一拨又一拨孩子因此而失去优质教育的良好时机。基于这些理解，我们提出"以良好的校风影响家风改变民风"的教育理念，以"小轮带动大轮"策略，去推动区域"尊师重教"的文化生态建设。这种方法可能慢了点，笨了点，遇到阻力与困难多了点，但教育者应秉承工作"从可为之处为之，从必为之处为之"的策略，否则，只能是处于"望洋兴叹"与"力不从心"的状态。

教育是社会的组成部分，把教育从社会独立出来，不仅体现不了教育的独特性、专业性与重要性，反而让教育陷入到狭窄而不正常的"自循环"中，这是对教育的自我伤害，也是教育者的自我伤害。良好的校风对教育的作用是有目共睹的，同样，良好的家风、良好的民风对教育的作用，也不会比良好的校风少。用"良好的校风影响家风改变民风"是一件艰辛而有意义的工作，也是教育部门和教育者应该且必须具有的情怀与行动。如果一个区域，只有"内生"而无"外势"，也难以形成"尊师重教"的区域文化生态。

区域"尊师重教"的文化生态形成的"外势"很多，从主体维度来划分，主要有三个方面，分别是家庭、社区和当地政府。

如果一个区域的大部分家庭重视家教、重视家风，那么，这个地区的"尊师重教"文化生态是不会太差的，这个地区的学生学习氛围应该是良好的，同样这个地区大多数家庭在孩子教育上的成效也是好的。如果一个地方的大部分家庭喜欢培养小孩，那么这个地区的民风是淳朴的，学校在当地民众心里是神圣的，教师是受人敬重的职业。除此之外，当地教育发展水平是民众对政府工作的重要评价指标，民众评价对政府的教育履责有着积极影响和推动作用，当然也是隐形的压力。

  如果一个区域的大多数村庄、社区是崇礼尚学、重文敬教、欣赏才干，以唯德、唯智、唯勤、唯诚为榜样的，这个地区大部分家庭教育也是以乐教、善教和教善为准则。有着这样民风的地区大多数人会有着相似或相近的气质与特质，比如：谦逊、温和、好学、勤奋、诚恳……拥有这种民风的地区，将会积极推动地方政府重视教育，而当地政府的官员也会被这个地区教育文化生态熏陶，自然或不自然地成为区域教育文化生态的积极正向构建者。反之，如果一个地方大多数村庄、社区崇尚暴力、崇尚权术、崇尚资源、崇尚成者英雄败者寇，以唯权、唯利、唯术、唯成败为目标，只论成败不讲是非，这个地区是不可能敬重文化、敬佩专业、敬畏文明的，也不可能拥有"尊师重教"的文化生态。

  区域"尊师重教"的文化生态，不仅是教育发展所需，也是教育者所需；不仅是家庭发展所需，也是社区文明所需；不仅是地方现代化治理所需，也是地方党政官员工作所需。人生一世，为官一方，总归要做几件问心无愧、立天地于不朽的善事，为营造区域"尊师重教"文化生态尽点力。

多主体下的教育生态

教育是双边或多边的，有目的、有意义的学习活动。

教育主体从教与学的维度来说，主体就是"教授者"与"学习者"。从教育主体方面来说，教授者和学习者之间的关系就构建了这一时空下的教育生态。当然教与学的主体之间是不断转换的。

教育主体从对应上来说有一对一、一对多和多对一的情况。一对一的教育情境下，两个主体都是一个，教与学是相互转换的；一对多和多对一的教育情境下，教授者是一个，学习者是多个，或学习者是一个，教授者是多个，教与学同样会相互转换，这时教育主体之间关系就呈现多样态，其变化性更大，影响关系的因素与环节就多，不可控与难调节是常态，教育生态构建也更复杂。

同一教育责任的多主体关系，对教育生态影响也是很大的。比如说，同一班级的不同教师和同一学校的不同部门，他们都承担学生的教育责任。每个教育责任主体都赋予不同内容的教育职责，而且每个教育责任主体，由于自身背景、能力、认识等方面的差异，就会有各自不同的教育理念及行为。

再比如，学校与家庭也是同一教育责任的不同主体，他们之间的关系，也将影响教育生态构建的优劣。

教育主体还包括家庭、学校、社区与政府之间的关系以及他们之间的相互关系，这些关系都会影响教育生态构建，是教育生态优劣的关键因素。以上只是从主体之间的关系来谈教育生态。但同一教育主体采用不同内容，不同方式，同样能够影响教育生态的优劣。

教育生态受教育多主体和同一主体不同内容、方式的影响，教育生态优劣就需要考虑教育多主体之间关系的定位与建设。

定位是指各主体各自的作用和各主体之间的作用；建设是指各主体与各主体之间，通过什么方式与渠道来完成各自的定位与主体之间的定位。同样，教育各主体方的作用也受教育生态的影响。

教育生态优，教育各主体方的作用就正向积极，各主体方之间的关系也是正向积极的。反之，教育各主体方难以形成正向的合力，其作用也难以发挥。

教育生态构建依靠教育各主体方和其中的关系定位与建设，教育各主体方及其关系的作用，自然受益于教育生态优劣。

教育生态构建，是教育发展的关键。教育生态的优劣，决定教育发展的优劣。构建教育生态，是教育发展必经之路，是教育发展有效之路，是教育发展关键之路。同样，构建良好的教育生态，是教育高质量发展的必经之路、是教育高质量发展有效之路，是教育高质量发展关键之路。

教育生态构建将是教育新时代发展的重要突破，将会成为教育新时代发展的重要引擎。

构建教育生态圈之区域篇

教育生态形状应该是"无形"的,但教育生态可根据时空、作用、管理、内容、主体等维度,形成不同形态、具有不同作用的教育生态圈。

以县(市、区)为例,每个区域有县域教育生态圈、有学校教育生态圈、有家庭教育生态圈;区域的学校也有班级教育生态圈、有教师教学学科学习教育生态圈,等等。

教育生态圈,是某一时空,影响教育发展各因素之间的关系下较为"独立"的教育场域,是教育生态的具体表现。

以县(市、区)为例,说说教育生态圈。县(市、区)教育生态圈是较为完整的,虽然与国家范围的教育生态不能比拟,但也有国家教育生态"微缩版"的味道。

县域教育生态圈构建可以从区域落实国家及上级教育政策、区域教育定位、区域教育资源配置及政策支持、区域教育治理及评价、区域家校社政共育、区域教育内涵建设(如:教育队伍建设,包括教师队伍、校长队伍、教研科研队伍、教育行政管理队伍、家长队伍等;教育理念与文化;课程与课堂)等方面展开。

如何构建县(市、区)区域教育良好教育生态圈,是县(市、区)党委、政府落实党和国家关于教育相关政策,尤其是基础教育一系列政策的重要策略与路径。

在区域教育生态圈构建中,有两条是非常重要的。第一条是如何理清影响区域教育高质量发展各因素之间的逻辑关系。第二条是如何通过影响区域教育高质量发展各因素的自身发展，优化、完善它们之间的关系。

影响区域教育高质量发展的各因素之间有哪些逻辑关系呢？

用一个例子来解释这个问题。某单位趣味运动会有个游戏项目叫多人抬水。它是这样的：用柔软且有一定面积和承载能力的物品（如：布、网）平铺在平地上，用容器盛满且不少于10公斤的水放在平地上的布或网中间，然后每队派出队员不少于5名（参加游戏人员越多，游戏难度就越大，游戏玩家的级别就越高），每人可任意选择抓住布或网边缘的一处。游戏规则是参加游戏的每个人从抓住布或网一刻起，就不能松手，如有人松手，重新回到起点，重新开始。游戏要求大家一起从地上提起，保证布或网任何地方不得着地或凭借其他支撑物，从A处到B处；游戏规则是到达终点且容器里水量多的一方为获胜方，到达终点，如容器水量相同，以时间少的为获胜方。

用这个例子来解释影响区域教育高质量发展诸因素之间的逻辑关系。游戏中的评价内容是区域教育高质量发展，游戏要求、规则及条件是影响教育高质量发展的诸因素。其中每个因素的规则及条件，对教育高质量发展都有影响。游戏中各因素之间的关系才是对最终结果影响最大的因素。

游戏中的各个因素都有它应有的作用，但游戏中的某一个因素或几个因素都不能完成游戏中的任务。游戏中的几个因素是相互协调、相互帮助、相互关注、相互成全、相互影响和相互作用的，而且它们之间的关系是超过其中任何一个或几个因素的。

游戏是用柔软的布或网做支撑物，容器里装满不少于10公斤的水放在柔软支撑物上，而且是队员不少于5名，不得松手，客观上，如果允许松手，也只能是从一开始就做好松手的准备，否则，会出现器摔水溢的"惨剧"。

游戏过程中，游戏中各个因素之间的关系在游戏中的作用一目了然。这个关系就是完成游戏的关键，离开这个关系，其他任何一个或几个因素都难以发挥作用或难以达到最佳的效果。只有理解这些因素之间的逻辑关系，才能有效发挥它们的作用。

如何借助教育高质量发展各因素的自身发展，优化、完善它们之间的关系？

上面讲的游戏中各种因素对完成游戏有着不可替代的作用。例如：参加游戏的 5 个人，他们的能力、态度、专注力；游戏道具（布或网、盛水的容器等）的特质；游戏行进的路线、行进的速度、行进的方式，等等，都会影响游戏的结果。

但是影响游戏结果最关键的因素是 5 个人的配合默契度，包括分工、协调、速度、方式等方面。如根据游戏道具的特质，选择相应方式等。通过成员的相互配合，不断优化"前进路径"，也揭示了微观生态中个体因素相互作用的重要性。

区域教育生态圈构建，本身即教育生态的构建，区域教育生态圈之外有更大更多元的宏观教育生态圈，同时，还有更表象、更直观、更聚焦的微观教育生态圈。无论是什么范围的教育生态圈，都具有相同或相近的作用，只不过其辐射范围不同而已。

教育生态圈是教育的营养池、成长力、能源器，不但影响教育高质量发展，同时能优化与改良影响教育高质量发展的因素，使之不断成长，且发挥正向而积极的作用。

区域教育生态圈的首席构建者

教育生态的形状是"无形"的。之所以说它"无形",因为教育生态是"动态"的,是不断生长的。教育生态是影响教育发展的各种因素的关系的总和,教育生态构建亦是受多种因素的影响。这里面既包括各因素各自的发展,更有各因素发展后的关系,其中所包含的"关系",是新的教育生态。这能证明教育生态是"无形"的,是"动态"的,是不断生长的。当然,这里的"生长",是多方向生长,有正向构建的,也有负向、破坏性的。

教育生态的构建受制因素很多,但这些因素之间有内在的逻辑,它们之间是相互协调、相互帮助、相互关注、相互成全、相互影响、相互作用的。这些因素的关键是"人",人发挥积极的主导作用。

每个不同的教育生态都有 N 个不同层级、不同范畴的教育生态圈,它们对它所对应的领域、时空和作用产生不同的效果。每个教育生态圈形成、发展都有其相应规律与原由,不同的教育生态圈都有它们各自的构建者,也有首席构建者。

县(市、区)的教育局长是县域教育生态圈的首席构建者;校长是学校教育生态圈的首席构建者;班主任是班级教育生态圈的首席构建者;任课教师是学科教育教学教育生态圈的首席构建者,等等。

县(市、区)教育局长在区域教育的作用还有待于深入研究,尤其是教育局长专业发展的研究与指导更是值得研究的领域。教育局长作为区域教育生态圈的首席构建者,肩负着区域教育发展基础性的支撑与职责。

县(市、区)教育局长如何真正成为区域教育生态圈的首席构建者?教育局长是区域落实国家和上级教育部门的教育政策的首席责任者，是出台区域教育规范、制度、机制、方案等教育文件的首席倡导和促进者，是保障区域教育资源与配置的首席争取和分配者，是区域教育队伍的首席建设者，是区域教育高质量发展的首席践行者，是区域教育改革的首席发起和参与者……

教育局长是区域落实国家和上级教育部门教育政策的首席责任者。教育局是政府组成部门，县委县政府教育主体责任，都是在县委县政府领导、指导和推进下，由教育局牵头或承担基础与主要工作，教育局自身职能与职责也包含了这方面的工作。教育局长是区域落实国家和上级教育部门的教育政策首席责任者。

教育局长是制定区域教育规范、制度、机制、方案等文件的首席倡导和促进者。县委、县政府及县级教育主管部门根据国家与上级部门有关精神，根据管理权限，因地制宜出台一些规范性文件。如学校布局重大教育投入、教师补充与激励、区域教育定位与评价、教育人事制度改革与干部管理、区域高质量发展多少条措施、区域教育第几个五年规划，等等。这些相关文件出台可能来自县委、县政府或其他单位与部门，但这些文件出台从谋划、起草、讨论、调整、发布等环节，其背后都少不了教育局长的助推。

教育局长是区域教育资源与配置的首席争取和分配者。办教育需要基础性资源保障，国家对教育基础性资源有明确相关标准，并列为教育履职与发展规范性要求，但由于各种原因或教育发展实际需要，出现资源配置不足，或资源配置到位，而教育资源分配不能根据教育现状，及时有效分配，这就需要县委、县政府落实"人、事、职、责、权五位统一"工作的基本原则。在这过程中，教育局长先期承担教育资源的争取工作，后期承担教育资源如何配置的分配工作。争取是前提，保证资源有没有的问题；分配是重点保证资源有没有效，有多大效力的问题。作为教育资源与配置的首席争取和分配者，两者都重要，千万不要出现"重前轻后"现象，不然容易产生教育局教育专业水平不足、教育价值定位不清、教育发展方向不明、教育现状把握不准的问题。

教育局长是区域教育队伍的首席建设者。教育部已经明确提出"三支队伍"建设：教师队伍、校长队伍、教科研队伍。其实对教育影响较大的队伍还有教育局长队伍（教育局管理层）、教育局机关队伍、家长队伍等。区域教育队伍建设是区域教育现代化治理的重要组成部分，也是区域教育高质量发展的重要支撑。区域教育队伍建设受多种因素影响，如区域地理位置、区域社会经济水平、区域用人制度、区域工资水平、区域交通及环境等条件，同时还有历史遗留问题，教育系统文化与风气等因素。但是，教育局长在区域教育队伍建设过程中还有不可或缺的关键作用，至少，在原有基础与现有条件下，起到不可替代的作用。而区域教育队伍建设程度是衡量区域教育生态优劣的重要指标，同时也是区域教育生态的重要外显。

教育局长是区域教育高质量发展的首席践行者。区域教育高质量发展既是新时代教育发展方向与要求也是社会发展与家长迫切的需求，更是孩子终身成长的基础条件与保障。教育局长同时是拥有政策资源、物质资源、人力资源、评价资源等教育资源配置管理的"掌舵人"，是区域教育改革的发起者和参与者。

教育局长处于区域教育关键与核心地位，肩负区域教育发展大任，拥有区域教育资源与条件，这些都让教育局长成为区域教育生态圈的首席构建者。

过度宣传高考成绩影响教育生态

国家三令五申不允许各地各校过度宣传高考成绩，尤其是以小部分"亮眼"高考分数与录取学校，作为宣传的"新闻点"。好多地方、学校和人员都不理解，认为宣传高考成绩是为了学校好，为了当地教育好，为了营造尊师重教的社会氛围，形成区域良好教育生态，从而促进当地教育高质量发展。

过度宣传高考成绩，或者说宣传高考成绩真能达到上述的作用吗？我们一起来看看。

高考成绩是少数人的成绩，还是参加高考的所有人的成绩？如果是前者，作为衡量地方和学校高考水平的参考值，那么宣传少数人的成绩，还说得过去。如果是后者，那么，宣传少数人高考成绩的做法，是不恰当的。

在宣传高考成绩时，要不要告诉大家，这些优秀学生三年前的中考成绩。如果要，有多少地方和学校做到了？有人会说，生源不重要，关键是高中三年的作用。如果真是如此，国家为何出台规范普通高中招生办法？为何频频出现各地各校"抢生源"现象？为何出现"县中塌陷"现象？为何出现大量家长付出高额成本，让子女远离家庭去"名校"就读？

宣传高考成绩，为什么不宣传学校拥有的教育资源，比如：学校的师生比，学校的经费，学校的设施设备，学校的家长群体，学校的社会资源，等等。这些都应该是"竞争"的条件。

许多学生因为享有校外资源，得以弥补课堂上的差距，但并非所有学生都享有这样的"资源红利"。

为什么要宣传高考成绩？无非两方面原因。一是功劳，以高考成绩作为

"政绩与业绩",行政与管理人员以高考成绩作为"政绩";业务人员以高考成绩作为"业绩"。二是功利,以高考成绩宣传,塑造出"教育名片""名校""名校长""名师",这些带来各种可能,甚至包括利益人设形象。

如果只是告知与总结高考成绩,发布出的高考成绩就会客观、全面而科学。高考成绩其实只需要"宣布",而无须"宣传"。

再说说高考成绩过度宣传是如何影响教育生态的。

首先,过度宣传高考成绩,就是人为制造过度竞争的气氛,形成焦虑的学习氛围。其次,绝大多数人才结构都是"层次"性,而非"名次"性,不会像高考那样"分分计较与分分区分","名次"性驱动下只会出现高竞争、高关注、高压力的高考。再次,不实、不全、不对称的宣传,让受众分辨不清,盲目从众,造成大量资源浪费,其中有家庭资源,也有公共资源。还会形成不必要的"你争我夺"的竞争与恐慌。最后,由于大家无限度的宣传,各地各校进入无休止的竞赛,让教育秩序混乱,学校难以回归教育规律做教育,难以回归教育本源思考教育,教育剧场效应反复出现。

教育的作用其实是有限的,尤其是与教育没有直接关系的领域。影响教育的因素太多了,有个人的、有家庭的、有环境的、有学校的,有兴趣的、有基础的、有偶然的、有性格的,等等。面对如此复杂的科学,我们更应该研究教育中的规律性,研究影响教育的因素,构建影响教育发展各种因素之间的关系,而不是盲目采用跟风做法,去获得所谓的教育成绩,这是教育所不允许的。

还教育一片蓝天,从杜绝宣传高考成绩开始,让宣传高考成绩走向宣布高考成绩,让教育资源竞争走向教育内涵发展。各美其美,美美以共。

从"教师勇气更新"到教育生态①

2022年8月11日,首届"教师勇气更新"U境进化公益工作坊第一场在云端拉开序幕。"教师勇气更新"U境进化公益工作坊,是由北京师范大学教师教育研究中心退休教师、帕尔默《教学勇气》翻译者吴国珍教授策划,由教育部人文社科重点基地北京师范大学教师教育研究中心主办,西南交通大学教育部跨学科教学创新虚拟教研室、深圳市宇泽公益基金会、沪江互加计划、Ufield协办,中华教育改进社专业支持的一个教育公益组织。旨在顺应数字赋能绿色教育的时代脉动,拓展基层老师的内在觉醒空间。

吴教授及其团队通过教师的自成长,来推动整个教育队伍专业且高品质的发展,有效地配合国家教育的大政策、大方向、大布局。

01 教学勇气与教育情怀

我们都说教育情怀,教育情怀说出来很轻,很让人感动,也很伟大。但是大家对教育情怀的理解,不一定都非常清晰。我想通过吴教授的言行,我们可以了解到教育情怀的真谛。

我通过吴教授认识、了解了帕尔默的《教学勇气》。如果不认识吴教授,我就无法对《教学勇气》有更深层的认识。我相信全国有广大教师,跟我一样,是由于吴教授而了解了这本书。她不仅翻译了《教学勇气》,而且还进一步在这个理论基础上进行扩展。从教学勇气到现在提出教学勇气的更新,再到今天的

---

① 首届"教师勇气更新"U境进化工作坊会议召开,该内容是作者作为合办方负责人出席会议发表的致辞。

"教师勇气更新"U境进化工作坊，这实际上是一个从理念到行动、从研究到实践的系统教育思考和行动。

我们现在讲概念的很多，讲理论的很多，每所学校都在如火如荼地"办教育"。其实每一所学校，有自己个性化的教育主张，这是不错的。但是我们要基于此去考虑，学校的教育主张，到底是创新，还是传承？学校的教育主张，到底是丰富，还是优化？这一点是现在教育实践者需要思考的问题，也是教育理论者需要思考的问题。更多的人提出新的教育主张，往往是希望能有属于自己的一片教育天地，这是教育热忱，但没有全面认识教育。

我认为教育主张是教育者诠释和解读，认识和理解教育的一种表达。我现在从事国家级基础教育教学成果的推广工作，有幸接触了2014年首届和2018年第二届将近1000个国家级基础教育优秀教学成果，并且从事推广工作，所以可以从不同的视域来研究教学成果，这是专业成长的好机会，也是作为一名教育工作者的荣幸。其实基础教育教学成果的两届成果，基本上覆盖了全国相对来说比较优秀、比较卓越的学校、教师以及大家所关注的教育教学中重要而关键的内容。

通过跟他们的学习与交流，以及在推广当中发现，我们需要教育主张，需要有教育观念，但是，我们的教育主张和教育观念是服务于教育教学的。就像吴教授这样，她翻译了《教学勇气》，然后结合中国的实际情况，结合普通一线教师的需求，迅速推进具体、可行、有效的策略与行动。

02 教学勇气与教育生态

我一直关注教育生态，也在研究教育生态，在2018年之前我就开始从事教育生态的关注与研究。首先，我对教育生态有自己的一个定义。我个人认为影响教育的因素是很多的，比如说吴教授所关注的教师，就是很关键的因素，但我们必须清楚地认识到，教师在整个教育的过程当中，所起到的只是某一部分的重要作用，但肯定不是全部，更不是唯一。

所以说影响教育发展的因素很多，我们现在关注每个因素的作用，比如我们的课程，现在颁布的义务教育课程标准，国家出台的"双减"政策，等等。

这些都关注到了教育的重要因素，但是只考虑唯一的或单个的教育因素，是不能推动教育高质量发展的，甚至会适得其反。

我非常欣喜地看到，在近三年来，国家政策文本的表达中，频繁出现"教育生态"。在三年前的国家文件中提到"教育生态"的频率是很低的，但是近几年来"教育生态"被频繁提起，包括"双减"政策，这说明从上到下都共同关注了"教育生态"。

教育生态是指影响教育发展的诸多因素之间的关系。我们现在要从研究因素向研究因素与因素之间的关系转变。如果不研究它们之间的关系，教育者很难理解教育，很难让教育"五育并举"。举个简单的例子，我是教语文的，吴虹老师是教数学的，国珍老师是教物理的，那么，我们每一个老师对班上同学的教育与成长都是一个影响因素，每个学科也是一个因素，如果同学们只关注我的语文学科，那么吴虹老师和国珍老师她们就有意见，因为其他学科时间对同学们也有作用，要考虑它们的关系，所以现在才有"学科＋""跨学科"以及"综合学科"等概念。

为什么会提出这个问题？它其实就是教育生态的构建，只不过它是构建了学科教育生态而已，但教育生态还有更广的范畴。教育生态可以从宏观视角考察现实教育问题，比如说现在影响我们基础教育的宏观政策是什么？无非是落实"立德树人"的根本任务，教育方针中的德智体美劳，也就是我们常说的"五育并举"，以及"新高考""新中考""新课标"，"五项管理"和"双减"政策，等等。而这些构建了我们当下的、宏观的教育生态。这样的教育生态指向什么？"教育高质量发展"，是教育的目的。

那么中观教育生态是什么？区域教育生态。大家都说上海教育好，上海教育的好，它是有多方面原因的。2018年我从江西调到上海来工作，原来我是从外面看上海的教育，现在我走进上海，看上海的教育，看到的教育内容是不一样的。2020年的时候我参加国家成果的推广工作，又站在国家层面去看全国的教育，以及成果持有方的教育，让我又看到了不一样的教育。

微观的教育生态是什么呢？比如说我们的学校、我们的班级、我的教室、我的家庭，等等，它是微观的。不管是宏观的、中观的、微观的教育生态，它的指向都是从我出发、回到自我。如果教育生态建设不是从我出发、回到自我，那所讲到的"教师勇气更新"U境进化，就将会变得毫无意义。

吴教授这么多年来，抓了两个关键词，一个是教师，一个是自我。如果没有教师以及教师的自我成长，我们的任何成长也是没有用的。所以吴教授一直用民间的力量、用公益的形式、用非组织的方式去推动教师自我成长，让种子教师带动、引领、帮助更多的教师自我成长。这些做法回到了我们教育生态的生长性原则——教育是农业。

03 教育生态的几个要素

首先，由于教育有生命，所以教育生态有生长性。

第二，教育生态是协调性与制约性共存的，教育生态是多方协调的，如我和吴虹老师两个人搭班，我们俩是协调的，但是我和吴虹老师两个人搭班，我们又是相互制约的，所以教育生态它具有协调性和制约性。

第三，教育生态的系统性和个体性。今天吴教授所组织的这个活动是个体性的，但是她想打造一个系统性的教师成长机制与样态。

第四，教育生态的稳定性与突破性。教育生态形成是一个不断重建与变化的过程，从破坏性向稳定性构建，当它达到了一定程度的稳定性以后，它又要裂变，从而形成新的稳定性，周而复始，螺旋式上升。

最后，教育生态具有适宜性和淘汰性。（生物体在一个生态圈内，不一定都能适宜并健康生长。）比如说，家风家教，校风班风，学校文化等等建设，其实就是创造一个适宜学生生长的教育生态。教育生态有适宜性，就有淘汰性。无论哪个正常分布的学生群体都难免出现"后进生"，难免出现一些让家长、老师、学校觉得头痛的一拨"调皮蛋"，这就是教育生态要具有淘汰性的原因。当然这个淘汰不是指淘汰学生，是指这个学生在这一个生态当中，必须得到修正，否则就与教育生态格格不入，同时，我们也要改变我们的教育生态来适应他，帮助他成长。

良好教育生态需要呵护

在一次调研的反馈会上，我说"呵护优秀教育者与优质教育比每个人追求教育成功还重要"，这是因为教育成功还会遇到几个问题。

问题一：什么是教育成功？

问题二：教育成功是纵向自我成长的对比，还是横向社会化竞争后的对照？

问题三：教育成功会窄化教育内涵，聚焦教育某一社会功能而忽视教育真实价值吗？

呵护优秀教育者与优质教育是遵守教育规律的显性行为，是保障教育健康、积极地发挥教育应有效能的永恒"定律"。

当时说"呵护优秀教育者与优质教育"是因为在调研中，发现了一些值得思考的现象，细思一下，还不是某一单位，某一区域的现象！

调研的学校（教育集团）是本市（地级市）该学段影响力大，家长比较希望小孩能进入就读的学校，应该属于我们平时所讲的"名校"。该市让本区县的学校以联盟校、分校、校区等方式加盟该校，加盟后的学校办学水平得到家长认可，也已成为该区县的优质校。

调研发现，有些区县在看到本区县加盟校、分校、校区发展势头良好，就和集团争夺原协议已经约定的"管理权"，让有些加盟校、分校、校区花大量精力、人力、物力做双头管理工作。大家试想一下，这些学校发展会怎么样？这些学校管理者和教师又会怎么样？当学校受制于外界，尤其是处于管理部门和管理人员的"争执"中，学校发展受阻，甚至是倒退，学校管理者和教师亦肩负压力难以专注教学。试想，这样的环境下，如何办好人民满意的教育，办家门口的好学校？

教育集团也好，区县也罢，问题核心就是日常管理边界问题。优秀教育者与优质教育，我们需要珍惜，发挥其作用，给予其健康成长的生态。面对这些现象，教育者的认知、态度、行为就是衡量教育情怀的"炼丹炉"，是衡量教育治理能力的"天平"，也是衡量教育价值着力的"方向"。

查看各地方党委政府、各地教育局、各学校的宣传平台，我们可以通过平台发出的工作信息，发现各地各校都在为区域、为学校教育发展殚精竭虑，都在因区域缺乏优质教育而焦虑，为学校缺少优秀教育工作者而担忧，为办好人民满意的教育，为办百姓家门口的好学校而努力工作。每每看到这些，作为教育者都感到自豪与责任，更加愿意为教育出一份绵薄之力。

每个地区对教育的追求与理想总是相近的，可是回到现实，各地做法又相差甚远。正是现实行为的差距，导致了教育真实的差距。案例中的故事或许会对我们有所启发。

案例：

××出生在教育发展不够发达的地区，个人喜欢教书，喜欢小孩，所以教学很投入，又加上自己肯钻研，故取得一些成绩。以课堂教学为例，分别获区、市、省以及全国性教学比赛一等奖，加上班级带得好，家长愿意把孩子放到他的班级，孩子也喜欢他，在当地可以说是妥妥的名师，以他的成绩，可以享受当地职称破格评聘的政策。可是，评职称时却受到多方阻力，让他不要申请破格评聘职称，因为这样会影响其他老教师评聘职称。劝说理由很多，看似"很是为当地教育发展考虑"。

后来××调到一个教育发展较好的地区，刚上任不到半年，赶上申报评审职称，以他的经验，自己在新学校尚未取得教学成绩，应该不具备申请资格。没想到，校长来质问他为什么不去申请，他告诉校长自己的想法。校长说，你在原来工作的地方取得的成绩，都在中华人民共和国的范围内，国家法律都一样，都在为国家培养人，为什么不算？校长让他交材料。之后，校长亲自帮他整理材料并编印成一本精美的册子，然后到教育局汇报，陈述事实，结果教育局同意申报。××到新单位不足半年,就被学校、教育局推荐为特级教师申报对象,并于当年申报成功。

××说,直到拿到特级教师证书,自己都不敢相信。从此,他更加投入教育教学,更加用心用力帮带新老师,更加关心学生健康成长……××说,他们区域这种做法,并非独立偶然的情况,而是一种风气。

通过调研,发现教育发展有差异的地区,各自对这件事的理解是不同的,给出的理由也是不同的,由此,做法也是不同的。

对优秀教育者与优质教育的重视程度是衡量地区教育发展的重要指标。这一切与地区间经济发展程度相关,而与地区的社会文化,与地区对教育的价值追求、对教育的理解认知、对教育是否重视等方面有着更为紧密的关系。

回看本文所举的案例,可以看出两个地区教育生态的差别,从而导致了两个地区教育发展程度的差距。这件事并非因条件而导致不同,而是因教育认知、教育价值、教育情怀的不同所致。

教育发展是缓慢、持续、积累的过程,尤其是与教育相关的"小事",与学校、教师、学生相关的"小事"。这些"小事"做好了,教育发展的"大事"也就做好了。但可惜的是好多地区,把教育发展的"大事"与教育发展过程中的"小事"分裂开了。不做教育发展中的"小事",何以能把教育发展的"大事"做好呢?

如果,你真心希望教育发展,那就把呵护优秀教育者与优质教育当成教育发展的关键。一个地区,一所学校认可并坚持"呵护优秀教育者与优质教育"的观点,那么,这个地区,这所学校的教育生态必然是良性发展的,这个地区,这所学校的教育发展程度必然不断提升。

第二章
教育生态与教育发展

教育的立场

知晓教育要遵循教育规律的人并不少,但在教育政策、教育教学研究与教育教学实践中,不遵循教育规律的现象还时有发生。这或许是不太了解教育基本特征所造成的。教育的特征很多,不同的人有不同的理解与表达。在此,笔者谈谈自己对教育基本特征的认识。

本文将用缓慢、持续、反复、系统、差异、综合六个关键词来论述教育基本特征,试图写意一下我心中的教育,看看能否引起大家一些共鸣。

01 缓慢

"教育是慢的艺术"。这是我们教育工作者耳熟能详的名言。教育的效应是缓慢的,不是立竿见影的,教育如果求快,无异于揠苗助长,其效果会适得其反。这恰恰佐证了"缓慢"是教育的基本特征。

综观我们当下的学校,学生每天从进校的那一刻起,时间被安排得满满的,空间被填充得满满的。学生每天在学校行走的路线,活动的场所,生活学习的内容,讲话的要求,听到看到的东西都是大同小异的,因为学生时间、空间、思维都被点状、块状地分割了,使之模块化、标准化。学生在学校根本没有闲暇的时间、空间、精力与心情,很难静得下来,放慢脚步,哪怕是抬头望望校园的天空,瞧瞧学校的风景……

综观我们的家庭,教育孩子通常有两种类型:一种是放任型父母,其教养方式的特点是不管孩子或者说没有能力管孩子。另一种是权威型父母,其教养方式特点是过度管孩子和从严管孩子。本文重点讲讲过度教育和从严教育孩子的家庭。

由于我国有重视家庭、重视教育的传统,"望子成龙,望女成凤"不仅是俗语,更是一以贯之的家庭文化,也是众多家庭教育目标是否达成的"标准答案"。现实中的家庭教育,与前面讲到的学校教育中学生在校的生活样态,可以说非常的相似,有些可能是有过之而无不及。家庭日常生活中本应该包括休闲、旅游、玩耍、闲聊、睡懒觉、走亲戚、逛公园等活动,但这些常态活动,可能只存在于孩子还在学龄前的家庭中,对于孩子达到学龄的家庭,这些活动只能出现在给孩子的奖励、节假日或者其他重要的日子里,日常很难看到常态的家庭生活的模样。每个家庭及家庭成员都在努力做好自己,其实已经做得不错,但仍然还是"担心与焦虑,甚至于惶恐",因为那不可确定的"未知"与"目标"就摆在面前。

诸如此类的"急匆匆"教育现象充斥着现实,原因是多样的,但有一点是肯定的,那就是这些现象与做法,绝不是因为"教育"所需,而是借教育之名,在行非教育之事。因为,教育是缓慢的,无需这么着急,无需这么"排他",无需这么"不遵守教育规律",无需这么不相信"教育基本特征"。

02 持续

教育实则是学习的过程,目的是师生(或父母孩子)不断成长、教学相长。教育的持续性,是教育另一个基本特征。

由于教育"持续"的特征会让教育变得更加具有"不确定性",教育的作用与效果就没有其他行业那么"明显"。这也让教育行业与教育从业者——校长与教师,与另一个靠专业吃饭的行业与行业从业者——院长与医生相比,校长与教师的专业就没有院长与医生的专业那么被大家"认可",因为医院治疗的作用与效果比教育的作用与效果反应得要快、要"明显"。

教育"持续"至少包括教育的"连续""衔接"与"对应"三个方面的内容。教育的"连续"包括教育目标、内容、要求等方面的连续。以学校教育为例,任何一门学科内容学习都是连续的,比如说语文学科、数学学科,从小学到初中,从初中到高中,从高中到大学,它们的知识点、学科逻辑是连续的;

学生生活、言行、学习习惯的教育也是连续的，比如说上课要求、书写要求、阅读要求、讨论要求、活动要求、卫生要求、就餐要求、就寝要求，等等，都旨在帮助学生养成良好习惯，利于学生科学而健康地生活、学习与交往；学生学习目标也是连续的，比如说每个学生确定每个阶段的学习目标与每个学段的学习目标是连续的，某个学段的学习目标与下个学段学习目标是连续的……

教育持续，还包含教育的"衔接"。除教育目标与内容相衔接外，教育方式与方法要衔接，教育各主体的标准与要求要衔接。学生在不同环境、不同时段、不同教育主体那里接受不同教育内容。这对学生来说是挑战，也是困难，好多学生在这些转换中，很难适应，导致学生身心疲惫，不愿学习，使之学习困难，学习效果不佳，长此以往，学生从厌学、逃学发展到不学。如何帮助学生在不同学习内容、学习环境、教育主体与教育方式中自如地转化，这就需要做好教育的"衔接"。

教育持续，还包含教育"对应"。这里讲的对应，主要是讲教育内容与学习者对应。比如说，如何帮助幼儿从形象的"物体"转化为代表物体的抽象"符号"，也就是文字；如何帮助幼儿建设数的概念，再由数转化为数的符号表达，也就是数字，等等，这就是教育如何让教育内容与学习者认知水平、原有知识储备、认知方式等方面相对应。教育"对应"还包括教育方式与学习者对应，比如说，如何帮助学生学习古文，如何帮助学生建立空间概念，如何帮助不同学生掌握前滚翻和后滚翻，如何帮助音调、节奏敏感度不一的学生学会音调与节奏，如何让学生在不同语言环境中学习外语，等等，都涉及到教育方式与学习者对应。

只有教育者真正解决了教育连续、衔接与对应，教育才能够真正做到连续，教育也只有遵守持续特征，教育的效应才有可能发生。

03 反复

教育过程需要反复，教育效果也会反复。正是教育具有"反复"特征，教育的艰苦、艰辛与艰难才不言而喻。

教育过程的反复与教育效果的反复是教育"反复"特征的重要维度。

教育过程的"反复"是学习者生理特性、心理特性和学习过程中一系列习惯、态度、情绪等原因所致，可以说，任何一个学习者在学习过程中都存在"反复"现象。剔除上述原因，就学习内容的难易，学习转化与转换的需要等方面原因，教育过程也是存在反复现象的。这就是为什么学校教育要强调课前"预习"，课堂"研习"，课后"练习"，课程结束后还要"复习"，学校教育要求学生这"四习"，其实，这些都体现了教育过程的"反复"特征。

教育效果的反复有学习者所在的外部原因，也有学习者与生俱来的内在原因。教育效应理论上是"永恒"的，也就是学会的、记住的、能做的都会伴随我们一生。我们经常会发现，小时候或很久以前学习过的知识、技能，或者说经历过的一些事情，看过的书、听过的音乐、做过的活动，等等，都还铭记于心，多少年过去，还能倒背如流。这些现象的确是教育的效应。回想一下，我们从幼儿园到大学的各种学习效果测试，自我测试，他人测试，正常考试，作业练习，我们曾经接受的教育（学习）效果是那么的明显与显著，可这种教育（学习）效果能保持多久呢？又有多少保持了前面讲的"永恒"呢？

教育的"反复"，不仅停留在知识与技能、记忆与操作、解题与动手方面，还有思维与逻辑、习惯与感知方面。教育的反复是教育的另一个基本特征。

04 系统

学校教育有课标、课程、教材，有学段、学龄、学科，还有课堂、活动、测试，更有教法、学法、实验，等等，这些都有其科学而严谨的系统性；家庭教育有为人观、处事观、职业观教育，有习惯、态度、方法教育，等等，这些也有其系统性。

教育"系统"，包括教育多主体系统化，教育标准系统化，教育内容系统化，教育过程系统化，等等。

教育是系统工程，教育"系统"特征主要体现在教育多主体的系统化上，如家庭与学校，家庭与社区，等等。教育"系统"特征还体现在教育标准系统化上，如学科教学内容不一，教育方式不同，考核考评方式迥异，但教育目的是一样的，那就是通过不同学科，以学科内容为平台，最后帮助学生达到学科素养培养，最终培育学生核心素养；教育"系统"特征也体现在教育内容系统化上。教育"系统"特征也体现在教育过程的系统化上，以学校教育为例，学校课程设置就是系统化的，幼儿园小中大班的课程设置不一样，小学小中高段课程设置不一样，初中也是，高中根据年级不同课程也不同，除课程设置不同，课时也不同，不同学段每堂课时长也不一，这些都说明教育过程系统化。

教育"系统"基本特征由学习者年龄、学科内容、社会需求及教育本身的特性等因素组成。

05 差异

人的差异带来教育的差异；条件、环境、内容的差异带来教育的差异；目标、定位、追求的差异带来教育的差异。有教育就有差异，没有差异的教育是不存在的。其中包括教育对象差异，教育环境与条件差异，教育目标与效应差异，还有教育方法差异、教育内容差异、教育过程差异，等等。

教育是个性化极强的行动科学，也是需要现场感的行动科学，更是差异化的行动科学。教育差异源于教育的多主体本身差异，如教师（或家长）与教师（或家长）之间的差异，还有教师（或家长）自身由于场合、情绪、认知等方面原因导致教育差异。教师（或家长）与学生共同的差异，学生与学生之间的差异，学生自身由于场景、条件、态度、认知等方面导致的教育差异，等等。

由于教育差异的基本特征与教育现实意义的冲突，导致教育出现偏离。教育效应与作用本身来源于"变化"，其目的是使教育者与学习者"成长"，这个变化与成长是基于自身的时间、空间、内容等维度的自我对比。但现实中的教育管理、教育评价、教育社会选拔等原因，使教育的"变化"变为"成绩"，变为不同主体之间的对比，这就导致教育跨主体的"竞争"，而这种看似正常、客观的"同类"比较评价，恰恰违反了教育"差异"的基本特征，使教育社会化功能强化，教育成长化本位功能受到冲击，教育也自然而然地受到影响。

06 综合

教育作用与价值最终栖息于人，人是整体的，肉体的与精神的，感性的与理性的，知识的与技能的，价值的与态度的……均无法分开。正因如此，教育应该和人一样，是整体的，是综合的。

教育"综合"体现于培养完整的人和人需要综合的素养。培养完整的人就需要接受完整的教育，完整的教育可以从学段上讲，比如说从幼儿教育到义务教育是我国对适龄儿童基础的完整教育，当然，还有高中阶段教育（含普通高中与职业高中），大学教育，研究生教育，等等。培养完整的人就需要接受完整的教育，完整的教育可以从家庭教育与学校教育协同，比如说从家校合作到家校共育。培养完整的人就需要接受完整的教育，完整的教育可以从目标上来讲，比如国家推行素养，国家提出核心素养，国家培养多方人才，等等。培养完整的人就需要接受完整的教育，完整的教育可以从内容上来讲，比如学科设置，有思政课程、有文化课程、有体育课程、有艺术课程、有劳动技能课程、有综合课程，各种各样的课程围绕着如何培养学生知识、技能、价值观等方面。

人的成长需要不同"养分"与"元素"，人从出生以后，家庭、学校与社区为他们成长提供综合的教育，人成长对不同"养分"与"元素"的需求是不一样的，有些多些，有些少许，有些是幼年所需、少年所需、青年所需，有些是终身所需，无论如何，都是为了给学生提供综合而完整的教育，最终让每位学生成长为最好的自己，为自己寻找更多的可能。

了解教育基本特征，我们就会正视教育的作用与教育的局限，剔除教育杂念，面对教育现状，迎接教育挑战，接受教育的不完美，从而遵循教育规律。如果，我们都遵守教育规律做教育，或许教育会有"曲径通幽"的美感。

以良好的校风影响家风改变民风

从事教育工作近三十年了，从教师到校长，再到如今的教体局局长，不同工作岗位的经历，让我对教育有了更加深刻的认识。近几年来，随着对一些教育问题认识的不断加深，越来越感觉到，教育应该"返璞归真"了。我很赞同陶行知先生"千教万教教人求真，千学万学学做真人"的教育理念，如今的教育应该"问道"于此类朴素的理念，以保证教育不失其本色。教育求真会改变家庭教育观念，最终对整个社会风气的改变产生影响。教育求什么"真"？在中国义务教育阶段发展的关键阶段，我们应该从三个方面求教育之"真"。

一是教育的学生立场。曾听一位语文老师讲《邹忌讽齐王纳谏》一课，听完之后，我产生一个疑问：我们的教育究竟是学生立场，还是教师立场？相信没有老师会说，教育是教师立场，也没有哪一个校长会说，教育是校长立场。毫无疑问，他们都会说是学生立场，其本意也是学生立场。然而，在实际操作和践行过程中，却不知不觉地偏离学生立场。教育的学生立场包含哪些方面呢？主要体现在三个方面：学生的成长规律、学生的终身发展和学生的全面发展。教育的核心要素是尊重学生的成长规律。无论是中国古代的教育先贤，还是国际范围内的教育大家，他们无论是从哪一个角度来阐述或构建教育理论体系，无一例外地都会站在学生立场、以尊重学生的成长规律来阐述。这种规律有个体的差异性，包括年龄、趣味和家庭的差异性。教育的最大难题是对个性与共性之间平衡的度的把握。关于学生的终身发展，有些人说我们的教育出了问题，问题出在哪儿？其实是涉及教育的价值问题。如果教育能以学生的终身发展为出发点，评价方式也不再是单纯的量化式评价，那么，所谓的问题也就不存在了。对于学生的全面发展，在义务教育阶段，要做到"两个全"，一个是面向全体学生，一个是面向学生全面发展。面向全体学生是站在教育的社会功能来说的，针对个体来说，需要面向学生的全面发展，其深层含义是，针对不同基础的学生，通过教育，他们能够有所改变，使之健康积极的才能得到发展，而不是培养所有学生，使之达到统一的优秀标准。教育只要能够尊重学生成长规律、面向学生终身发展、实现学生全面发展，我认为，就是尊重了学生立场。

二是教育的成长立场。现在的评价机制是以结果论英雄的，教育过程如何，人们不去关注，却只关注最终的结果。每年高考过后，很多学校都会打出"我校某某同学在某某方面取得怎样的成绩"，这是很突出的重视结果的现象，也是需要改变的地方。每次高考过后，学校都会关注学生最终的考试成绩，却很少关注学生三年前进学校时的成绩。比如，某校学生考取清华北大的有12人，该校就觉得"与有荣焉"，殊不知，三年前招收学生时，这个学校把该区域中考前200名的学生都招收了过来。三年后，学生取得较好的高考成绩，从某种程度上来说，是一种理所当然的事情。教育成长另一个需要努力的方向是从单一的发展向多项全面的发展转变。

三是教育的全体立场。教育不做少数人的"游戏"，部分的某些优秀不应该是质量的"依据"，而应该以全体的优秀来作为标准。当然，教育也不是要有统一的标准，而是要有针对个性、针对差异的标准。因为即使标准再优秀、再科学，它也不可能适用于每一个学生，所以，教育是因人而异的"成功"。

教育如何做到求真

我认为，教育要想做到求真，需要做到以下三个方面。

第一是坚守教育的理想。教育既要面向当下的"苟且"，也有着"诗和远方"。如果教育缺少了理想，那么，它就是机械的、功利的教育。反过来，如果教育只有远方的诗，没有当下的"苟且"，那么它也会变为毫无生命力的教育，教育会缺少了生长力。我认为好的教育就是给孩子更多的可能。每当出现一个社会事件时，人们总爱归咎于教育，说是教育出了问题。我不否认现在的教育的确存在一些问题，但因此就要承担所有的指责吗？我觉得，不应该如此。如果教育真的有那么强大的功能,那这个社会就不需要警察了。教育的功能不应该被过分夸大,当然教育也不应该推卸相应的责任,它应该尽力做到给孩子更多的可能,为孩子将来的更多可能性埋下种子。同时,我们也应该让受教育的孩子都能感受到被关注。我不得不说一个事实,在我国的中西部地区,农村的辍学率高达百分之二十。在扶贫力度如此大的今天,为什么还存在这么高的辍学率?很大程度上是因为厌学。学生厌学也是多种因素所致,家庭教育的缺失或错误、孩子自身的学习兴趣都可能导致孩子厌学,但还有一个重要的因素,那就是孩子长期在学校生活中不被教师关注,或者被边缘化。我在弋阳县做了一个改革,用了四年的时间,把学生的就学率提高了三十个百分点,这项改革就是评价机制的改革。我把原来平均分、合格率、优秀率的"一分两率"变成了平均分、合格率和后百分之二十的成绩,这样,教师必然会关注到后几名学生,学生受到关注了,辍学率自然就降低了。

第二,我们要摒弃功利思想。我们做过一个改革,用层次思维代替名次思维。原来我们学校一个年级六个班,三个语文老师,最后第一名同学平均分76.5分,第二名同学平均分75.8分,两人相差0.7分。结果第一名就是优秀的,第二名就是后进。我不禁要问,差出来的这0.7分可以做什么?没有什么大作用!所以我们把文科三分作为一个档次,理科五分作为一个档次。高考是为了选拔人才的,要兼容社会的公平,而学校教育却不需要如此苛刻。

第三,我们还要看教师的心态如何,也就是教育者的专业精神支撑着教育者的求真。陶行知先生是伟大的教育家,他为什么能够成为伟大的教育家?是因为他能把杜威的思想进行本土化,再加上他一直坚持的农村教育和乡土教育,促使他成为伟大的教育家。现在中国教育的话语权在研究者的手上,没有在践行者的手上。真正的教育在课堂,在校园。因此,教育只有进课堂、进校园,才是真教育。求真教育需要一种专业精神,专业精神当中有专业理想、专业认知、专业素养和专业人力,一个都不能少。

教育应不忘初心

教育在求真的道路上会有千难万险,但是也应不忘初心。虽然践行起来比较困难，但我们仍然要努力坚持。由此，有三个问题值得思考。

第一，现在的教师队伍建设是不是应该改为教育队伍建设？第二，办好人民满意的教育，什么样的教育才是人民满意的教育？我认为，人民认可并且能够参与的教育就是人民满意的教育。第三，我们从"人民教育人民办"，走到"人民教育政府办"，这是否意味着已经到了"人民教育大家办"的教育时期？改革开放初期，有一句口号叫"人民教育人民办"。"人民教育人民办"是在什么历史环境下产生的？是在我国教育资源极度贫乏，人们的入学率很低的情况下提出来的。当时正值改革开放，大家对教育的热情空前高涨，教育在国家发展中的地位也得到了极大的提升，村委会办学校，乡镇办学校，"人民教育人民办"应运而生。现在，随着国家对教育的重视，尤其十九大提出教育优先发展，加上这么多年来，国家、省、市、县对教育的投入大大改变了各个学校的办学条件，更加侧重于教育内涵的发展。教育单靠学校的力量是办不好的，教育单靠家庭的力量也办不好，只有把家校整合起来，办好教育、办人民满意的教育才有可能实现。弄清楚了教育求什么真、教育如何做到求真，做到了教育不忘初心，我想，家风、民风的转变也就不远了。

（本文原载于2018年《教育管理与教学研究》第1期）

教育，成为每个人的"日用品"
——献给改革开放 40 年

40 年的改革开放给中华民族带来的巨变，不仅是我们幸运生活在这个时代的人体验到的方方面面的改变与提升，而且改革开放的伟大成就会在人类历史长河中成为璀璨明珠。教育，同样享受了改革开放带来的"红利"。

曾记否，改革开放之初，我们国家几乎没有学前教育的概念（除了极少数人享受了正式的幼儿教育）。小学的入学率极低，小学进入初中有小升初考试，至少有 50％以上的小学生进不了初中（该比例在农村地区呈现出更大差异）。初中进入高中和中等学校有初升高考试，简称"中考"（现在也有中考，但现在中考是分类就读）。中考录取的比例比小升初还要低，有些地方录取率在 30％左右，更不要谈高考了。当时高考的录取比例更低（这个比例不同于现在的高考录取率，因为当时能参加高考的是"适龄"高考中的少数，从某种意义上来说，能坐在高考考场的就是"幸运儿"）。40 年来，我们国家教育无论从普及程度，教育科学性和专业性，到教育投入和学校教育设施设备，再到教育内涵发展及教育社会功能，都发生了本质的变化。教育的发展，最直接的效果就是民众的素养得以提高。改革开放 40 年在教育领域最大的成果，是让教育从"奢侈品"变成"日用品"。改革开放前的中国教育可谓是"奢侈品"，能接受教育的无非两类：一类是"非富即贵"家庭的子女能接受教育；一类是一个家庭或家族（甚至是宗族）为某一个"信仰"而不惜"砸锅卖铁"供一到两个孩子接受教育。教育不能成为平常百姓家的"日用品"时，教育的教化作用就被弱化了（这里的教化是指教育对一个民族素质的提升）。改革开放 40 年来，教育逐渐成为普通百姓家庭的"日用品"(这里的日用品的核心要义有两个：一个是必需；一个是不紧缺的)，这标志着教育成为提升民族素质的助推器，同时也是一个国家民主、富强、文明的重要体现。国家定位基础教育普及、普惠和义务，国家要求基础教育以公平与质量为目标，都表现出教育在社会、经济、生活中的作用。只有教育不再是"奢侈品"时，社会发展与文明才有可能在当下真正发生。否则，教育只是少数人的游戏。

改革开放40年来，我们国家的教育不但解决了"有学上"的问题，还正在朝"上好学"的方向发展。当然，任何事情都有它的两面性，改革开放40年给教育带来了从未有过的发展与变化。教育功能的社会价值得以体现时，一些问题也困扰着教育，让教育"欲罢不能"。这些问题如果得不到有效的改变，将会影响教育，甚至让教育离开正常的轨迹。当下教育突出的矛盾是教育资源分配和教育内涵发展。这个矛盾是随着国家对教育持续投入和教育本身所面临的差异带来的教育资源之争。简单地说，就是以教育资源优配者为代表的教育站在我国教育的"高地"，这种资源包括投入、师资、家庭、社区、政策倾斜与关注，等等。

教育的核心是变化，就是通过接受教育得到变化（当然我们的教育更多带来的是正向变化）。正因如此，教育的功能与效果，教育的发展都源于内在的变化，无论是接受教育的人，还是从事教育的学校都应以变化来衡量是否接受了好的教育，是否提供了好的教育。可是，现在是用前面所说那些东西来评判你是否接受好的教育，你是否提供好的教育，因为他们拥有了别人没有的教育资源，所以他们同样拥有别人难以有的平台、机会、话语与看得到的、量化的且大家需要的"羡慕"的结果。改革开放40年来，教育得以回归正常（教育从"奢侈品"变成"日用品"），教育得以回归到社会管理和社会生活应有的重视与地位（教育投入和教育关注程度得以增加）。随之而来的是教育自身的定位、判断与把握。只有教育真正回归，让教育从"稀有资源"变成"日用品"，让教育不再唯"资源"，让教育不再以资源衬托教育，这样的教育才可能重视接受教育者的感知与体验。

教育，就是育人。教育者根据人的认知、基础、年龄，并通过知识、技能对人进行帮助与培育。教育更多的作用是培养健康、积极且有一定知识与技能的人。并且是相对受教育者自身前后比较的,而不是与其他比较优劣。随着教育对人就业、分工以及享受社会服务的优劣与多少有着明显的作用,教育的作用不再局限于个人成长,也不仅是教书育人,而是掌握和改变人生"命运"与"价值"了,教育的作用不再温暖和柔和了。教育不知道从哪一天起,处处充满比拼与竞争,让原来缓慢、舒畅、宁静、温馨的生活变成高效、急促、紧张、陌生而机械的"标准"与"规范"。生活的意义原本是不断寻找、不断遇见、不断调整、时时处处都有惊喜与沮丧。教育就是生活的一部分,它有目标,但没有标准统一的目的;它有远方与诗,但不能放弃今日的快乐与困难。教育本是共学互助地成长,但不知不觉变成了比拼,变成了竞技。校园变成了比赛场,教室变成了训练场,家里变成体能馆。哪一天,我们的教育能从"竞技"变成"日用品",让它成为人生活的一部分,让它成为普及的日用品。那么它能让我们生活变得更美好,变得更快乐,变得更温暖。改革开放40年来,教育发生了翻天覆地的变化。这种变化改变了我们的国家,改变了我们的民族,改变了我们生活在这个时代的每一个人。感恩这个时代,这一切都来源于改革开放。

(本文原载于 2018 年《教学管理与教育研究》第 23 期)

教育者首先要把教育"想明白"

"说清楚了吗?"张人利校长在讲座中喜欢用这种问话方式与大家交流对话。

"任何事情,首先要想得明白,方能说得清,才有可能做得到,最后可能会产生一定的效果。"张校长进一步阐述他对"想明白"的理解。

在听张校长的讲座时,有一个词跳进脑海,那就是"明白"。这个平凡而使用频繁的词,平时并没有"吸引"我,也没有认真思考过;也可能我从未认真思考这一词的深意,所以并未过于关注。

沿着张校长讲的内容,我试图建构一个思维逻辑导图,来厘清一些问题,使之更加接近真实的问题,找到更加简明扼要的策略,让问题回归到原点与解决问题的轨道上来。

张校长对课堂教学研究的认识,是从上位、中位和下位三个层级来思考的,所谓上位课堂教学研究是指教学思想、教学理念、教学立场等方面;所谓中位课堂教学研究是指教学方式、教学策略等方面;所谓下位课堂教学研究是指教学方法、教学手段等方面。他认为课堂教学研究者应该要想明白,自己的课堂教学研究是处于哪一层级。他还认为当下课堂教学研究对中位研究重视不够,所以,国家文件特别重视课堂教学的中位研究。张校长认为,课堂教学中位研究既能上接教学理念,又能下连教学实践,且原则性与灵活性相统一,对于课堂教学指导具有普适性,适用于不同学段、不同学科、不同学生、不同教师,是课堂教学研究很好的切入口。

关于后"茶馆式"教学的实践研究,他说,后"茶馆式"教学不是具体的课堂教学方法，也不是大家所说的课堂教学模式，而是既有先进教学理念，又具有操作体系教学新样态的研究。按照他的理解，他主持研究的后"茶馆式"教学的实践研究，首先是从中位教学方式去思考课堂教学，他的这个切入点，按照张人利校长所说的，就是把课堂教学想明白了，所以他在课堂教学实践研究方面，比好多人说得清楚，在实践方面就能在课堂教学中落得下去，且有可视化的成效与成果。

张校长讲的是课堂教学，需要我们把课堂教学想明白。其实，无论是教育方面，还是教育以外的其他方面，又何尝不是这样呢？比如说，张人利校长说，分科课程更多适合系统学习，也可以穿插一些主题学习，例如：数学、物理、化学，所以新课程标准提出10%，就是这个道理；综合课程更适合主题学习，例如：道德法制中的道德，劳动技术，信息技术更适合主题学习。这是由课程的特质来决定学生的学习方式，有的课程更适合系统学习，有的课程更适合主题学习。

张校长谈及他们学校接待的日本著名教育专家佐藤学，据说他喜欢听课并全程录像，听录过几千堂课，对课堂教学极有研究，有其独特的研究成果，是一名享誉世界的教育家。当时佐藤学在上海市静安区教育学院附属学校听了两堂课，其中一堂是初中数学的复习课。整堂课结构并不复杂，教师在上课时用了一两分钟时间介绍了本堂课的教学目标、内容及要求等，然后老师为每位同学发了一张训练题，请同学们独立完成，同学们完成后展开分组讨论；然后老师为每位同学又发了一套训练题，请同学们独立完成，同学们完成后继续分组讨论，最后，教师做了几分钟的归纳与总结。教师整堂课讲了不到10分钟，辅以观察并参加一些大组讨论和小组讨论。

佐藤学和其他听课老师一堂课绝大多数时间都在陪班上学生做试题和看大组与小组讨论。佐藤学课后和张校长交流，高度认可这堂复习课，并提出两点请求：一是向张校长要本堂课同学们做的两套训练题；二是想与这堂课授课教师交流，了解这两套训练题形成的过程。张校长听了佐藤学两点要求，对佐藤学的专业素养与专业视野大加赞赏，说他是真正把课堂教学想明白的专家。

教育要遵循教育规律，什么是教育规律呢？教育中成功的大概率事件，就形成了教育规律；教育规律不是演绎出来的，是归纳出来的。这是张人利校长所理解的教育规律。那么，不符合教育规律的教育会不会成功呢？会的，但这是小概率事件，所以这种教育成功归纳起来就不是教育规律。同时，张校长强调，个体教育中存在不符合教育规律的极少数成功案例，但是，公共教育必须遵循教育规律，不遵守教育规律的公共教育很难走远。

试看当下教育现状，出现了一些令人担忧的事情。一些区域没有想明白区域教育，就"高调"提出一些口号，推行一些改革，以口号标新立异，以改革替代教育教学规律，出现了一些匪夷所思的现象。如：有些区域推行统一课堂教学模式，从课堂步骤、教案、学案、形态都统一，且无论学段、学科，至于学校条件、学生学情就不加考虑。试想，这样的教育策略与改革能给区域教育带来什么？除了伤害教育，就是折腾老师与孩子。又比如：有些区域重硬件投入，轻内涵发展。在学校建设、设备更新等硬件上，也是投入颇多；在教师待遇、教师培养培训、教研科研等方面，则投入较少。试想，我们这么多教育硬件，到底是用来干什么的？这样的教育投入配比，是否能帮助这些区域提高教育教学质量？这个问题到了要真正关心的时候了。

一些学校在没有想明白学校教育，就"创新"一些概念，推行一些策略，以概念作为创新，以策略替代教育教学常规，出现"做一套说一套"的怪象。如：有些学校，为了创新，为了改革，在不断提出新概念，把一些已有思想、理念和主张"改头换面"，以达到"创新"与获得教育的"标识"与"标签"，而学校实际工作，仍然是"江山依旧"的老套路。又比如：学校管理陈旧，仍然是用行政方式强行推进，用增加资源替代教育评价，用延长时间弥补能力不足。但对外展示与分享时，学校认为已经从管理走向治理，从制度走向文化，从知识走向素养。试想，这样的教育到底为了什么？

之所以出现种种与教育不符的现象，说到底还是没有想明白，没有想明白教育是什么，没有想明白学校是什么，没有想明白局长、校长、教师应该干什么，教育要遵守教育规律，不能按照自己的喜好做教育；学校通过打造"外在"成为名校不是真正的名校；局长、校长、教师存在的价值是帮助学生，使之健康成长，而不是一定要让自己成为一名知名教育者；在知名教育者与学生健康成长二者间选择，想明白的教育者会优先选择学生健康成长，当然，在满足学生健康成长的基础上，做一名知名教育者，那是两全其美的好事与幸事；教育的关键不是比拼谁家的教育硬件有多好，而是看谁用好现有教育硬件去帮助更多的学生健康成长。这些现状，都是因为有些教育者没有把教育想明白，而做出的教育"糊涂事"。所以，教育者首先要做的一件事，就是尽量把教育想明白，再去说教育，做教育，只有这样，才可称之为真正的教育者。

教育需要科学思维

教育之所以能成为一门科学，是教育具有独特的科学性；教育之所以是一门科学，也是教育需要并应具有科学思维。

研究教育与教育实践，前提是教育者具有科学思维，而这一点恰恰是很多教育者缺失的部分。本文就从两个方面来谈谈教育现实中的科学思维缺失现象：教育是需要前提的，教育应是适当的。

01 教育的科学思维，是需要考虑"前提"的

教育的科学思维，就是取得教育"成效""结论"或教育工作采用的"策略""方式"，需要考虑"前提"。没有前提的结果与结论是不科学的；没有前提的工作策略与方式也是不科学的。比如：每年高考中考结束，各校各地都会向社会公布高考中考成绩，当然现在不允许宣传高考中考成绩，其原因是各地宣传高考中考成绩变了味儿。

第一，宣传目的变了味儿。高考中考成绩向社会公布既是学校主动公开与社会、家长相关的重要信息，也是客观呈现学校办学效果的重要指标，让大家了解学校，为学校发展提供客观的建议，合情合理。但在现实中，好多学校把高考中考成绩公布变为学校高考中考成绩展示；借助高考中考成绩宣传，达到吸引优秀师资和生源的目的，从而获得更好的资源，这与公布高考中考成绩本意不符。

第二，宣传内容变了味儿。学校对外公布高考中考成绩或为"美颜与过滤"后的"吹嘘"，没有真实、客观而科学地呈现学校办学条件、资源和优势；没有

进行科学的总结与归纳，对所取得的成绩与优秀经验进行梳理，对失败的案例进行分析，从教育目标、教育理念、教育策略、教育困难等维度总结提升。这种宣传不但没有尊重教育科学性，与从事教育的基础要求也是相违背的。从事教育的人都知道，"求真、求善"既是教育的目标，也是教育者的职业准则。这种没有"前提"的结果与成效，本身就没有任何意义。

又比如：某些学校对学校取得教育教学成绩与成效的"前提"进行遴选。学校为了强调某方面的作用，而"有意"地把学校取得的教育教学成绩与成效过程"狭化"，使其某些方面的作用"隐身"，让其需要强调的某方面作用人为地提升。所以，我们经常看到一些现象，一些"知名学校"的校长、教师，在介绍学校时，往往都在讲教育理念与创新，很少讲常规与常态；往往讲教育理论与智慧，很少讲资源与条件；往往讲教育成绩与成效，很少讲师资与生源。之所以这样，是突出"人"的作用，而且是"少数人"的作用；是突出"理念"的作用，而且是"创新理念"的作用；是突出"模式、样态"的作用，而且是"创新的模式、样态"的作用。这又是明显漠视教育科学性，违背教育基本规律的表现。

我们试想一下，如果我们教育者缺少基本的科学思维，教育会变成什么样子？当下教育出现一些不良的行为与现状，是一些教育者缺乏教育基本常识，视教育科学性而不顾，抛弃教育科学思维所致，这对教育与教育者的伤害是巨大的。

02 教育的科学思维，应是适当的

教育科学思维是体现对教育的"适当性"特征的认可，尤其是"教育显性"过程、内容、方式与成绩。所谓"教育显性"包括可视化教育内容与行为和可视化、可评价、可量化的教育成绩与成效。

今天，我们看到的基础教育较三十年前、二十年前、十年前有巨大的进步，这是不争的事实。笔者认为，教育适当是教育科学性的重要组成因素，其实不仅教育如此。比如：人每天摄入的食物是有数量与内容标准，是在一定范围内（数量、内容和时长）适用的；如果有人超过其（数量、内容、时长）标准，就

违反了人摄入食物的"适当"性,这对人是有伤害的。又如:不同食物都有组成成分,有些有益于人体,有些有害(或有毒)于人体;以有害(或有毒)于人体的食物成分来说,是不是人摄入有害(或有毒)食物就一定中毒或对人体有伤害呢?我想,不一定!这要看有害(或有毒)食物的毒性程度,还要看摄入有害(或有毒)食物量的多少,摄入者身体状况等因素。

以上两个例子,不是教育例子,但其原理是一样的。教育过程与内容的"过度",是当下社会、家庭与学校普遍存在的问题。正因如此,国家从教育方针到核心素养,从"双减"政策到新课标、新中考、新高考,从"五项管理"到评价改革,等等,都在纠正与调整教育这些"不科学"的思维与行为。

教育科学性除教育过程与内容的"适当",还有教育作用与功能的"适当"。教育在人类社会发展与运行中,有着重要而不可替代的作用,无论是其价值性功能,还是其工具性功能。但并不表示教育与其作用和功能是"万能"的,可以通俗地说,没有教育的社会是"万万不能"的,但绝不可以认为教育是"万能"的。

当下出现了一些忽视教育科学性的观点和做法。比如:社会上出现了一些不良"事件",尤其是舆情较大的不良"事件",大家分析来、分析去,最后的落脚点很多都指向教育。归因没涉及教育层次,仿佛没有找到问题的"真正原因";只有说到教育,好像问题"真正原因"就找到了。教育是人类社会发展与运行普遍性、基础性和重要性的因素,毫不夸张地说,任何事情都与教育息息相关,但并不表示这些事情的产生,都是源于教育的"不足"与"错误"。这既是把教育当作真正原因的"挡箭牌",也是高估了教育的作用与功能,违背了教育的科学性。

好的教育与不良的教育,对社会、对家庭、对人的作用是不一样的,这是客观存在的。即使这样,也不能扩大与提升教育实际的作用与功能。比如:各种活动进校园和各式各样的"小手拉大手",姑且不说对学校日常教育教学的影响,学校有多少时间与资源开展这些活动等方面,就单说这些活动有多大的作用,我想请大家静下心来,好好想想,教育的作用与功能实则是"有限"的。这样的例子在现实中,还有不少。这些都是源于对教育科学性认识的不足,很多人没有教育的科学思维等所致。

　　教育的科学思维是办好教育的灵魂，是做一名合格教育者的底蕴。理解教育科学思维是理解教育科学的前提；遵循教育科学是遵循教育规律的前提；应用教育科学思维是让教育科学性得以实现的前提。

教育的伟大在于真实

教育是伟大的事业。

教育的伟大源于教育对人类的价值与意义。对人类社会来说,对人类文明来说,对人本身来说,教育都足以配得上"伟大"一词。那么,教育者如何把教育当成一件"伟大"的事业来做呢?的确需要我们有更多的审视与思考,并且还需要教育者把价值、追求、理念等转化为各自日常的教育教学行为,做到"知行合一",教育的"伟大"才会与我们的生活相伴,才会与我们的生命相拥。

每个教育者对教育的"伟大"的诠释都有自己的观点与行动,本文的看法只当抛砖引玉,以激发更多教育者的思考与践行,让教育的"伟大"降落在每个人身边,惠及每个人。

01 教育的"伟大",需要教育者认识真实教育的作用

伟大的事情,不一定都能产生伟大的作用;产生伟大作用的事情,不一定看起来都是伟大的事情。教育就是伟大的事情,但不一定都能产生伟大的作用。教育实践有时看起来不是那么伟大,但确实能产生伟大的作用。教育本是件伟大的事情,也应该产生伟大的作用,可这需要教育者认识真实教育的作用。

当下教育,有一些现象是需要警惕的。但是有些人,对教育的作用没有科学客观的认识,把教育作用"想当然地"夸大或缩小,这会让教育走偏行歪。现实中,我们看到夸大或缩小教育作用的现象,有些是夸大或缩小教育的某一方面作用;有些是夸大或缩小某一类别教育;有些是夸大或缩小某一阶段教育

作用；有些是夸大或缩小教育整体作用等。

如何看待教育的作用呢？那就是秉持客观态度。对教育作用应该有几点基本判断：教育对人的成长与社会发展有积极而直接的作用，教育的作用只能是帮助人、引导人和激励人，很难也很少达到改造人与塑造人；教育的作用如同种子，需要温度、湿度、养分等条件的"催发"，才得以发挥与呈现；教育的作用是有限的，直接作用也是"有时效"的，综合后才能发挥其"延时性作用"。

由于教育是基础性人文社会科学，所涉及的领域很多，好多社会效应与问题都与教育有一定的关联。正因如此，就出现了对教育作用的夸大或缩小，教育就会出现"失真"与"失价"现象。只有认识真实教育作用，教育才能发挥应有作用，否则，教育作用不但难以发挥，还可能出现"伪作用"。

02 教育的"伟大"，需要教育者真实回到教育现场

"教师会被智能机器人取代吗？"这是当下好多人追问的一件事，也有好多人给了"智慧而理性"的回应。要回答这个问题，除了大家所提到的要素外，个人认为，可以从线上教学来看。线上教学与线下教学最大的"区别"在哪？笔者试图用"量子纠缠"现象来解释，量子纠缠是非常前沿的科学研究，用通俗的话来说明"量子纠缠"，就是客观存在的两个物体，通过某种方式、介质、内容达到可以"同频共振"的影响，文艺的说法是"通感"。教育实际上也有类似的"量子纠缠"式的"通感"，其中最为主要的是师生之间的这种现场带来的人与人之间的交流、体会与感受。

教育发生在"现场"，"现场"产生教育。教育现场主要涵盖以下几个维度：了解学生的学习基础、学习习惯、学习能力和学习态度等，以及教育现状，教育的资源配置、教育环境、教育条件、教育教学质量、教育生态等。了解教育需求，学生对教育的需求、当地政府对教育的需求、地方教育系统对教育的需求、学校校长和教师对教育的需求、家长对教育的需求、社会对教育的需求等方面。只有抵达教育现场，才能真实感受到教育的现实，这是读文字、图片、画面与故事所达不到的体验；只有抵达教育现场，才能真实

感受到教育温度，人的温度，环境的温度，生活的温度，生命的温度；只有抵达教育现场，才能真实感受到教育变化，教育者的变化，受教育者的变化，教育环境与条件的变化，教育生态变化；只有抵达教育现场，才能算真正感受教育、了解教育、理解教育，才能够参加教育，研究教育、实践教育；只有抵达教育现场，才能体验教育的艰辛，感受教育的魅力，体会教育的价值，发现教育真正的伟大之处。

03 教育的"伟大"，需要教育者真实研究教育问题

我国从近代开始，一直都在研究教育，包括研究和引进国外教育理论、教育制度、教育方式和教育内容等各方面。到改革开放以来，一直研究教育的本土化落地，以及本土化落地后的反思。尤其近十年来，相关研究一直聚焦中国教育表达和创新，以扎根中国和传播中国教育声音为主线的内容，更加注重教育多层面的研究，有政策导向下的教育研究，有理论构架下的教育研究，有实践需求下的教育研究，并取得相应成果。

教育是社会人文科学，也是社会公共治理，教育问题很多，不可能通过一两个问题或一两个方面的研究，就能产生巨大的影响与作用。教育研究可以大到国家教育方针政策，小到课堂教学某一细节和学生学习某一环节，但有一点必须坚持，那就是要研究教育的真问题。

纵观现在已有的教育研究，无论是高等院校、地方教研科研机构，还是学校，都在做教育研究，甚至一些社会非教育机构也在做教育研究。这些教育研究对推动我国教育高质量发展起到了重要的专业支撑作用，这也是我国重视教育研究工作，重视教育研究人员及其研究能力培养，重视教育研究机构建设的初心与使命。但在教育研究起到一定成绩与作用的同时，我们还应清醒地认识到，好多教育研究在"为研究而研究""为机构与个人评价而研究"的现象，这种现象对教育"有百害而无一利"。

研究教育真问题，应该是教育研究的初心与底线。即研究教育中出现的问题，对问题解决有独特价值、没有重复或借换概念、是可以给人启示与借鉴的，如此才能称之为真正的教育研究。

教育研究对教育的作用与影响无须赘述，教育研究如不能面对教育真问题，就不可能有教育研究真成果，也不可能引领、助推教育实践的正向发展，也是教育伟大的重要保证。

教育需要"教育情怀"

记得刚出来工作时,特别不理解"教育情怀"。教育情怀,不就是教书吗?我认为这是一些人"故弄玄虚""无病呻吟",觉得"教育情怀"看不见、摸不着,谁都可以说,弄一堆"放之四海皆准"的华丽辞藻,这有什么用?还不如我多上一堂课,多找几个学生谈谈心,多回答学生几个问题来得更实在。再说,看看身边同事,都差不多,好像也没看出,谁有教育情怀,谁没有教育情怀。

随着工作时间拉长,从事不同的教育工作,看到了不同的教育状态、不同的教育效果、不同的教育追求,越来越感受到影响教育的重要因素是教育追求与价值。由于教育追求与价值的不同,教育目标也有极大的差异,由此想到了教育者的教育情怀。有没有教育情怀,教育样态是完全不一样的。没有教育情怀的教育,会走偏、走歪,看似做教育,实则是做与教育无关或无益之事;而有教育情怀的教育,会朝正向走,朝健康走,朝关注共性与个体差异走,最终朝人走。从这一现象中可以看到,教育呈现着不一样的教育目的、教育场景、教育内容、教育现状,这就是微观教育生态中各要素的差别与差距。

什么样的情怀,可以称之为教育情怀?

要回答这个问题,先来解读"情怀"的意义。情怀有三个解释:1.含有某种感情的心境;2.心情、心境;3.兴致、情趣。什么又是"教育情怀"?我以为应该是"对教育怀有特殊感情的心境"。凡是能够坚持教育本源,且有教育理想与追求,遵循教育规律,立足学生个体特质,在现实的条件与场景下,尽量帮助学生健康成长的人与事,都可称之为有教育情怀的人与事。

教育目标，是回答为什么做教育；教育内容，是回答教育做什么；教育方式，是回答教育可以怎么做；教育效果，是回答教育做得怎么样。而教育目标设定，教育内容遴选，教育方式选择，教育效果达成，等等，都体现教育者的教育情怀。

01 从教育目标维度来说教育情怀

凡是以"人"的健康成长为目标的教育，其背后的教育者与教育过程都有"教育情怀"的支持。现实中，我们可以看到部分区域或者学校设立的教育目标是唯分数，唯竞争，唯资源的，他们不是教育者，而是以教育为名的工作者，自然也只有工作效率，而无教育情怀。

在我们党和国家的教育方针中，充分体现党和国家的教育价值、教育定位和教育追求，也能清楚看到党和国家的教育目标。党的教育方针从开始的德、智、体"三育"，到德、智、体、美"四育"，再到现在的德、智、体、美、劳"五育"，体现着党和国家教育培养的目标是"人"，是完整而健康的"人"。

每所学校都有自己的"三风一训"，其实就是学校对本校教育目标具体化的表达。虽然不同学校的教育目标大同小异，但可以通过学校的"三风一训"看出这所学校的教育情怀。有些学校过于重视学生学习成绩，有些学校过于重视学生行为规范，有些学校过于重视学生管理，有些学校过于重视学生体艺发展……剔除条件、地域、基础、学段、生源、师资等因素，学校的教育目标还是能体现学校管理者教育情怀的。我们可以看到，凡是好学校都会聚焦于办一所为学生终生发展服务的学校，办一所所有学生都有存在感的学校，办一所让人终生怀念的学校，办一所充满生机与成长的学校……这些学校的管理者，一定具有深沉而温暖的"教育情怀"。而有些学校教育目标中，体现出较为"强烈与明显"的功利追求，他们会选择办一所拥有丰富教育资源的学校，办一所拥有很多"奖项"的学校，办一所拥有某区域、某阶段学习成绩"优等生"的学校……这类学校的管理者，想必缺乏"教育情怀"。

每个班级与每位教师也有各自的教育目标。有些重视全体学生，而有些则重视成绩优秀的学生；有些重视学生评价化的"有用成绩"，有些则重视学生成长性的"有意义成绩"；有些为了获得可视化、高效率，而采用统一、规范的流程化、标准化的管理，有些则对学生采取"规范+标准+选择+评价"的管理……以上的例子，不一定能准确而完整地表达出通过教育目标折射出的不同的教育情怀，但至少可以发现其中的某些关联。

02 从教育内容来说教育情怀

学校教育教学是通过专业化的课程来实现的，设计什么样的课程要遵循、体现党和国家的意志。课程分国家课程、地方课程和校本课程，以国家课程为主，地方和学校课程是国家课程标准下的地方特色，简单地说，是国家课程地方化（校本化）。这样既保证了教育方向性、科学性、体系性，还体现了教师现场感、专业性以及教育价值追求，同时还能通过教师特殊的作用，根据学生的差异与状态，设计教育教学的课程。选择什么样的课程，源于对教育的目标追求和对教育的理解与认知，而这些都是通过教育内容来体现教育情怀。

学校开设什么课程国家是有统一标准的。如何执行课程，如何让课程的价值发挥应有的作用，学校与教师的作用是很大的。而这些不但涉及到学校的教育条件、教育评价、教育管理等方面因素，同时也受制于学校与教师教育教学能力、教育教学状态，甚至还基于地方教育主管部门、学校管理者、教师的教育情怀。比如说，地方与学校开齐课程开足课时，学校与教师对待所有课程"一视同仁"。再比如说，课程显性应试成绩重视度高，还是课程育人、核心素养重视度高？重视大众化认可度，还是重视学生个性化需求，等等，这些都体现了教育情怀。

同样，课程在不同地方与学校执行，由不同班级与教师实施，所生成的课程效果的宽度、力度、信度、深度、效度是不一样的。造成不一样的因素很多，关涉教育能力、教育态度、教育理解等，但是否有教育情怀也是重要的原因。

03 从教育方式来说教育情怀

教师采用什么样教育教学方式，一般会受教育条件、教育内容、教育对象、教育目标设定等影响，其情绪、态度、能力也会影响教育方式的选择。而教育者的教育情怀是基础因素。教育需要外部条件，但教育的所有外部条件不一定是必须的，而教师的教育情怀对教育实施与发生，尤其是教育方式的选择至关重要。优秀而受学生喜爱的教师，一般会根据教学条件、教学内容、学生学情等因素，选择更受学生喜欢且利于学习的教学方式。

纵观目前教育形势，教育政策对教育要求更严、标准更高，对教育实践者来说，面临比较大的"挑战"。教育实践者要利用好"教育自主空间"，而这个教育自主空间关系到教育教学方式的选择，如何借助教育教学方式选择的自主空间进行"创新创造"，这取决于教育者的教育情怀。教育教学方式的选择应该基于教育者对教育目标、教育内容、教育条件、教育环境、教育对象等方面的判断来决定，而这种判断来源于教育者本身对教育的理解和情怀，这是教育者深层次的应有之义。

教育者是教育的引导者、启发者、帮助者，当然也是主导者与组织者。"我讲，你听""我出，你做"是我们经常可以看见的教育场景，这一方面表达了学校教育教学现状的基本样态，另一方面也说明学校学科群体式教学难以跨越的"难题"。但必须承认，这种教育教学方式不是适合所有的教学目标、教学内容、教学对象、教学场景的，且不能发展学生各方面的能力与素质，也不符合学生所有的认知需求。教师选择什么样的教育教学方式，不仅体现了教师教育教学能力，更折射出教师教育情怀。教师是以讲解式、测试式、竞比式、任务式的教学方式为主体，还是倡导以讨论式、小组合作式、研究型、实验实践型的教学方式为主体，这与教师教育情怀与教育教学能力高度相关。

不同的教育方式，折射出教育者不同的教育情怀。教育者持什么教育立场，是持教师立场，还是持学生立场？如是教师立场，就以教师的"教"为主体，站在教师的理解、感受、心态、情绪等方面设计教育教学方式；如是学生立场，就以学生的"学"为主体，站在学生的基础、体验、需求、感受、心情、态度等方面设计教育教学方式。是持效率立场，还是持效益立场？如是持效率立场，就以"评价"为导向，根据单位时间完成工作内容的外显指标进行评价，这势必让教育"去精存粗""去里存外""去神存形"，过于聚焦所谓的重要指标，教育失去教学育人的趣味、滋味、回味；如是持效益立场，就以"有益"为导向，教育更多地考虑多主体的有益性，更趋向内驱、内生、内化，让教育更加全面与立体。是持外显成效立场，还是持内化成长立场？如是持外显成效立场，教育者必定关注当下与可视，但教育效果有些是可在当下呈现，有些是可视的，可教育如同冰山一样，水面之上的冰如似当下与可视，水面以下的冰好似长远与隐含，水面之上冰与水面之下冰相比较，无论体积、质量还是差距很大的；如是持内化立场，教育者的教育方式，可能更多关注受教育者的学习体验、学习兴趣、学习体系、学习思维、学习习惯等方面，教育者更多地关注课程建设，教育者与受教育者以何方式对话更舒适、更有效等。教育教学有万千种教育教学方式，不同的教育方式，其实是不同的教育情怀所致。

04 从教育效果来说教育情怀

教育效果是多元的，教育效果呈现样式也是多样的，同时教育效果还是多维的。不同的教育效果形成的因素有多种，但背后的实质是不同的教育情怀。

教育效果的多元，是基于教育对象的差异、教育条件的差距、接受教育水平不等，以及对教育成效多样态的追求，教育价值与目标追求的多层性，等等。无论导致教育效果多元的原因有多复杂，教育效果终归要有一个共同点，也就是教育的本源作用——帮助教育者与被教育者健康成长寻找多种可能。我个人对教育的理解是："教育是让孩子们寻找更多的可能。"教育效果的多维度，是指教育给予不同个体在不同阶段所施影响的多层多效性。

教育情怀如同文化、知识、修养、素质等词一样，是宽泛、深刻、多元而富有变化的。教育情怀不是说出来的，也不是写出来的，而是每一个教育者内心的善念，自然的善行。

纵观教育现状，各种教育改革成果成效、各种教育理念策略层出不穷，宣传推广有利于教育发展。但有一点值得大家共同关注和警惕，那就是这些改革是基于什么教育情怀所提出的。教育情怀是圆心，教育能力是半径，没有圆心就没有初心，没有半径就没有走出去的力量，二者缺一不可。

"教育理当以慈悲为怀"这是原浙江省杭州市拱辰小学校长王崧舟的教育名言。王崧舟老师的"慈悲"，正是他的教育情怀。每位教育者只有拥有教育情怀，才可称之为教育者，即教育工作者，教育行业中正常的一员。

教育，需要倡导"首创精神"

怀特海在《教育的目的》中"自由和纪律的节奏"一章讲道：一种不以唤起"首创精神"为开始，不以激励"首创精神"为结束的教育必定是错误的。看到这一段话，我也想谈谈教育的"首创精神"。因为，教育的核心价值就是倡导创新精神，培养创新能力。而现在教育最需要提升与重视的，应该是学生创新意识和能力的培养。

当下教育花了大量时间、精力、资源对学生进行"知识化的技术"与"技术化的知识"的学习与训练，却忽视了创新培养，其实这并不是教育应该具有的价值与追求。创新培养，不仅是培养创新思维、创新能力，还需要用教育方式来支持创新培养，更主要的是，注重培养学生"首创精神"的理念与意识。

先来谈谈什么是"知识化的技术"与"技术化的知识"。知识与技术是相关度较高的两个词，如：知识本身包括一定的技术，而且知识需要技术支持；技术有些内容属于知识范畴，而且技术需要知识推动；知识与技术是两个不同概念，同时也属于不同范畴的"能力"。

那么，为什么说学校教育过程中，强调"知识化的技术"与"技术化的知识"的学习与训练，不是教育应该具有的价值与追求呢？大家试想一下，技术一旦知识化，就失去技术原有灵魂，因为技术核心价值与基本特点具有针对性强、创造性强、解决问题强、个性化明显等方面的特点；如果技术教育用知识化思维去思考，技术教育用知识化方式去实施，技术教育就不是原本的技术教育，技术教育的作用与功能被窄化、异化，甚至被替代。而知识化的技术，又是教育中较为普遍的，知识教育具有普适性、规律性、系统性等基础特性。如果知识教育一旦技术化，知识就会缺乏它的系统性、规律性与普适性，变为有针对性、训练化、技能化、机械化，更多地聚焦解决实际问题的"经验"和解决教育带来的直接且看得到的效果与利益，这样的知识教育，就会丧失其基础的特性，知识也会失去原有的作用与意义。

教育对社会有着直接作用，但不应该作为解决社会现实问题的"资源"，不应该是帮助社会化解具体问题的"工具"，也不能为社会发展带来直接的"动力"，而是提供对社会长期发展所需生成性的"能源"与"机会"。教育最大的社会作用，是让社会不断地拥有具备"首创精神"的人，让具有"首创精神"的人引领、带动以及推动社会发展，只有具备"首创精神"的人不断涌现，社会才会不断发展与前行，教育的价值才得以体现。

教育对个人的直接作用，不是个人发展的"唯一资源"，也不是个人在社会生存的"唯一工具"，应该是个人成长的"助推器"和"过滤仪"。只有这样，教育才能帮助每个受教育者从个人成长视野出发，关注更多的生命价值所带来的生存、道德、精神等方面素养的发展，而不只是简单获取外部资源这么单一的目标，这就需要受教育者通过教育，学习独立思考与创新能力。这就需要教育为受教育者培育"首创精神"，因为只有培养人的首创能力，才能让受教育者拥有源源不断的创新、创造源泉。

任何一个时代都需要创新精神，创新能力。

创新必须具备两个基础条件：一是有创新环境；二是有创新能力。

"创新环境"至少包括创新政策或创新制度、创新文化、创新氛围、创新体系和创新支持等要素。"创新能力"可以简单认为就是"创新人才"成长。本文探讨的是教育需要"首创精神"，所以仅讨论"创新能力"的问题。

教育，如何倡导与落实"首创精神"呢？

首先，学校应该成为全社会"首创精神"的"首善之地"。

学校应该鼓励、支持师生的"首创精神"，同时也要营造一个时时、处处、人人都追求创新的氛围。学校具有人才、职责、组织等优势，可以承担，也需要承担"首创精神"的培养责任。

学校要成为"首创精神"的"首善之地"，就需要倡导尊重"人"的文化形成与价值追求,同时还要营造"自由生长"的校园氛围与环境。学校只有做到这两点,才可能培养出具有"首创精神"的人。

尊重"人"的文化形成与价值追求是一所学校的应然之举。学校尊重"人",至少包括"把'人'放在学校中心""理解并宽容'人'的多元存在""支持并帮助'人'的健康积极生长""重视与理解不同'人'的差异特质与选择"等方面。

学校营造"自由生长"的校园氛围与环境,至少要从以下方面去努力:"学校制度不是基于管理,而是基于成长""学校中人与人之间的关系是平等与信任""学校环境与设施是服务于人""不因差异与差距而分别对待""鼓励与允许学校每个人,有表达观点的权利、平台与渠道"等方面。

其次,校长、教师要成为全社会倡导、支持与践行"首创精神"群体中的重要组成部分。

校长,作为学校首席教育设计者、首席运营者、首席责任者和首席教育者,是营造学校"首创精神"的首席。校长在办学治校理念中,要鼓励、支持"首创精神"。一所学校,校长需创设与营造"首创精神"的氛围,让倡导"首创精神"富有可能性。

教师,作为学校主体之一,作为学校教育教学实施者、落地者,作为推进与推动学校"首创精神"践行者存在。一所学校,教师如果没有培养"首创精神"的理念与意识,没有培育"首创精神"的实际措施与行动,没有培植"首创精神"的能力与知识,这所学校的"首创精神"也是很难落地与落实的。

最后,学校课程建设和课堂设计与实施要充分体现开发学生的"首创精神"。

前面讲到的学校、校长、老师倡导与落实"首创精神",最后都要在课程上体现,在课堂上落地。学校课程建设就要充分体现出"首创精神",最近出台的国家课程标准,以及前几年国家对学生核心素养的定义等,都体现出教育"首创精神"。课堂设计体现"首创精神"就更加聚焦于具体与微观的教育教学形态、内容和教育价值取向层面了。而一所学校,无论是教育质量,还是教学质量;无论是教育价值,还是教学方式都源于学校课程建设、课堂设计、课堂状态,学校"首创精神"有无、强弱、虚实等都在此。

新时代的教育，已经不再是简单知识记忆、知识反馈、知识理解，也不再只是技术熟练、技术模仿、技术迁移的学习。

近几年来，我们的教育改革力度前所未有。有考试改革，有课程改革，有教材改革，评价改革，办学与教育教学改革，等等。教育改革从目标到配置，从评价到标准，从课程到教材，从考试到课堂，从校长到教师等多层面，都在指向什么？指向育人目标，指向人的核心素养，指向教育高质量发展。而这些目标、素养、质量都离不开"首创精神"。只有教育倡导"首创精神"，教育系列改革措施才有可能落地，才会以深入教育者"内心"的方式去践行。

关注"成长"和"当下",做有温度的教育

正处在政策红利期的学前教育发展如火如荼,但内涵发展、文化建设是每一位教育实践者都无法绕开的命题。

教育是什么?

2018年联合国教科文组织的报告中提出,当教育遇到学习时会怎么样?教育与学习的共同点和差异性往往被教育忽略。其实教育只是过程和手段,而学习才是目的。关注学习,关注个体通过学习的成长,才是教育的核心。而学习与成长的结果往往在未来才能够看到,可是成长恰恰是在"当下"发生。关注今天的成长过程比关注明天的成长结果更为重要。

谁需要教育?

提出这个问题,是因为这个问题在大部分的教育从业者中没有统一的认识。

人类需要进行文明的沉淀与科技的发展;社会需要在分工与协作的基础上不断演进;政府需要承担教育的主体责任;家庭需要传承,是社会发展的基本单位;个体需要成长。而面对个体的教育,才能让教育真正发生。人类、社会、政府、家庭的各种需求最终都要落到个体教育层面,同时为个体教育提供必备的外部条件和环境。

我认为个体教育的本质是"生命追求与追求生命,成长需要与需要成长"。很多人对教育的认识较为狭隘,认为只有未成年人需要成长,认为他们的专职任务就是学习。但成长是每个年龄段的"专职"任务。在社会快速发展的今天,

每个人都不能也不应该忽略个体的"终身学习"。因此人人需要教育。

我们需要什么样的教育？

对于教育的认识，仁者见仁，智者见智。就如一千个人心中就有一千个哈姆雷特一样。教育的核心是"教己育人"，但很多教育者往往只关注教育别人。就像老师和家长给学生推荐的书，不知道亲自读过几本？做教育者唯有"助己"在先，"育人"在后，才是真正实践教育的核心，才能让更多生命共同成长。

"平等""互助""尊重"体现了生命发展的基本需求，因而亦为教育更上位的价值追求。尊重学生不应是嘴上说，书本要求，而应是每位教师真实的内心和行为表现。但也不要认为教育无所不包，可以决定学生的一生。我认为教育能给别人更多可能，教育是塑造，教育是改变，教育是帮助，教育是启迪。这是我投身教育30多年对教育的认知轨迹。教育可能无法让每个人都成功，但它会像种子一样埋在人的心里，等到温度、湿度、阳光、养分等条件适宜时，就会生根、发芽、开花、结果。

教育还必须面对"柴米油盐酱醋茶"的无奈，尽管我们心中永远有那一份诗和远方的坚守与执着。无奈的是现在谈教育，大家只关注诗和远方，却忽略了教育发展过程中无法不面对的"柴米油盐酱醋茶"。做有温度的教育，是我的教育座右铭。在思考"成长从当下开始"这次分享时，有感而发形成一首小诗《当下》：

今天，源于昨天，
昨天，成就今天；
明天，启于今天，
今天，又决定明天；
假如可以，
我们最好从昨天开始，
那样，美好就在当下；
如果，不能从昨天开始，

那么，我们只有从当下启航，
至少，可以保证明天不会糟糕；
智慧的人们啊！
不要责怪和后悔过往的一切，
面对当下是最好的选择；
为了，不要后悔与责怪；
因为，今天是明天的昨天。

教育的目的是什么？

培养人是教育的目的，立德树人，五育并举是国家最新的育人目标。能够对自己负责，对家庭负责，对社会负责是教育成功的基本表现。从世俗功利的角度来看教育，教育就只是跳板和工具，而不再是美好的回忆。教育只有"慢下来"，从单一评价走向多元评价，才能真正帮助与启迪学生，真正贡献于社会和人类的发展。

第三章
重构教育生态

呼唤"适宜"教育

什么样的教育是"适宜"的？教育为什么要"适宜"？本文试图探讨这两个问题，以此来拓展对教育认识的视角。

关于"适宜"的解释有以下几点：一是恰当的；二是不超过心理预期的；三是与某事不冲突的；四是相吻合的。笔者认为本文中所讲到的"适宜"的意义应该是"恰当的"。

什么是"适宜"的教育？笔者认为"适宜"的教育至少要包含：教育目标与作用的"适宜"；教育资源与条件的"适宜"；教育效率与效果的"适宜"三个方面。

教育为什么要"适宜"？"适宜"的教育能更好地遵循教育规律，更好地实现教育目标，更好地激发教育者工作能力与热情。

什么样的教育是"适宜"的呢？下面从三个方面来说说：

一、教育的目标与作用"适宜"

新时代教育的总体目标是"立德树人"，教育目标聚焦于"人"，教育因受教育者的成长体现其价值。教育即生长，教育作用落脚在人的生长上才是"适宜"的。生长是生物体的生命过程，教育是人生命过程的一种形式，它源于生命的需求与期望。

我们可以看到有些学校对教育的目标与作用理解不是"适宜"的，而是过高的、过急的、过窄的。比如说，有些地方或者社会及家庭评价区域教育发展情况，都以显性的高考成绩来评定，而且还是以名校录取数量来评判教育质量。

这样的评价暴露出对教育目标的理解是片面的、过高的、狭隘的。

有些学校，尤其是初中、高中，充满着"比拼"与"分数"，这显然是对教育目标理解的"偏差"，也是不"适宜"的。

教育有本身的"政策要求"和"行业责任"，如何保证孩子健康成长是教育的"专业规范"。教育不仅是地方的"重点工作"，还是党和国家的重要工作。教育是党之大计，国之大计；学校是"为国育才、为党育人"的场所。如果不理解教育的重要性、特殊性，这样的教育，同样是不"适宜"的。期待各地党委政府重视这方面的问题，否则地方教育部门"两手托两头"，无法对教育发展形成有效的助力。

二、教育的资源与条件要"适宜"

教育发展离不开教育所需的资源与条件。我国近几十年来，在教育方面投入是可观的，生均校园面积、学校设施设备、校园文化建设等方面有长足改进。现在走进学校，无论是乡村小规模学校，还是城镇中心学校；无论是幼儿园、小学、初中，还是高中，我们都可以看到大多数学校环境整洁、校舍整齐、设施齐全、功能配套、设备到位，可以说这样的硬件已经能满足学校教育发展的大部分要求。

学校的资源与条件和学校办学质量到底存在什么样的关系？下文将从三个维度展开探讨。

首先，单一的学校办学资源与条件大规模投入已不再适宜当前我国教育的发展，有些地区仍然以大规模投入作为重视教育的体现，很显然是"不合时宜"的。当然，各地差异性很大，有些地方还存在学校硬件不足、学校设施设备不达标等情况，为了达到学校办学所需标准的投入是必要的。

其次，不断地提高学校资源与条件标准，这本身就是值得商榷的问题。因为这种提高对教育本身的帮助不大，尤其是对教育质量发展影响不大。有些地方与学校投入大量资源，其目的是为地方提供所谓"品牌与特色学校"，结果收效甚微，并不能切实满足学生特色发展需要，对学校与地方教育品质的提升没有实质性帮助。

再次，教育的资源与条件是有限的，但教育内涵发展是无限的。我们要用有限的资源与条件用于促进教育内涵的无限发展。教育发展需要持续投入，但投入的并非只是教育资源与条件，还有其他方面，如：教师配置、教师待遇、教师培养、课程研发，还有标准校额、标准班额，甚至小班化以及教育智库引进等。教育还可以为学生成长提供更多的"可能"，学生发展方向的"可能"，学生兴趣发展的"可能"，学生综合能力与素养的"可能"，等等。

三、教育效率与效果的"适宜"

任何行业与部门都有工作内容、工作目标、工作标准，任何行业与部门都有工作效率、工作效果的要求，教育的效率与效果也是需要共同面对的问题。

很多家长在孩子没上幼儿园前，让孩子识字、数数、背诗词、学外语、画画等，这些学习可能会对孩子的智力、兴趣、习惯、专注等方面起积极的作用，但过犹不及。学龄前儿童适宜的教育方式是在游戏中渗透教育元素，让儿童在玩中学，在学中玩，不应该有更多的"规范与规定"，也不应该像中小学生一样学习。可在现实中，好多家长为了追求"快速高效"成长，在"不输在起跑线"教育口号的"感召"下，不断提早儿童所谓的"学科化"训练，以便提高儿童学习能力、奠定学习基础、培养学习习惯等。殊不知，这是"拔苗助长"式的教育"摧残"，这是教育效率与效果的不"适宜"追求的具体表现。

记得有一个时期，全国基础教育掀起"奥赛"热。为什么会掀起"奥赛"热呢？站在学校、家长的立场，至少有两个原因，一个原因是希望借助"奥赛"成绩，让孩子升学多一条通道，使其有进入优秀学校的机会；另一个原因是学校和家长认为，这样的教育，让孩子们的学习效率高，学习效果好。国家为什么大面积取消"奥赛"呢？其实是为了让教育回归正常，让孩子的成长回归正道，而非以"升学""竞争"为导向的"竞技"比赛式轨道。人的成长有基本规律，超越规律的教育就是失败的教育，遵循规律的教育就是成功的教育。人的成长需要持续，"罗马不是一天建成的"。人的成长是持续的、螺旋式逐步上升的；人的成长因个体、环境等因素而存在差异；人的成长是需要不同内容、方式的；人的成长除了师长的引导，还需要同伴相互促进与助推。

追求教育的高效，是需要条件的，这个条件需要关注个体差异和教育内容、教育环境，等等，而不是一味提出，课堂教学要高效，学校发展要高效等统一式、口号式的标签。"适宜的"教育效率是最好的教育效率。

同样，追求教育的效果也应"适宜"。教育应该有它的效果，教育工作者应该有他的工作效果意识与担当。但我们必须清醒认识到，教育不是"万能"的。虽然我们无法想象现代文明社会，如果没有教育会是如何可怕；但是，如果什么社会问题、什么社会治理都与教育挂钩，都希望通过教育能得以解决，甚至于把产生社会问题的"责任"归咎于教育，这同样是可怕的。比如说，现在中小学面临的进校园活动，多数打着以"小手拉大手"的口号。校园有多大？能装得下这么多活动？学校、老师、学生一周有多少时间？能安排得了、组织得了、参与得了这么多活动？学校老师有多少？能完成与组织得了这么多活动？关键是孩子的"手"有多大？孩子的精力有多旺盛？孩子的认知有多强？能接受得了这么多内容的活动吗？类似这样的事，在现实中还有更多的例子，这都折射出对教育效果追求与理解的偏差。其实，只有我们客观地面对"适宜"教育的效果，教育作用才能得以发挥，否则，无非是求得心理安慰，对教育无益。

教育为什么要"适宜"呢？

首先，"适宜"的教育能让教育更好地遵循教育规律。

什么样的教育是科学的，遵循教育规律的教育是科学的。什么样的教育理念是与时俱进的？遵循教育规律与时代发展方向的教育理念是与时俱进的。

教育规律包括"教"与"学"的规律。从教育两个主体来思考教育规律，"教"的规律至少包括学段与学科规律、讲授与研讨规律、知识与实践规律、差异与共性规律，等等；"学"的规律至少包括学生共性与个性两个方面，具体包括学习习惯、学习方式、学习兴趣、学习动力、学习能力等方面。

"适宜"的教育更加从容，遵循教育规律的教育是从容的。学校需要从容，教师需要从容，家长需要从容，学生也需要从容。

其次，"适宜"的教育能更好地实现教育目标。

新时代教育就是通过"五育并举"实现"立德树人"教育总体目标，"五育并举"，就是教育从多维度、综合素养的视野培养人，而非单一的、功利的、极致的、狭隘而偏激的。教育总体目标就是"立德树人",简而言之就是培养不负自己、不负家庭、不负社会、不负民族、不负祖国的健康而完整的人。

如果我们的教育不是"适宜"的,而是在教育内容的某一方面,教育对象的某一群体,学生成长的某一阶段,国家或地方的某一区域去加强,去优化,如果我们提倡竞争,一味高喊高效,我想这样的教育很难落实"五育并举",很难实现"立德树人"的教育总体目标。

教育,简单地说,是人在自我需求与外界帮助下不断发现与成长的过程。教育是极其复杂的,至少包括教与学,内因与外力,群体与个体,共性与差异,阶段与总体,内容与方式,环境与条件等方面的关系,而这些都需要一定的"空间"。这个"空间"既有物理的空间,也有非物理的空间,我称之为"教育生态"。只有"适宜"的教育生态,才会有"适宜"的教育;只有"适宜"的教育,才能培养出健康而完整的人。

最后,"适宜"的教育能更好地激发教育者工作的热情与能力。

"适宜"的教育不同于"竞争"的教育。因为"竞争"的教育是以单一结果指标为目标的,而"适宜"的教育是恰当的、基于基础与条件的、尊重个体差异与兴趣、遵循教育规律,能让每位教育工作者体验到工作成效与快乐、让每位受教育者感受到成长与尊重。简而言之,"适宜"的教育是指向人的成长的。"竞争"的教育,考虑更多的是横向的、个体间的、单位间的、区域间的"比拼";"竞争"的教育,考虑更多的是评价,或者说考虑更加"有利"的评价,是以评价指标为导向,去选择教育行动策略,关注的是教育者与管理者"利益";"竞争"的教育,缺乏对"人"的思考,更多的是"资源的""利益的""竞赛的"成效与价值。

"适宜"的教育能让教育工作者从教育本源思考教育,而非有更多的"杂念、杂行、杂味",教育工作者能更好地去考量教育,去体验自己在教育过程中的思与行、情与趣、习与为。

教育,本是"千山赏千景,万花品万味"的事业,"适宜"的教育不是教育作用的"无为"与"降维",而是让教育回归初心。

教育需要重新定义"成功"

教育的作用是助人,帮助学生们成人、成才、成功。本文想谈谈关于教育如何重新定义"成功"的话题。

教育者在很多"公共场合"讲教育时,很少"着重"讲学生如何"成功"的话题。讲得较多的是学生如何"成才"的话题,讲得最多的是学生如何"成人"的话题。为什么会出现这样的现象呢?可能大家认为,讲学生如何"成功",不能完全诠释教育的价值与追求,甚至还会被人"误读"与"误解"他的教育理念。讲学生如何"成长",尤其是讲学生如何"成人",能确保教育理念是科学的,是站在教育规律上办校、治学的。假如这个假设有一定的"现实意义",那么,大家为什么会有这种"担心"呢?

笔者认为,教育者有这样的"担心",实则是关注如何理解人的"成功"问题。

教育其实是社会与时代的组成部分。教育有些方面走在社会与时代之前,有些方面与社会和时代同步,有些方面落在社会和时代之后。教育对"成功"的定义也是多样态,同样因时代、国度、民族、职业、条件、人的不同而不完全一致,定义"成功",是件非常困难的事。如果我们不能较为准确而科学地定义"成功",教育就难以真正帮助"人"获得"成功"。

比如,区域基础教育每年都在追求高考"标杆性的响炮",也就是平时所讲的考了多少个"清北"。如果一个区域高考没有这个"标杆性的响炮",不但大家对教育的评价大打折扣,甚至于在这个区域从事基础教育的教育人,在这一年或这一个阶段,可能见人都要"低三分"。低哪"三分"呢?一分是教育者尽量不要在公众场合谈教育，否则会因高考没有"标杆性的响炮"而遭人耻笑；一分是教育者尽量不要出席可以"畅所欲言"的聚会，否则大家说着说着就说到高考没有"标杆性的响炮"；再一分是教育者尽量不要向领导或其他部门提一些要求，尤其是他们认为不是必要的要求，否则他们会说教育投入这么多，却不见成效与成绩（具体还是指高考没有"标杆性的响炮"）。因为，这"三分"，都会让教育者觉得有"自取其辱"的感觉，而在任何"一分"的场景中，高考没有"标杆性的响炮"，都可能成为被别人说服与驳斥的最终最有力的"终结性武器"。除高考外，其他不同学段与类别的学校，最终"摆平"家长，让社会"信服"，让地方政府"满意"的是什么？还是考试成绩，那种绝对"碾压"别人的成绩，至于这考试成绩是如何获得、为此付出什么代价、学生和学校失去了什么？不能说是无人问津，至少是不怎么关心与关注。

由此类推，如何去评价学校、老师，评价学生，评价家长的教育效果呢？其实，更多的不也是以考得"出彩"；以学生考试成绩是否比其他同学"出众"；自家的孩子考得是否"出奇"，等等。至于考试成绩怎么提升？为了考试成绩付出了什么？这些，可能无人问津。

现实中，还有好多类似的例子，都是为了追求所谓的教育教学的"成功"。但是，我们发现一个现象，我们越是追求这些教育的"成功"，却让教育越来越趋向功劳与功利，远离了教育的功德，这样的教育是不是越来越"不健康"？

那么，什么样的教育，才可以称之为是"成功"的？

讲一个个人的真实故事，来说明自己对"成功"的理解——

那是我教的第一届初中生毕业后的同学聚会。我和有些同学从毕业后二十多年没有再见过，看到这些同学，作为班主任的我，非常感慨，于是说："看到同学们现在成家立业，每个人都有各自幸福的生活，人人都成功……"

我尽情说了自己的感慨、感动与感悟，很是满意地站在发言席。

有同学向我提了一个疑问，认为我说的大家都成功，不客观，因为，绝大多数的同学都处于"温饱"状态，工作性质也是"务农"或"务工"，只有少部分人做老师、公务员或者办企业。所以，他认为我说他们"成功"了，有点不了解他们现状，他们还未达到我所说的"成功"。

是呀！其他同学纷纷点头呼应着，都表示赞同这位发言同学的观点，并三三两两地交头接耳。

"同学们有这样的疑问，我很理解。但是，同学们，不知道你们是如何理解'成功'的？老师今天与同学们分享一下，我对'成功'的理解。"

"成功是'基础+'，只要你达到了基础，就可以说，你'成功'了，其他的都是'+'。'+'的越多，说明你'成功'的范围、内容、品质就越多越优。"

"同学们之所以有这样的疑问，是我们对'成功'中'基础'的淡化与弱化，而过于强化'+'。殊不知'+'是人生可加可减的'附加题'，唯有'基础'，才是人生需要完成且保证答对答全的'必答题'。每个人'成功'中的'基础'是相同或相近的，是不变的，是需坚持的；而不同人或同一个人在不同阶段的'+'是各具特色的，可选择、可调整、可多可少。"

"老师，那您说'基础'包括什么呢？"有同学迫不及待地问。

"是啊！'成功'中的'基础'指的是什么呢？"我接着说，"老师认为成功中的'基础'有三条，当然，可能不同的人有不同的理解。首先，要遵纪守法，遵守社会公德，这是第一条基础；其次，要自食其力，就是要有能力养活自己，并与你的爱人共同养育你生的人（你的子女），赡养生你、生你爱人的人（你和爱人的父母）；最后，我们尽量不让自己的亲朋好友为我们担心，尽量给他们带去快乐。只要你满足了这三条，你就可以骄傲地说，我'成功'了。"

"老师，这算什么'成功'呀？这个'基础'，也太'基础'了吧！谁都可以做到。"有些同学笑着说道。

"这可能是老师安慰我们，怕我们自暴自弃，怕我们心理压力大。"有同学接着说。

"是的，只要做到这三点的人，我认为这个人就是'成功'者。"我非常诚恳而坚定地说。"同学们，如果你们做到了，老师很高兴，也为你们自豪。"

"老师，那我们班叶某某做了老板，他与我这个打工者相比，谁'成功'呢？"一位同学站起来问。

"你们俩都'成功'了，叶某某办企业，交了税，解决了一些人就业，他在这方面比你多了一个或两个'＋'。如果你在其他方面比叶某某同学多做了一些事，那么，你在那方面比叶某某同学多了一个或两个'＋'。你俩都成功了，只不过成功的内容、范畴不同而已。"我说道。

"那你有小车，就比我多了一个'＋'；我捐过一次款，献过一次血，那我比他又多了一个'＋'……"同学们相互开着玩笑，从不同方面说着、聊着、高兴着……

"成功"是什么？成功不是只有统一而标准的定义。用"基础＋"来定义"成功"，是针对成功的特性而提出来的。对于教育和教育者来说，如何定义"成功"，就更为重要了；因为，这决定了教育方向、教育定位、教育内容、教育方式、教育考核，等等，同时，也决定了教育者的教育追求、教育行为、教育态度、教育评价，等等。

如果，教育与教育者定义成功是"基础＋"，那么，教育中的好多问题都得以化解。学生的成绩用"基础＋"，而不用横向"比较"来确定优劣，那会让许多学生拿掉并不属于他们但一直戴在他们头上的"帽子"——后进生。

现在孩子回去告诉父母考试成绩时，父母都要问，你考了多少分？在班级、年级排第几名？只有考试分数和各层次排名都得到优，学生的考试成绩才是真的"优"，否则，都不是好成绩。对教师的教学成绩评价，好多学校通常采用的是"一分三率"的排名，即平均分，优秀率、合格率与离均率，这里面除了考试成绩的"绝对分数"，还有与其他人比较，才能获得认可，这个成绩可称之为"认可的有效成绩"。又再比如，对中高考成绩评价，好多教育局采用"一分三率"的排名，即平均分，优生率、上线率、净增率，同样即考核考试成绩的"绝对分数"，又在考核与其他学校或地区比较的"认可的有效成绩"。而这一切，并不应该是教育定义的"成功"。

如果教育与教育者定义成功是"基础＋"，就无须采用"竞争式"的排名，而是分类分层考核"基础"，再根据学生发展方向与兴趣，学生学习内容去看他们的"＋"。可以采取"基础"达标，"＋"有特色、有品质、有创新的评价与考核方式，选拔人才，帮助学生走向成功，激发其成长愿望和学习动力。这样的教育，才是回归以人为本；这样的教育，才不是竞争与淘汰式，并以"分阶层"为目的的；这样的教育，才能真正让"五育并举"到"五育融合"；这样的教育，才能让"立德树人"总体教育目标得以落地与实现。

有两位同学参加高考，他们的高考成绩分别是642分和626分，我们就会说高考成绩642分比626分的同学优秀。首先，我们要承认，这次考试中，高考成绩642分的同学，比高考成绩626分的同学要优。但是，这两位高考成绩总分相差16分的同学，他们在学习习惯、学习方法、学习能力、知识掌握等方面到底有什么差别，能分出优与劣吗？如果高考考了642分的同学与高考考了653分的同学比较呢？为什么同一位同学，会有不一样的评价呢？再接着往下说，这两位同学的各自任课教师在教学态度、教学方法、学科水平、课堂教学等方面又有什么区别呢？以此类推，两位同学所在的各自学校在办学理念、育人目标、校风学风、学校治理、课程设计、学校文化、教师队伍等方面会有什么区别呢？

按这一逻辑比较，还可以不断延长与延续，且在现实教育现状不断地得以"认可"与"使用"。可这样的类比式思维，究竟能不能证明哪位同学比哪位同学"成功"呢？哪位教师比哪位教师"成功"呢？哪所学校比哪所学校"成功"呢？如果要我来说，他们都成功，只是范围、内容、品质不同而已。

教育与教育者，要重新定义"成功"。只有认同并践行教育成功是"基础+"，才可能真正认同"教育与教育者只是帮助学生在寻找更多的'可能'"的教育理念；认同教育成功并非标准化、统一性、竞争式的，才能焕发助人的温暖。如果教育对"成功"的定义是标准的、统一的、固定的，教育就沦为竞争式"掠夺"的资源和"竞争式"淘汰的桎梏，教育就失去了自我"成长"的可能，同时，也就失去它应有的温润、温柔和温暖。

关于县中"塌陷"现象的思考

教育部等九部门在 2021 年 12 月 9 日发布《"十四五"县域普通高中发展提升行动计划》（以下简称《计划》），《计划》提出"到 2025 年，县中整体办学水平显著提升，市域内县中和城区普通高中协调发展机制基本健全，统筹普通高中教育和中等职业教育发展，推动全国高中阶段教育毛入学率达到 92% 以上"。

《计划》是针对近年来，一些地方县中发展还存在生源和教师流失比较严重、基础条件相对薄弱、教育质量有待提高等突出问题而提出的。

《计划》中提到的一些内容值得我们关注：

1. 深化招生管理改革。全面推进基于初中学业水平考试成绩、结合综合素质评价考试招生录取模式，着力构建规范有序和监督有力的招生机制，坚决杜绝违规跨区域掐尖招生，防止县中生源过度流失，维护良好教育生态。

2. 健全教师补充激励机制。各地要严格落实中央关于中小学教职工编制标准和统筹管理相关规定，依照条件标准及时补充县中教师，优化教师配备，着力解决县中教师总量不足和结构性缺员问题。

3. 实施县中托管帮扶工程。通过国家引导、地方支持、双向选择的方式，开展多种形式的县中托管帮扶工作，努力使每个教育基础薄弱县都得到支持，加快整体提升县中办学水平。

4. 实施县中标准化建设工程。国家修订普通中小学校建设标准，完善普通高中学校建设要求，更好适应高考综合改革和普通高中育人方式改革需要。

5. 消除大班额和有效控制大规模学校。各地要加大消除普通高中大班额专项规划实施力度，全面消除 56 人及以上大班额。

教育部等九部门发布《计划》，正式吹响县域普通高中发展提升的号角，也让大家看到的十几年，甚至于二三十年的县中"塌陷"现象，有"回归"的希望。那么，县中"塌陷"背后，给我们带来哪些思考呢？笔者从以下几方面谈谈县中"塌陷"问题。

第一，县中"塌陷"判断从何而来

关于县中发展的担忧不只是近几年才有，只不过是近几年，对县中发展困境与问题，社会大多群体达成"共识"而已。县中，对于一个县来说，是全县人民"瞩目"且会持续关注的"焦点"单位。县中，在某种意义上是一个县的文脉"延续"，一个县精神象征的"存在"，一个县人才发展的"希望"，一个县文化的"标识"。正因如此，无论现在是否在"本县"生活的人，无论他们有或没有上过县中，他们对县中的现状与发展，作为家乡记忆的"符号"，都寄予着对家乡发展的"厚望"。

从哪些方面可以判断县中"塌陷"？本文从政策和社会两个方面来分析判断：

一是政策方面。可以从县域普通高中的经费投入保障机制及学校公用标准以及普遍运营状况来看，负债经营的学校不在少数；从县域普通高中学校办学硬件标准来看，好多县域普通高中办学条件不及本县义务教育阶段学校，尤其是学校设施设备方面；从县域普通高中教师队伍建设来看，无论是教师招聘的数量、还是招聘质量，以及教师稳定性都不乐观，尤其是优秀教育管理人才、优秀教师外流现象都比较严重；从县域普通高中教师待遇标准、待遇保障方面来看，并不优于义务教育阶段，尤其是保障机制也不稳定；从就读高中的家长择校次序来看，优秀学生家长和优秀学生把县中作为第一选择的比例不高；从县域普通高中招生情况及高校成绩来看，大多数县中难以留下本县中考前5名，甚至前10名，大多数县很难保证每年高考有特优生；从省内"超级高中"与市级高中的"强势发展"来看，反向证明县中优秀生源外流与师资外流非常严重；从各省市普通高中招生政策以及省内与市内某些高中特殊政策等方面来看，对县中发展极为不利，类似这样的"例子"还有很多。

当然，这只是县中发展不利的"外因"的一部分，还有县中发展中本身存在的各种问题。所以,我们看到县域高中正在逐步"弱小化",且县中弱小化好像是"正常的必然"。这里指的"正常的必然"不是指国家政策导向,也不是指县中发展不符合时代所需,而是由于前面列举的系列的"依据",可以判断县中弱小化是"正常的必然"。当然,还存在极少数县中"顽强而艰辛"地成长,且取得不菲的成绩,甚至超过县中发展"黄金期"的成绩,针对极少数县中的健康发展,应该是普遍高中发展中值得研究与关注的现象。

二是社会方面。可以从选择来县中做教师的群体来看,一是准备来县中做教师的"后备群体"数量与来源,可以说是数量不足,来源堪忧;二是准备来县中做教师的"后备群体"能力,通过调研发现,无论所学专业,还是学习成绩与能力,都与高中教师条件有一定差距。

从就读高中的家长与孩子选择县中情况来看,县中招到本县中考前10名的可能性越来越少,招到本县中考前50名的概率也不高,每年县级行政区的初中毕业生,去市级高中就读,去省级高中就读,去本省"超级高中"就读,去一些特殊民办高中的就读人数,少则百十人,多则几百人,且绝大多数都是中考成绩靠前的学生。

从县中教师队伍建设来看,一是县中自己培养出的"名校长""名教师"的可能性正在降低,主要是县中校长与教师难以拿出与市级、省级和一些"知名"学校相同的"业绩",原因无须再细说,这使得社会、家长对县中认可度降低,也让县中缺少一些"底气"。

从"名校长""名教师"流动来看,县中仅有的骨干教师,就会被省级、市级高中或"名校""民校"不定期地"收割";"名校长""名教师"还会被发达地区公办或有实力民办高中"收割",当然,还有的是被本地拥有"特殊政策"的公办或民办高中"收割"。

从以上"政策""社会"两方面的"信息""现象",县中"塌陷"由此得出结论。

第二,县中"塌陷"现象为何而生

如是某个县中"塌陷"或某些县中"塌陷",那是个别现象或少部分问题。

造成区域教育生态不良的原因，可能是当地政府不重视教育，教育主管部门治理失策失职，县中管理不善等。如是大多数的县中"塌陷"，那这就是普遍问题，需要各级政府和教育主管部门高度重视，科学理性分析，综合而系统施策，方能化解县中"塌陷"问题。

笔者认为导致县中"塌陷"，至少有"政策效应""定位效应""市场效应"和"剧场效应"四方面的原因。

首先是政策效应。既有国家政策对县中发展支持不足的缘由，也有地方政策方向不对的原因。国家层面对普通高中整体政策支持，客观上来讲，近二三十年来，对普通高中的支持力度远不及对义务教育的支持力度，有的甚至不及对职业教育的支持力度。特别是在近几年来，还落后于对学前教育的支持。由于国家层面对普通高中政策支持力度不够，导致高中教育出现明显区域特征，也就是社会经济发展较好，教育发展水平较高的地区，高中教育发展健康而有质量；社会经济发展较差，教育发展水平较低的地区，高中教育发展处于"无序"且低水平的恶性竞争状态。对于普通高中发展，有一段时间，大多数地方是没有明确政策规定与支持的，各地高中处于"野蛮的自我生长"状态。

当然，这并不是说全国高中教育都是如此，有好多省市是做得较好的，如上海、江苏、浙江、山东、深圳等省市和地区。这是政策因素所致，导致了"政策效应"，对普通高中教育缺乏必要的"力度"引导，因此，直接导致了县中"塌陷"现象的产生，甚至有蔓延趋势。

其次是定位效应。高中教育没有像义务教育那样有办学强制要求，如义务教育就明确规定学生就近入学，而高中教育没有相应规定，这就使高中学生可以"自由择校"。由于高中学生的"自由择校"，一段时间内，全国出现了不同程度的"高考移民"现象，出现大量学生跨县、跨市和跨省的"择校"现象。由于不同的地方对高中教育定位也不尽相同，真正重视教育的县级政府，就主动承担高中发展的责任，加大与保证学校硬件建设、教师配置、设备购置、经费保障等方面的投入与管理。真正重视教育的省级与市级政府和教育主管部门，从高中办学经费支持，到高中教育相关政策保障都给予实际的投入与监管，尤其是在师资队伍建设、中考考试、普通高中招生、普通高中评估等方面出台了较为科学而规范的政策。而有些对教育没有真正重视的县级政府，无论是对高中教育，还是对县中发展，都持"观望"与"推责"的态度，无论是人员与经费的支持，还是促进普通高中发展政策都没有充分的保障。对普通高中教育发展不太重视的省市，没有经费、人员等办学基础性条件的支持与保障；尤其是省市教育主管部门，因没有经费、人员支持的权责，不能为县域普通高中提供实质性的支持，情有原，但有些省市教育主管部门连本区域内的高中教育办学基本秩序及规范，都没有真正做到，落实到位。

殊不知这是对区域教育生态的严重破坏，类似于"杀鸡取卵"的做法，是把"少部分人、学校与区域的利益与成绩"建立在损失大多数人、学校与区域的"损伤与失败"上。这些做法，对区域教育质量并没有"实质"的提升，而是区域与部分人的"资源获利"。大多数县中在这样的区域教育生态下，慢慢地被"边缘化"乃至"弱化"，直到今天看到的县中"塌陷"现象。上述这些都是基于对区域高中教育定位的偏差所产生的定位效应所致。

再次是市场效应。近年来，国家出台了民办教育相关政策，对民办教育进行规范与整治，是对民办教育发展影响较大的一项重要政策。在规范与整治过程中，当年地方上比较多的做法，就是以公办"名校"办"民校"。这些"名校"是区域长期积累而形成的，有些还是通过政策扶持、资源倾斜、生源选择、教师编制增加、教师招聘渠道多、教师待遇同比高、学校办学自主权较高、管理学校主体层级较高等优势"造就"出来的"名校"，这类"名校"可以称之为"资源名校"。公办"名校"办出来的"民校"，他们办学的"优惠"渠道与内容，比前面所讲的公办"名校"还要多。试想一个区域的高中教育阶段，如果有这样的"民校"，一般县中的优秀教师和优秀学生都会被其特殊的条件与环境所"吸引"，在这样的教育生态下，县中的"塌陷"速度会加快。

所以，在一个阶段里，有好多地方出现一些"怪现象"，比如中考优秀学生靠择校"赚钱"。这是因为区域高中学校为了争抢优秀生源，有些学校会为招一名优秀生源，给学生家长十几万、甚至于几十万的"奖金"。更有甚者，有些学校为了"抢生源"，学校还让中考优秀学生父母或父母一方到学校去工作，以此吸引优秀生源就读。当然，除了高中新生招生以外，还有些学校为了高考成绩

"出彩",而鼓励少数高考成绩较好的学生选择复读再考更好的名校。这些高考成绩较好的"落榜生",就成了各个学校抢手的"优质生源",因为这类学生高考"出彩"是"大概率"现象,有实力的学校为了得到这类"落榜生"肯花大价钱。而这一切的行为,带来的不仅仅是县中"塌陷",更进一步让高中学校办学方向出了偏差,给社会、家长、学生、校长与教师带来"错误"的导向,使得区域高中教育生态严重损伤,真是令人"痛心"!

最后是剧场效应。区域普通高中教育与高中学校在"政策效应""定位效应""市场效应"的多重作用下,就自然出现了"剧场效应"。曾经一个时期,各省高中教育有各省的做法,各市有各市的做法,各县有各县的做法。以江浙沪等省市为代表的一些省市,较早发现高中教育存在"问题"与发展"潜力",这些省市重视普通高中区域良好教育生态构建,并取得了一定的成效,重点表现为:不夸大"资源名校"的打造,对于县中的保护意识较强,建立体制机制维护省域高中规范办学、规范招生、教师流动、高中教育与学校发展评价等,使区域高中教育与高中学校有序有效竞争,不太会出现"野蛮"和"无序"生长。这些省市的做法,让区域范围内学校更加重视教育教学研究、重视学校管理、重视文化建设、重视师生成长等内涵发展。

令人遗憾的是,有一阶段,更多的省市以省城、以设县区的市级以及"传统教育强市县"为教育发展"重点"与"中心",为此,用"非规范"与"非规律"方式,"人为打造"出省级、市级的高中"强校",以此带动区域高中教育发展和高中学校进步。

殊不知,这不仅达不到预设的效果,而且还会导致省内、市内高中学校恶性竞争,让高中教育进入"唯高考"和"唯升学率"的高中办学质量评价"怪圈"。这直接导致区域高中教育目标的"失责",导致区域高中学校办校秩序与方向"失衡"。

这样让区域内所有高中学校,把更多人力、精力、财力集中于"争夺"优秀生源,"争抢"优秀教师,学校与学校之间,上演一场场"抢夺"与"保护"师资与生源大战,而学校的内涵发展就在不断"功利化"。

这样让原本并不"富裕"的县中,很难保证人力、精力、财力用于学校教育教学、学校管理、文化建设、师生成长等方面，长此以往，县中的社会认可度、学生体验度、家长满意度就会下降，县中面临"塌陷"又增加了更多"可能"，从而破坏了区域高中教育生态。

第三，县中"塌陷"现象何时而止

《计划》实施能让更多的人科学、客观地思考高中教育发展，了解高中教育现状，知晓各级各类高中学校现状。这里，尤其能唤起各地方党委政府对县中发展有一些重新思考与定位，根据各地实际情况采取一系列具体措施。省市两级教育主管部门针对高中教育发展与高中学校办学，重新修订相关政策并使之有效落地。同时，也会督促各地保障国家对高中教育发展和高中学校建设相关政策有效落地。这些措施，是防止县中"塌陷"重要而关键的"力量"。

县中"塌陷"的判断是通过"对比"方式而得来的，包括县中和"市中"发展状态对比；县中和以"省某某附属中学"为代表的省级高中发展状态对比；县中和省内某某超级中学发展对比。这种对比下，我们发现县中"塌陷"了，这是对比之一。还有就是今日的县中和某个历史阶段的县中对比，这种对比下，我们发现县中"塌陷"了，这是对比之二。

大家试想想，如果以这样的对比，县中"塌陷"现象能否得以"制止"？这个问题是大家必须面对与思考的！这个问题不再能从教育政策、教育投入、教育治理、教育生态、高考政策等教育体系下的诸多因素来思考，同时，这个问题还应该站在时代的大背景下思考，如城镇化发展、中心城区建设、大学教育普及化、交通与网络高度发达等环境因素。

县中通过这么多年的"无序竞争"，并在这么多年"无序竞争"下处于"落败"地位，县中在县域中的原有地位与作用也在弱化。县中原有的学校文化基因、校管理基因、教育教学氛围、教师队伍建设和教研科研状态等方面都在不断"流失"与"下滑"。这些都是县中"塌陷"能否按下"暂停键"的关键基础，而且是教育与学校的关键内因。

在前二三十年高中教育"无序发展"和高中学校"无序竞争"的情况下，全国范围内，也有为数不多的县中依然"挺立"，并没有像其他县中那样"塌陷"。这些并未"塌陷"的少数县中，主要依靠超乎常态的内在力量与信仰的支持，才能在如此不利于县中发展的外部环境下，还保持县中的应有"风采"与"魅力"。这才是值得我们所有与普通高中教育相关的各方人士应该思考与努力的。

在新形势下，县中"塌陷"步伐肯定会减缓，并得以扭转，县中"塌陷"问题也将会被更多的群体正视，从而不再像以前那样普遍化。这些是笔者对县中"塌陷"现象的基本判断。

县中"塌陷"现象不仅仅只是县中发展问题，而是通过县中"塌陷"现象，折射出我国高中教育发展中存在的一些教育"共性"问题。县中"塌陷"现象，如不系统而综合地思考，高中教育难以真正做到科学、持续与健康发展。

做好成果"推广人",助推基础教育高质量发展

参加河南省教育学会主办,中国教育学会与河南省教育厅支持的"首届中原基础教育改革发展论坛"。用餐期间,同桌的人相互认识,华东师范大学基础教育改革与发展研究所所长李政涛教授在介绍我时,特意向大家说明一点,方华老师有一个特别的身份,他是"推广人"。然后,他告诉大家,我在中国教育学会基础教育国家级优秀成果推广项目组,负责成果推广工作。初听李教授对我的介绍,我并未仔细琢磨,回来以后,细细品尝"推广人"这个称谓,确实有值得我认真思考的问题。

按李教授所说的,我是成果"推广人",那我这个成果"推广人",怎么去做并做好"推广人"呢?我想至少要回答这几个问题:成果"推广人"推广什么?成果"推广人"为什么推广成果?"推广人"怎么推广成果?我(我们)如何成为合格的成果推广人?

基于这些"问题",我做了一些思考。

成果"推广人"推广什么?这个问题,看起来,好似无须解读。推广工作就是推广应用基础教育国家级优秀教学成果。不过,有一点需要说明,基础教育国家级优秀教学成果推广工作,当然不只是我一个人,也不只是成果推广应用项目组和中国教育学会,还有教育部基础司直接领导成果推广工作,被遴选的优秀教学成果持有方和成果推广示范区及示范区各校,各地省、市、县区教研科研机构、各省市教育厅基教处、各省市教育学会以及参与成果推广应用专家等一大批人。

成果"推广人"的重要作用是借助基础教育国家级优秀教学成果推广应用

（以下简称"成果推广"）平台，以及成果推广各方资源，如：优秀成果持有方、成果推广示范区、各级教育主管部门、地方教育学会与相关专家等方面资源。推广科学教育教学理念，对在实践中取得成绩的教育教学国家优秀教学成果，形成具有可操作的、可借鉴、可推广的教育教学策略，使之在不同的地区、学校借鉴与学习，帮助基础教育优秀教学成果验证其适应范围、条件和效果，帮助基础教育优秀教学成果示范区借助成果，推动区域教育高质量发展。

作为一名成果"推广人"，在成果推广工作中，落实与执行教育部关于"成果推广应用"相关文件精神和教育部基础司与中国教育学会对"成果推广应用"的相关要求与工作目标。

为什么推广？成果推广应用的不同主体有着不同视野与认识，自然会产生不同的"答案"。如国家层面、省级层面、县市区层面、学校、教师等主体都会有自己的理解与解读。这些理解和解读是有共性的，也是基础性的。

比如说，让长期研究且有效实践的教学成果，如何发挥更大作用，在更多的地方得以有效落地，从而改善和优化各自的教学行为及方式。

又比如说，优秀教学成果在其他区域（学校）落地实施，来验证其"服不服水土"的问题，以证明成果的适应性和成果对条件的依赖程度。

再比如说，优秀成果的科学性与效果性已得认定，它们都通过省级、国家级的评审，并获得不俗的成绩，成果专业性毋庸置疑，但成果推广能更好助推成果进一步研究与优化，实现研究的提升与优化。

又比如说，优秀成果本身和成果推广的终极指向都是对教学行为、方式等方面的改革与优化，达到提升教育教学质量的目的。"答案"当然还远不止这些"比如说"。

成果怎么推广？虽然这次成果推广应用还是国家层面的首次，但成果推广已经不是什么新鲜事，无论是成果持有者，还是成果学习者，就是成果推广应用方——成果示范区，都有成果推广应用的亲身"体验"经历。成果持有方有过被动推广的经历，也可能有过主动推广的经历；成果学习者同样有过主动去寻找优秀成果且推广应用的经历，也可能有过被动被成果寻找且要求推广应用的经历。这些推广体验与经验为现在从国家层面来推广国家级优秀教学成果，提供了非常宝贵而有价值的经验。

基础教育国家优秀教学成果推广应用工作，到目前为止，以个人工作经历和掌握信息来看，从成果持有方来看，有北京吴正宪老师及团队，北京海淀区教师进修学校罗滨校长及团队，江苏南京实验幼儿园章丽园长及团队，江苏省如皋师范附属小学朱爱华校长及团队，江苏情境教育研究所，上海市教委教研员王月芬副主任及团队，上海静安教育学院附属学校张人利校长及团队，上海市新优质学校汤林春所长及团队，重庆巴蜀小学马宏校长及团队，重庆谢家湾小学刘希娅校长及团队，深圳宝安倪岗老师及团队，长沙市教科院姜平老师及团队等，对成果推广都有很长时间的探索与实践，为成果持有方如何进行成果推广积累了一定经验，尤其是在推广机制建设，推广工具研发，推广策略梳理，推广流程研讨，推广形式尝试等方面都有涉及。

从成果推广示范区来说，也有些区域做了较长的探索。以浙江省温州市为代表的区域整体成果推广应用工作，从2013年就开始了。他们对省级、市级获奖的本土化成果推广应用进行全域推广，历时近十年。十年来，他们先从本土成果推广入手，以实验区、实验校、实验项目（领域、学科）、实验教科研人员、实验教师等主体、对象及内容，逐步扩大，逐步深入，为区域成果推广积累了扎实而有效的经验与方法。还有上海市金山区，也在国家层面没有组织全国范围成果推广之前，就开展了本土化实施区域成果推广，也取得了不俗的成效。这次国家成果推广工作中，也涌现出一些示范区，他们创造性地开展了工作，比如：北京市房山区把成果推广应用作为区域教育高质量发展的重要契机与策略，上海静安区、西安高新区、福建南安市、江苏南京市、杭州上城区、四川成都市、山东威海市、大连西岗区、新疆生产建设兵团第八师、天津河西区、陕西宝鸡市、河南郑州市、黑龙江鸡西、贵州铜仁市玉屏县、广东东莞市等地，为区域成果推广应用积累了可学习、可借鉴、可推广的本土化经验与成效。

2019年10月31日，教育部办公厅下发了《教育部办公厅关于开展基础教育国家级优秀教学成果推广应用工作的通知》（教基厅函[2019]48号）；2020年7月10日，教育部基础教育司下发了《关于开展基础教育优秀教学成果推广应用示范区申报工作的通知》；2020年12月30日，教育部办公厅下发了《教育部办公厅关于开展基础教育国家级优秀教学成果推广示范区应用工作的通知》（教基厅函［2020］35号）。从三个通知下发，可以看到基础教育国家层面的优秀成果推广的目标、原则、要求、方式等。

基础教育优秀成果推广应用工作，是一项多主体、多成果、多区域、多类别、多学段、多内容的长期而专业的工作。成果推广应用需要多方合作，统筹协作，借鉴研究，创新实践，它们既有共性特点，又极富差异性。

如何做好成果推广工作，说实话，我现在回答不了。原因有三：一是还没有一项成果推广工作取得相应效果，所以没证据支持我回答这个问题；二是我没有系统且完整地思考出成果推广的科学机制与有效策略；三是我也没有去系统观察与研究别人成果推广应用的有效成果。这是鞭策我不断努力向诸多优秀成果持有方、向60个成果示范区学习的动力，也是向指导、帮助与支持成果推广的领导、专家、老师学习的源泉。

就成果怎么推广，我有一点浅显工作体验与学习体会，总结了十点：一是要明确成果推广目标，做到有的放矢；二是要了解区域教育现状，做到心中有数；三是要研究拟推广成果的源起、成果研究过程、成果主要内容、成果核心价值等；四是要重视各种资源融合，尤其是成果与本土化的融合；五是要坚持再创新，如成果持有方对成果再凝练、再提升；六是要具有工作保障，成果推广组织方、持有方、应用方都应有相应的保障；七是要建立机制，成果推广应用需要建立相应机制；八是要研制工具，成果推广应用需要研制相应工具，便于成果更好地推广；九是要进行分类指导，成果推广还要分类，针对不同成果和不同示范区，采用不同的策略，进行分类指导；十是要培训工作队伍，队伍培训是成果推广的关键一环，也是成果在本土实施的关键所在。没有这些工作"经验"为基础，想把成果推广工作做实、做细、做得有效，简直是天方夜谭。

我（我们）如何成为合格的成果推广人？这不是一个称呼，也不是一个符号，更不是一个标签。其实，这是对教育有追求的人；是不断寻找教育"桃花源"的人；是对教育的科学与专业予以尊重的人；是把教育融进自己生活与生命的人；是为学生健康成长提供多种可能而努力的人；是相信教育能发生改变的人……基础教育国家级优秀教学成果呈现多种样态，涉及内容非常多元，领域很广，专业程度很高。成果推广应用主体又是多元的，成果生成与成果推广应用的条件、环境、基础、文化、生态迥异，这给成果推广应用带来诸多不确定性，每个成果推广人需要不断学习，以提升自身素养助推成果推广应用工作顺利进行。坚守正确教育价值，具备扎实专业素养，坚持持续创新精神，保持终身学习状态是做好推广人必备的基础条件。

基础教育国家教学成果奖，是党和国家对基础教育教学设立的唯一奖项，其价值与地位可想而知。如何把基础教育宝贵的研究成果应用到更多区域的教育教学实践中去，就是基础教育国家教学成果奖"推广人"的责任与使命。期待更多的教育同仁成为成果"推广人"，让教育变得更加美好。

基于"成果推广应用"视域谈谈"成果"

2020年12月教育部办公厅下发了"国家级基础教育优秀教学成果推广应用工作"(以下简称"成果推广")的文件,我有幸从工作一开始就参与其中,让我有更多机会了解、学习、接触2014年首届和2018年第二届的国家级基础教育优秀教学成果和优秀成果的持有人与团队。同时,还与全国各省市、自治区、新疆生产建设兵团的60家成果推广应用示范区一同从事推广应用国家级基础教育优秀教学成果工作,又让我有更多机会参与、研讨、学习成果推广应用各环节工作,并了解与学习了全国不同地域、不同教育发展层次、不同教育生态的地区成果推广工作,并以研究者视野观察他们如何理解成果、学习成果、推广应用成果的过程、策略、成效,也发现了示范区在成果推广应用工作中的一些创新机制、策略、方法,还了解到成果推广应用工作中的一些困难。

基于这些工作经历,笔者想站在成果推广应用视域谈谈如何认识与理解国家级基础教育教学成果。

01 国家级基础教育教学成果的价值

国家级基础教育教学成果是广大学校、教师、各级教科研机构、教科研人员乃至一些教育管理部门与人员在教育教学实践中"以做促研,以研促做"的国家"认定"。

为什么各地各校非常重视国家级基础教育教学成果申报工作,因为这是国家目前对基础教育教学专业方面予以行政与专业的"最高认定"。从事基础教育教学、教育教学研究、教育教学管理的人士,如能获此殊荣,标志着该项成果中的教育教学主张、教育教学实践、教育教学成效、教育教学研究得到高度"认定",这无疑是件令人高兴与骄傲的事情。

国家设立基础教育教学成果奖,至少有以下一些考量。一是国家重视基础教育,把基础教育纳入到国家社会经济发展的重要内容当中;二是国家重视基础教育教学质量,这与基础教育高质量发展是一脉相承的,并且认可教学质量是教育质量的重要组成部分;三是国家重视基础教育实践智慧与实践行为,并使更多的教育教学实践经验、实践成效付诸实际研究,使之成果化,让更多的教育教学实践个体、个案、个别行为与成效,变为可总结、可梳理、可提炼的成果;四是国家通过基础教育教学成果奖评选,更加具体化表达基础教育教学方向、方法、方式的价值引导与追求,转变为各地、各校、各人的教育教学行为,促进基础教育教学优质发展;五是国家通过组织基础教育教学成果的评选与推广应用两项工作结合,让更多更好的教育教学成果转化为教育教学实践,使成果能辐射、引领、带动基础教育高质量发展。

以上仅是个人理解与思考,肯定没有全面弄清、弄懂、弄透国家级基础教育教学成果奖的内核与价值,希望能为大家提供另一个视角的理解。

02　国家级基础教育教学成果应更加聚焦"两个最常见"

国家级基础教育教学成果推广应用工作从 2020 年 12 月正式启动(不含前期的筹备、研讨、遴选等准备工作),此项工作归属于教育部基础教育司负责,基础教育司并把此项工作的组织、实施、专业指导等方面委托给中国教育学会负责。

2021 年 12 月 28 日,在由教育部基础教育司主办、中国教育学会和北京市海淀区教师进修学校承办的基础教育国家级优秀教学成果推广应用年度工作总结会上,教育部基础教育教学指导委员会副主任委员、中国教育学会副会长、上海市教育学会会长尹后庆在会上发言指出:"教育教学研究要坚持在最常见的学校解决最常见的问题中,持久地追求和凸显深厚而扎实的专业功力。"

尹会长接着畅叙了他为什么提出"两个最常见"是教育教学研究的重点:"对局部的关键性问题脚踏实地地去研究和解决,所产生的辐射、互动、连带作用,有时候远远胜过浮于表面的面面俱到的问题研究。真正的研究不是'大题小做',而是'小题大做''小题深做'。学校的智慧往往都是'积小智成大智'。"中国作为一个有14亿人口的发展中国家,在如此大规模地普及义务教育与幼儿教育、高中教育之后,如能解决好最常见学校的最常见问题,不仅具有中国意义,而且具有世界意义。

尹会长的"两个最常见",在我们成果推广应用中尤为突出,那么,这也给以后国家级基础教育教学成果选题、研究、凝练、申报等方面提出了一些建议与启示。基础教育教学成果成立条件是解决学校教育教学,尤其是教学中实际的困难与问题,是我们俗称的"真困难与真问题",而非假设的教育教学的"假问题,假困难"。

在现实中,我们不难发现,有些基础教育教学研究,并没有从问题出发,没有从教育教学常见问题出发,而是先确定一个响亮而新奇的题目,然后围绕着这个题目去搭框架、填内容、凑案例、造成效。这不是做研究、做成果,而是写研究、写成果。这种研究,这种成果是要不得的。

在现实中,我们通常会遇到这样的窘迫,那就是先做了教育教学实践,而后研究,希望以课题或成果形式表达教育教学实践。这就需要组织相关人员对前面一段时间的教育教学实践进行梳理和研讨,这可能是当下好多教学成果形成的大概"样态"。在这里需要厘清与正视的,就是我们梳理、研讨的课题是否真正发生了?是否真正取得了成效?是否真正可推广?否则,这种教学成果就违背了初衷。

03 国家级基础教育教学成果在实际教育教学中应有明显成效

我们必须厘清,有了一定教学成效的教育教学实践并不等于教学成果,因为教学成果不只是教学成效这一要素,教学成果至少还包含遵循教育教学规律,教育教学有创新性、独特性和实用性,并能提供解决教育教学中某一方面问题的完整方案等要素。但教学成果必须能取得不俗的教学成效,因为教学成果的目标指向是提升教育教学成效,如果不能提升教育教学成效的教育教学探索就是低效或无用的,自然也不可能称之为教学成果。

在好多教学成果申报材料上，看到该成果取得不错的教学效果，甚至还是骄人的教学成绩，这一点是符合教学成果内涵的。但同时我们在成果推广应用过程中，不难发现一种现象，那就是教学成果所呈现出的解决方案，似乎难以达到成果报告所描述的成效，甚至于教学成果中所提供的解决方案与实际教学成效之间似乎没有必然的联系，等等。这些都折射出教学成果的真实性、对等性与科学性等方面，还需要进一步规范与论证。

这就给我们一些思考，教学成果必须是在实际的教育教学过程中产生的，应该是做出来的成果；教学成果必须是边实践边研究，边研究边实践；教学成果必须是经历过摸爬滚打出来的，它必须是带着"草香味、泥土味"的；教学成果必须有科学研究，专业的思维，规范的表达。否则，教学成果不是"研究场""教学场"，而会是成为"名利场"。

04 国家级基础教育优秀教学成果的推广应用应该是"朴素而自然"的

在成果推广应用过程中，我们发现成果凝练与形成是不断升维的过程，而成果推广与应用是不断降维的过程，降到成果形成前的"状态"，这个"状态"指成果需要解决的问题状态，成果形成过程环境与资源状态，成果形成过程教育教学状态，等等，使成果推广应用方能感受与触摸到成果方的"现场"与"状态"，这样利于成果示范区开展成果推广工作。

成果凝练是从"实践研究"走向"研究实践"的过程，实践研究是指研究方式，也是指研究追求；研究实践是指研究指向，也是指研究对象与内容。基础教育教学成果是基于教育教学实践中存在的问题，为成果形成提供"可能"。基础教育教学成果最后呈现出来的是规范化、专业化与科学化的文本，但并不表示成果本身不是基于教育教学实际、基于教育教学问题、基于教育教学场景、基于教育教学目标等条件产生的，它们恰恰是基于教育教学现场而生成的。

在成果推广应用过程中，我们要不断地学习成果、理解成果、研究成果，这其中最为重要的要点是，无论是对成果文本学习，或者对成果持有方培训学习，还是去现场跟岗学习，都要让自己跟随成果走进和回归成果持有方形成成果的"教育教学现场"，回归和走进成果持有方团队形成成果的"研究现场"。

只有这样,成果推广应用方的团队才能真正学习成果、理解成果、研究成果,并借助成果推进自身教育教学工作。

在基础教育教学成果推广应用过程中发现,成果推广应用的条件要求越高,成果推广应用难度就越大,成果推广应用效度就越低,成果本身价值也难以达到预期的作用。

基础教育教学成果推广应用应该是"朴素而自然"的,否则,成果就会进入"看似与听似很好,学时与用时很无奈"的窘境,成果也只是"成果化"。

国家级基础教育教学成果专业性很强,并具有示范性、引导性的作用,其内涵是丰富而科学的。推广应用起来也要以专业的团队、专业的态度,发掘和把握其科学内涵,找到与应用单位相适应的土壤,去精心培植,方能成效可期。

基础教育阶段培养学生创新能力之思考

创新,不仅仅是这个时代的高频词,也是这个时代下教育的高频词,自然成为基础教育的高频词。

我国基础教育近几十年来,取得了巨大成绩与变化。具体表现为:国家层面对基础教育定位与标准高,投入与配置高,治理与关注层次高,等等。理论层面对基础教育研究加深,与基础教育交流沟通内容加深,对基础教育成绩、困难与不足的真实现状的了解加深,为基础教育提供有效观点、策略、内容的支持力度加深,等等。实践层面对基础教育的真实改变与推动,对教育工具性价值与内在性价值协同发展,在用教育实践回应社会与家长对教育的期盼,在帮助全体学生的全面发展,在积极探索与实践各种教育教学改革、全面提升教育教学质量等方面是具有积极的正向作用的。

发展是时代的主旋律。我国基础教育像其他事业一样,也是不断提高与发展的。尤其基础教育高质量发展与学生发展核心素养的提出,为教育完成国家育人目标与时代教育发展提供了专业的"标准"。

学生核心素养全面"描绘"出教育高质量发展的个体"画像",具体包含"三方面六大素养",整体表达了"人"成长与发展的"必备素养"。基于学生发展核心素养视域下,谈谈基础教育创新这个话题。

基础教育如何培养学生的创新能力,是摆在所有从事基础教育人面前的重大而现实的命题。这是因为,"创新"是学生核心素养的重要内涵;也是因为,基础教育对学生"创新"的培养存在不足与缺失。

基础教育在学生创新能力培养方面,可以从教育教学目标、内容、方式、资源与评价五个方面予以行动。

首先，学校与教师在教育教学目标设定中，应有利于学生创新能力培养的"指标"。教育教学有国家育人目标、学科目标，有学校与教师育人目标、学段目标、学科目标、学期目标和活动与课堂目标，这些目标有宏观的，有群体的，有中观的，有局部的，有微观的，有个体的。

学校与教师要在教育教学目标中设定学生创新能力培养要求，前提是学校与教师认同学生创新能力对学生成长与学习至关重要，是学生学习成绩、学校与教师育人目标的重要组成部分。

一所学校只有遵循与理解教育基本规律，才能把学生创新能力培养作为学校办学理念、育人目标的重要追求。每所学校都有其共性的教育价值追求，也有其根据历史、地域、学段、条件等因素而形成极具个性的教育价值追求。共性与个性教育价值追求结合起来，就形成了学校的办学理念与育人目标。如西安高新第一中学以"为时创新，人尽其才"为学校办学理念；深圳龙华区创新实验学校以"苟日新，日日新，又日新"为校训；西安高新第一小学以"更高　更新　更远"为校训，以"博爱　博学　求实　求新"为校风。当然，还有更多的学校在办学理念、校训校风、育人目标等方面都有关于学生创新能力的教育价值追求。

其次，在教育教学内容设计中，应有培养学生创新能力的内容。课程是学校教育教学的"内容"，当下课程以国家课程为主，在国家课程的主导下适量适宜开展地方与学校课程，使地方课程与学校课程能丰富国家课程，国家课程校本化和校本化课程组成学校课程。

理解创新是课程培养学生创新能力的前提。百度中对创新的理解是指：以现有的思维模式提出有别于常规或常人思路的见解为导向，利用现有的知识和物质，在特定的环境中，本着理想化需要或为满足社会需求，而改进或创造新的事物，包括但不限于各种产品、方法、元素、路径、环境，等等，并能获得一定有益效果的行为。

笔者认为，创新是指根据实际现状（条件、环境、能力等），用恰当的方式、可用的时空和资源达成目标的能力。当然，不同领域的创新具有不同的内涵与解读，同样，不同人对创新的理解与认识也是不尽相同的，但有一点是一致的，那就是"因地制宜"解决问题。

首先，学校课程内容至少包含基础知识、基本技能、逻辑思维和价值态度等方面。如现在倡导的大单元教学，就是期望通过大单元视野，让师生不仅仅沉浸于单一单向点状知识点中，而是以知识点为"点"，向四周发散，找到这个点相联的其他点，慢慢形成线、组成面、变成体、织成网，使知识向技能、向素养的转变；又如学校开展跨学科教学与综合课程，其目标是解决完整的人与学科式教学之间的不对应关系，再往深处想，就是解决学生知识与能力的对等性问题，学校减少高分低能的学生，增加与增强学生学习的综合性、系统性与整体性问题，这恰恰是提升学生的创新能力。

其次，在教育教学方式设计中，创设有利于学生创新能力培养的教学场景、教学方法和教学安排。同一批学生，同样的课程，不同的教师去教，其效果是不一样的。因为不同教师的差异，带来效果差异，其中教学方式是重要因素。

课堂是学校教育教学与学生学习的主场所，教师是否合格，是否优秀，是否卓越，都需要课堂锤炼与验证。一所学校的特质需要课堂展现与举证。由此可见，课堂的重要性。那么，课堂的灵魂在哪里呢？课堂灵魂在师生关系之中，在师生对课堂的期待之中，在课堂生成之中，要使这三点能够成立，应该做基础而必备的准备，那就是教师的教学方式与学生学习方式研究。

这里指的教学方式与学习方式不是单向的，如：教师用什么教学方式，不能只考虑教师，还要考虑学习内容与目标，还要考虑教学场景，还要考虑学生情况，等等。教学方式应该是多向的，如：教师的教与学生的学，此学生的学与彼学生的学，学生的学与教师的学，等等。这里指的教学方式与学习方式不仅指教学和学习的形式，如：教师是用讲授式、小组讨论式、自学提问式，等等；又如：学生学前自习、个人练习，等等；而是学习目标＋学习对象＋学习内容等多样因素而形成的教学与学习状态，也就是说课堂样态是基于学习目标、学生共性与差异、学习内容、学习场景、教师状况等因素而选择适宜的形式。如果我们的学校与教师能够这样理解与选择教学方式或学习方式，对学生创新能力培养是有助推作用的。

再次，在教育教学资源设置中，应创设有利于学生创新能力培养的教育教学空间、教学设备、教育教学场地等。学生创新能力培养还需要场景、环境、条件与设备，这是教育教学条件，同时也是教育教学资源。

各级党委政府对教育越来越重视，新建学校、改善学校办学条件、增添学校设施设备等工作也趋于常态。但如何建学校、如何改善条件、增添什么设施设备等工作，不仅仅是投入多少问题，也不是增添什么的问题，更重要的是这些工作如何服务于学校教育教学目标，如何服务于学校育人理念，如何融入学校文化等方面的问题。

因参与成果推广工作的原因，我曾经去过西安高新一中学习，他们学校2014年就在有限的空间中，建了一个1 200平米的"钱学森纪念馆"来服务学校倡导与践行的"钱学森大成智慧教育"，建了一个3 000平米的科创中心来服务学校"一体两翼"的育人课程，而这些终将服务于"为时创新，人尽其才"的育人理念，最后造就了西安高新一中20多年的高质量教育。

这个例子很好地说明了学校教育教学设施、设备、环境与学校教育教学价值追求、目标实现有着重要的关联。

最后，教育教学评价设想中，应设置有利于学生创新能力培养的评价证据、评价方式、评价结果使用等。

教育评价是教育发展的"牛鼻子"。学生创新能力培养就更需要教育评价支持与引导。

学校评价对学校培养学生创新能力有直接而重要的作用。从教育主体来评价，包括评价教师与评价学生，教育内容评价，教育方式评价，终结性评价等方面。

西安高新一中倡导的"创新早起步"教育追求，不仅提出育人理念，让学生发展核心素养落地于学校教育教学实践中。学校从体系化方面构建，形成行之有效的实践样态，其中评价方面也是重要组成部分。如：课堂教学评价促使课堂教学体现"生本"意识，群体学生与个体学生，课堂内容与方式的变革。又如：西安高新一中通过学生多元评价，构建学校生活与社会生活链接课程，学生有足够的兴趣与活力参与"未知"领域的尝试与学习。再如：西安高新一中如何通过评价杠杆，撬动学校教师带领学生从语文学科读写向多学科读写、跨学科读写到全学科读写的拓展，涌现出全学科学习多样态形式，激发教师与学生创新兴趣，出现了西安高新一中"多元创新群"现象，从而推进学生发展核心素养落地，成就了一批孩子、一批教师，也成就了学校。

教育评价一直是大家关注与重视的领域，同时也一直是教育发展的难点与痛点，当下教育评价除"五唯"以外，还有几个方面值得注意，如评价的价值追求问题，评价的内容与方式问题，评价效度问题，等等。

基础教育是教育的基础，同时又是人成长的关键时期，尤其是对学生的创新意识，创新能力，创新兴趣培育有着不可替代的作用，关注基础教育培养学生创新能力是当下的重点，同时也是教育未来发展的重点。

关于家庭教育现状分析与对策之我见

2021年10月23日《家庭教育促进法》正式颁布,并于2022年1月1日正式实施,使家庭教育完成了从文化、传统和自觉向有规范、有标准和有约束力的转换。基于对家庭教育的现状以及相应的对策,以下是一些思考。

01　家庭教育现状

目前,家庭教育存在差距化、自由化和单一化的特点。差距化是指家庭教育无论是重视程度,还是教育方式、教育效果都存在巨大的差距。毫不夸张地说,家庭教育做得好的是"博士",做得不好的是"未启蒙"。有些家庭已经科学、系统地培养,有些家庭把家庭教育作为重要生活目标,有些家庭处于走一步看一步的状态,有些家庭处于"原生态",还有些家庭根本没有家庭教育意识与行为。这些差距有地域的原因,有家长受教育程度的原因,有家庭生活水平和环境的原因,也有家长个人素养与责任意识问题。自由化是指家庭教育处于"自由状态",具体表现为家庭教育价值追求定位不准,家庭教育方式不规范不科学,家庭教育效果不稳定等。这是家长对教育不理解,不熟悉,不专业,没有接受相对系统而专业的学习而导致的。单一化是很多家庭较为显性的问题,只注重孩子学习成绩,而忽视了孩子其他方面的成长,同时,家庭教育"单打独斗"现象严重,与学校合作不够,结果"事倍功半",家校之间存在相互指责、相互推诿的现象,失去教育孩子的时间、机会与资源。

02　家庭教育现状分析

家庭教育之所以出现这些现状，主要从社会、家庭与学校三个方面予以分析。

社会环境与保障没有为家长科学而健康地进行家庭教育提供必要支持。如：法律保障——虽然有《家庭教育促进法》，但很多家长对家庭教育认识不高，国家和社会支持力度不大，学校对家庭教育的指导能力缺失，等等，现阶段仍然存在。要使《家庭教育促进法》真正落地生效还需要一定的时间。目前，虽然有家长培训，但不能面对全体家长，不能提供系列而有效的课程，不能生成让家长"真心"学习的机制，等等。社会应尽快为家长承担家庭教育责任提供资源、条件和专业支撑，使《家庭教育促进法》能有效落地，从而提升我国家庭教育水平与效果。

家庭责任与能力方面，没有为家长科学而健康地进行家庭教育提供必要帮助。如：家长未承担家庭责任，尤其是对孩子未尽教育义务的制约与要求；没有提升家庭教育能力的保障机制，等等。家长的家庭教育责任，这在《家庭教育促进法》中有规定与要求，但家长教育专业能力，还有待加强。

学校指导与行动方面，没有为家长科学而健康地进行家庭教育提供必要指导。如：学校对孩子教育还有两个明显误区。误区一：对孩子成长中出现的问题，以"甩锅"方式处理，即责怪家长教育不当；误区二：孩子教育过于关注责任，以"边界"为由，即以担责为要，忘记了教育目标。学校要明确一点，家长是教育学生的重要力量与资源，如同学校教育的教师队伍、课程课堂、日常管理和学校文化一样重要，甚至超越他们的作用。

03　家庭教育策略：以"家校合作"达到"家校共育"

家校合作的认识：为了孩子健康成长而开展双主体的全面合作。家校合作是双主体，即家长与学校，简单地说，既是家长的需要，也是学校的需求；家校合作是专业而必需的教育工作，不是另外增加的"额外"工作。这项工作对家长和学校来说，就是找到方法，增加力量，高效完成。家校合作是学校牵头，但不只是因学校要求家长参加，也不只是因家长要求学校参加，而是双方共同的愿景。家校合作适合任何学段、层次的基础教育学校，也适合任何区域、任何学段、任何层面、不同任务层次的家长，是面向全体家长，也是面向全面的家长家庭教育。

家校合作的关键是"关系"。教育学就是"关系学"，有什么样的师生关系，就有什么样的学校教育；有什么样的亲子关系，就有什么样的家庭教育；有什么样的家校关系，就有什么样的家校合作与家校共育样态。家校关系决定学校教育与家庭教育的水平与质量，也决定学校与家长对教育的理解与效果。没有良好的家校关系，就不可能教育好孩子；没有良好的家校关系，就不可能有好的家庭教育与学校教育；没有良好的家校关系，就不可能有好的家长和好的校长、老师。

家校之间是"教育合伙人"。在教育孩子方面，家庭与学校如同开了一家有限公司，家长是公司的"创始人"，是公司的"董事长"，是公司的"终身持股人"；学校是公司的"职业经理人"，是公司的"CEO"，是公司的"阶段持有人"。因此，家庭与学校是"教育合伙人"。用这个形象比喻家校合作、家校关系、家校责任，其目的是让广大家长深刻而感性地认识到家校合作的重要性。只有家校成为"教育合伙人"，孩子才会受到科学而健康的教育，健康而健全地成长，真正寻找到更多的可能。

"教育合伙人"诠释了以下观点。

其一，家校之间是共责、共担、共享、共赢。家校之间没有单独的一方赢，一方输，只有双赢与双输二个结果。

其二，家长是第一责任人、第一受益人，学校是阶段的主要责任人、主要受惠人，家长才是孩子一生的"守护神"，家长才是孩子一辈子的"担当者"。

其三，家校之间是"天然合作者"。家校再也找不到有彼此这么"重合"的合作者，他们之间是利益、责任、义务、权利的共同"拥有者"。

其四，家校之间忌讳互推、互抢、互责，家校之间需要互惠、互助、互动，没有平和、稳定、信任且责权共担的意识，家校即自我伤害。

如何有效开展家校合作？

一是建立共同教育理念——孩子是否健康成长，关键在于家庭与学校，家校合作为孩子健康成长提供"成长生态"。

二是学校以教育专业性看待家校合作——家校合作不是阶段性工作，也不是行政工作，而是与教育教学、德育教育一样的日常专业工作，学校只有站在育人的立场看待家校合作，家校合作的作用才真正发挥效能。

三是家校合作不是学校单方工作——家校合作是双主体工作，就是说双主体都有责任、也都有利益，任何单向需求都不能做好家校合作。

四是家校合作需要组织、需要机构、需要章程、需要指导，家校合作不是一个学期几次活动，也不是轰轰烈烈的"表演"，而是与学校教育、家庭教育有交集、有融合、有内容的教育行为。

五是家校合作不是"少数人游戏"，不是"少数活动"，也绝不是请几位家长来帮助学校，或做几件简单重复的活动，而是涉及尽可能多的家长，涉及孩子教育尽可能"合作"的内容与形式。

六是家校合作离不开培训家长，但远远不是只培训家长，教育在于交流，教育就是对话，家校不仅仅是一方帮助另一方这么简单，而是双方共研讨、共协商、共行动。

七是家校合作绝不是让家长帮学校"做事"，也不是让学校帮家长"做事"，而是双方如何有效、高效"做事"。家校任何一方，若没有互相配合，家校合作不可能走得远，也不可能产生真正的效果。

八是良好的家校合作工作效果与作用，远比你想象的要多，尤其是对各自教育有极大的帮助与提升。如：客观而科学的教育评价，提升学校办学自信和教师职业获得感，让家长与孩子收获自信与成长，提高整体教育教学质量。

……

家庭教育优劣直接影响学校教育优劣。如何让家庭教育从"零散性""非专业化""差距化""孤独性"等"自由化"形式向"制约性""规范性""专业性""体系性"的"法制化"转变，这是当下家庭教育提升的第一步。

家庭教育的"法制化"是家庭教育专业性与体系性的保证之一，但并不一定能达到家庭教育"专业性"与"体系性"，要达到这一步，家庭教育还需要从"法制化"转向"生态化"。所谓"生态化"就是形成激励、帮助家庭教育走向专业性与体系性的环境基础。只有形成了良好教育生态，教育才可能达到"理想与远方"。而这一切，在目前状况下，只有开展科学、有效、可行的家校合作，方能真正提升更多家长的教育责任、教育能力和教育效果。可喜的是，越来越多区域教育行政部和学校已经认识到，并用专业视野、专业团队、专业方式开展家校合作，并取得了看得见的效果。期待更多的教育局长与学校校长参与到家校合作工作中来，以帮助更多的学生成长，助推更多的家庭做好家庭教育，用科学思维、专业视野、职业态度和教育追求来推进家校合作，促进区域教育教学质量大幅度提升。

"一句话"的力量

每个人从小到大，都接受过许多不同的教育，这些都对我们的价值观、人生观、人格与习惯、工作与生活、情感与态度等方面的形成提供了多样的有机养分。回想自己的成长过程，同样接受过不少的教育，得到过不少人的帮助，让我不断学习与成长，成为认真工作、努力学习、勤俭持家的健康之人。其间有过好多"贵人"的"一句话"，让我终身受益，毫不夸张地说，改变了我人生的轨迹。在我漫漫人生道路上得到"点拨"的诸多"一句话"中有两个例子，让我至今难以忘怀。今天表达出来，一是向在我人生道路上给予过各种帮助的师长们致以敬意与感谢；二是回味与重思自己的过往，期待未来的生命更加阳光灿烂。

01 难道那些朋友都没有发现(他) 这个人很糟糕吗？

1999年8月的某一天，组织任命我在家乡农村初中任校长。这所学校既是我读书的母校，也是我参加工作的第一个单位。当时组织上从外校调来一位"资深"副校长，由于种种原因，我们之间相处得很不愉快。当时，我倍感郁闷，觉得这样下去，对学校工作影响很大，长此以往，怕自己也难扛下去。

有一次，我去当时教育局局长王长仁同志那里汇报工作，就把这位"资深"副校长的种种不是向领导"倒苦水"，希望领导帮忙调整一下，以便学校的工作做起来更顺手，学校发展也更加健康而有成绩。

现在还记得当时汇报工作的情形。王局长认真听完我的"汇报"（现在想想，当时就是唠叨），轻轻地问了我一句："你说了这么多，就是说某副校长这人特不靠谱，很难沟通交流？"

"是的。"我高兴地回答。

"那这位副校长，有没有朋友呢？"王局长问道。

"有朋友，隔三差五就有好多朋友找他……"

"那这就奇怪了，他如果像你说的那样，按道理，不应该有那么多的朋友，难道那些朋友都没有发现这个人很糟糕吗？"王局长意味深长地看着我说。说完后，看看我，就没有说什么。

带着"一句话"走出办公室时心情很糟糕，想不通这"一句话"是什么意思，也无心品读更没有深想。

回到学校后的一段时间，我依然延续原来的状态。工作状况依然没有改变，我没有变，他没有变，学校管理变得越来越不容乐观。

怎么办？

我苦苦地想局长那句平常而又"不普通"的话。如果这句话是其他人说，我不会这么重视，可这是我一直尊重且作为我榜样的老师兼领导说的，而且是认真听了我汇报后说的。他知道这件事对于学校，对于我，对于那位副校长都是很严重的事。以我对他的了解，他不可能不知道事情的严重性，不可能不重视，可是，他为什么这样"轻描淡写"地把我"打发"了呢？

他那句话反反复复跳进脑海，像放电影一样，不断重复——"按道理，他不应该有那么多朋友，难道他那些朋友都没有发现他那么糟糕吗？"

如果我站在朋友的角度去看待他，会是怎么样？带着试试看的心态，我决定换个身份去看待他。暂时抛开"校长"身份，我尽力地试着以朋友视野去看待他，就这样有一搭无一搭地"坚持"，坚持了一个月、两个月、半个学期。

当时自己也不抱太大的希望，现在回想一下，当时自己的确没有做什么。有一次，开完管理例会，留下德育室和年级组长商量"家校合作"工作，如何组织家校社联动的"送戏下村"（后来演变成"家校大舞台"）。这是学校课外活动和家校合作的内容，按现在的说法，学校校本课程实施和家校社协同育人工作。

"你们发现没有，这几个周管理例会特别高效？"一位年级长在会上和大家说。

"有吗?"我下意识地追问。

"有的。"另一位年级长答道,"校长,您有没有发现一个现象,某校长与您的观点更接近,工作思路合拍了吗?"

"有吗?"我不知道在问谁。

"其实,校长对某校长的态度也在发生改变了,你们之间商量的工作状态多了,讨论工作的出发点也更接近了。"

……

大家你一句我一句说着不同的具体细节,来佐证他们的观察与判断。

后来的一切,都证明了同事们的判断是对的。我俩搭班子,一起相处四年,至今还留下清晰而感人的记忆画面。四年的合作,在大家共同的努力下,学校工作上了台阶,收获家长赞许,同学喜爱,老师留恋,兄弟学校认同,领导认可的成效。四年的合作,培养了一大批合格健康优秀的学生,营造了乡域与学校良好的教育生态,培养了大批教师与管理者,为学校办学治校积累了可借鉴、可操作、可传承的学校文化、办学理念、管理机制、评价方案等成绩与成效。

"一句话",改变了我,也改变了他,成就了一所学校以及这所学校相关的人。

02 眼前英雄,即天下英雄

眼前"英雄",即天下"英雄"。这看似是一句名人名言,却是一名普通的农村初中教师说给我听的,而且是特意说给我听的。说这句话的是我初中时的英语老师,又是我当时的同事张汉华老师。这句话对我的影响深远而悠长。

中师毕业后,我分配到自己家乡工作,正是我初中就读的江西省弋阳县中畈中学。学校好多老师都是自己的初中老师,也有好多老师是学长和学弟,这些因素为我在学校做管理工作,提供了不少有利条件,当然也给我带来不少的挑战。

张老师个头不高但很干练,平时话语不多,但在他擅长的舒适领域和熟悉场合,也会"高谈阔论",且幽默风趣,属于偏冷幽默那种。他尤其擅长"诱敌深入"式的谈话，常常用上他特有"专注倾听"的神态与及时而恰如其分的呼应式语气助词，不断让"说者"极受鼓舞与认可，展开"欲罢不能"的深度交流，一般这种情况，话题都很广，真可谓"海阔天空"式闲聊。

担任校长的我，总是期待以自己的"教育情怀和教育智慧"，借助自身勤奋，引领学校快速走上健康高速发展的轨道。于是，我做了一些改革与探索，但心里并没有底，不知是否可行，总在思考与评判之中，非常期待来自各方真实而建设性的信息与观点。平时总找机会问问同事们，尤其是原来的老师和同学，可大多时候，都是听到一些"神龙见首不见尾"的回应。我也问过张老师，大多数时候他都是以"一笑而过"的方式结束这个话题的交流。

记得有一次，我私下问张老师，对学校刚刚通过的教师考评方案怎么看。说真的，我个人认为这次方案应该能让绝大多数老师认可，因为在整个方案形成过程中，绝大多数老师都积极参与，深度思考，大家的建议大多被悉数采纳，可以说是大家共同研讨出的"共识"。我想张老师也一样会予以较高的评价。

"方华，我现在不知道这个方案好不好。如果这个方案让我受罚了，这个方案就不好。如果这个方案让我得奖了，这个方案就好。"张老师简单而平和地回应我。

"张老师，这个方案您和其他老师都参与讨论的呀，您怎么能这么说，如果这样，还不如……"

张老师再次以"一笑而过"的方式结束了我们之间的这次谈话。当时，我想不通，为什么张老师会这样没有大局观，这样下去如何是好等等的担心与责怪。现在想想，他无非想让我知道一名普通老师最真实和直接的想法。后来，方案实施，张老师有奖，有罚，也并没有表现出不满。方案实施后，其他老师在过程中不断提出优化建议。

当时因为张老师的观点的确让我变得"冷静"与"谨慎"了许多。

事隔二十多年了，张老师和我说这句话的场景，我依然历历在目。那是初秋一个晚上，月光与教室折射出的灯光照在校园，天气微凉但很舒适。这样的夜晚，有着校园特有的气息与味道，令我难忘，又是我喜欢的，离开校园后我依旧怀念这种感觉，有时还有去校园感受的冲动。没有上晚自习的我们，经常几人会站在一起聊天。那天,一些人也在聊天,聊着聊着,不知什么时候就剩下张老师和我。

"方华,这里没别人,我有些话和你说。"张老师郑重其事地对我说。

"您说!老师。"这让我有点诧异。

"你刚开始做这个校长,我不怎么看好你,对你做的事也不太理解与认可。但后来发现,我看错了,你做得有声有色,有板有眼……"

那天,张老师说了好多肯定与鼓励我的话,让我倍感振奋。当时,自己也不知道做得好、做得不错到底是个什么程度,与外面的世界相比,到底有多大差距。带着这些疑问,我就问张老师这么做行不行,能把学校带到哪里去?说实在的,与其说是问张老师,不如说是通过张老师进行自我对话。因为,张老师一辈子只在一所学校做英语老师(后来,年龄大了,在学校做些事务性工作),除做过英语教研组长,没干过任何行政管理工作,我觉得他可能不具备回应我疑惑所需的"背景与经历"。

"方华,你能把中畈中学办好,就能干好其他的事;你能做好这件事,就能做好其他的事。"张老师自信而坚定看着我说,"眼前英雄,即天下英雄。"

在那时,有人说我,能把县里的方志敏中学做好,就是对我最大的肯定与鼓励,更不要说离开弋阳,离开教育。这句话对我的触动持续了十几年,成为我不断前行的动力与支撑。当时,我真的被这句话镇住了。好似自己真的是"英雄",能行走天涯海角一样。现在想想,的确"好笑",有点不知天高地厚,甚至有点"阿Q"精神。可是,今天的我,仍然感谢这"一句话",感谢当时的不知天高地厚,因为"一句话"让我相信了努力的力量与作用!

这句话对我的价值至少有这几点:一是当时的我,正处于刚刚有点事做,也把事做出了点样子,有这么一句激励与鼓励式的话,让我如沐春风,对职业与事业的憧憬更具象,更渴望,更自信;二是当时的我,如同井底之蛙,既不知教育发展之大局,亦不知教育实际状况,更不要说对教育研究、观察、判断和改革,一切都是凭着自己的"眼看心想",处于边琢磨边做的状态,自己内心不踏实,不知自己的教育之路走到何处,还可去何方,有这么一句肯定与认可的话,让我信心百倍,对未来充满期待与想象;三是当时的我,处于低层次的

"瓶颈"期，想把事做好，可不知怎么做才能做好，想改变，可不知如何改，这时遇见了这么一句拔高与开悟式的话，相当于给我内心推开了一扇窗，打开了一扇门，让房子里吹进了新鲜而富有生命力的空气。

03 "一句话"的力量有多大？

"一句话"的力量有多大？可能说这句话的人，并不一定清楚自己说的这"一句话"对别人有多大的作用与力量；"一句话"的力量有多大？可能听的人当时或过后也不一定意识到，只有随着时间，在空气中，在人与事中，不断搅拌，产生不同的催化，可能会产生意想不到的巨大能量。上述的两个"一句话"，出现在我成长与发展的关键期，对我来说，其意义与价值是积极、重要和关键的，足以影响我一辈子，直至今日，依然给我智慧，给我力量！在此，谢谢我生命中那些关键的"一句话"，谢谢我生命中对我说过关键"一句话"的师长与"贵人"，祝你们平安、顺利、健康而快乐。并以此文致谢予以我帮助的家人、师长、朋友们！

谢谢你们的"一句话"。

站在孩子成长的视域看"进校园"

"进校园"是指非国家课程标准中的、学校额外承担的"专项活动""专项工作"等,如禁毒教育、防溺水教育、防火教育等生命安全教育,还有一些教育系统和非教育系统的"重要工作"。

01 正视"进校园"现实

日常生活中,只要到你所在社区周边学校去了解一下,就会发现一些现象,为了某项工作能落下来、推得动,许多人便打着为了孩子更好地成长的幌子,让各色各样的活动与工作"进校园"。

一部分是以孩子成长为理由而"进校园"的内容,这些内容让学校仅有的课时无法装下。学校课时是有限的,一方面是国家课程需要课时,另一方面地方课程、校本课程也需要课时。

另一部分是冠以"重点工作"之名而"进校园"的内容,这些内容与学校工作交集不多,与学生成长没有必要且紧密的联系,这些"进校园"工作,让学校管理者、教师耗费了更多的人力、时间、精力、资源,让学校仅有的教育资源用在非教育教学上,这让教育教学效果大打折扣,让学生受教育的质量大打折扣,显然不利于学生健康成长。

这些"进校园"的内容、活动与工作,让学校不堪重负,已经严重干扰到学校教育教学工作,影响到校长与教师正常的本职工作。纵观各地各校"进校园"的实际现状,已经到了应该正视的时候了!

02　剖析"进校园"现象

一是"进校园"的动因分析。"进校园"起始动因是为学生健康成长，提供地方化、校本化和特色化的学习内容，随着时间推行，有更多的地方化、校本化和特色化的内容希望"进校园"。

二是"进校园"内容分析。"进校园"可以分为以下几类：

类别一：以学生学习为导向的"进校园"。如：书法教育，阅读教育，戏剧教育等。

类别二：以学生身心健康为导向的"进校园"。如：禁毒教育，反腐教育，交通安全教育等。

类别三：以小手牵大手为导向的"进校园"。如文明城市创评宣传，非机动车骑车安全整治，保护母亲河行动等。

类别四：以学校协助工作名义的"进校园"。如脱贫攻坚包村包户工作，土地征用与拆迁工作，文明城市创建志愿者工作等。

类别五：以地方党委政府重点工作名义的"进校园"。如调查与收集各种数据，填写各种问卷与表格，上交各种材料，设立各种基地，分配教师各种公共服务与治理工作等。

三是"进校园"的合法性分析。"进校园"的合法性主要表现在，党委政府体系内的任何组织及单位，都有其工作的职能与范畴、规范与标准。学校作为教育职能部门，自然也有其工作的边界与要求，除去法定的工作职责外，其他工作要"进校园"就要有相应的"审批"制度。这种审批称之为"进校园"的合法性审批，也是管理"进校园"的权限。这种审批权限包括：审批的部门、审批的流程、审批的范围、审批的内容，明确规定哪些可以进、哪些不可以进、一年最多可审批多少，等等。

四是"进校园"的合理性分析。"进校园"的合理性主要表现在，"进校园"工作内容的合理性、"进校园"工作责任主体的合理性、学校承担"进校园"工作能力的合理性等方面。"进校园"内容的合理性主要表现为，这些内容适不适合"进校园"？"进校园"的作用有没有和有多大？"进校园"工作责任主体合理性主要表现为，绝大多数"进校园"的工作既不是学校的工作，也不是教育部门的工作,而是其他部门的日常工作。这些部门的日常工作通过"进校园"转嫁到学校,这种做法,既是对工作不负责任,也影响工作效果,同时也浪费国家资源;学校承担"进校园"工作能力的合理性表现为,学校人员配置满足不了各种各样的"进校园"工作。

五是"进校园"的必然性分析。"进校园"的必然性主要表现在,学校对学生教育是科学而规范的,国家对不同学段的教育教学有严格而科学的规定,有教育教学目标,有教育教学课程标准,有教育教学教材,等等。如果真的需要"进校园",完全可以纳入到学校教育的目标、课程标准和教材之中,如果没有,就不能进入学校。

03 让"进校园"助力孩子健康成长

笔者认为应从以下几点予以要求:

一是凡非学校教育教学的任何"进校园"的活动,要经省级人民政府审批,省级人民政府以下任何单位、部门、社会团体及个人都无权审批。

二是凡非学校教育教学的任何"进校园"的工作,须由设区市人民政府与省级教育主管部门共同审批。

三是凡国家规定的教育教学以外的任何"进校园"的内容,须进行对学生健康成长是否有积极帮助的专业评估,然后由省级教育主管部门审批。

学校存在的意义是帮助孩子成长,教育存在的价值是让社会拥抱文明,拥有文化。如果,学校和教育变成各部门、各单位眼中的资源,变成帮助他们完成工作、履行职责的广阔天地,那是对学校、对教育的漠视与伤害,也是对他们本职工作的轻视与失职。

在此,代表学生向县市区委、政府,各部门、单位呼吁,请你们站在孩子成长的视野下,不要再让一些工作"进校园",不要再让老师放下手中教育教学"出校园"工作了,这也是支持、关心、重视教育的具体体现。

淄博烧烤:"烧"掉长辈和前辈的错误认知,"烤"出晚辈和后辈的历史超越

经常会听到长辈在担忧年纪较小的后辈,其中对他们的责任担忧与能力担忧尤为凸显。由此演变出各行各业的从业"前辈"们频频吐槽,说现在的从业者如何不靠谱,和自己当年比,差距又是如何大。由此演变出家里的"长辈"们认为,现在小辈们是如何的不负责任,工作是如何不上进,学习是如何不努力,与自己年轻时相比,又是如何的相差甚远。

这些"前辈"与"长辈"的担忧,不是现在才有,在我们年轻时,我们的"前辈"与"长辈"也这样担忧过我们。在我们的"前辈"与"长辈"年轻时,我们前辈、长辈的"前辈"与"长辈"们对他们同样也有这种担忧。当然,不止这些,往前数上好多辈,也是如此,再往前数,依然如此。这种担忧,就是一种文化,一种"先到为王"的文化,由于前辈们、长辈们先到这个世上,他们有资源,尤其有话语权,所以,他们总以为他们的"认为"就是正确的"认知",就是"规律",就是"真理"。殊不知,他们的"认为"并非全部是正确的"认知",更非是"规律"与"真理"。

言归正传,淄博能因烧烤而较长时间成为社会"焦点",成为社会各阶层的热门话题,真可谓"天时、地利、人和"缺一不可。其背后形成原因,我想大家都说得透彻,无须我再赘述。当时滞留在淄博的多名大学生被友好对待,所以,他们以行动回报温情,以行动表达对待世间"真、善、美"的观点,以行动造就了"淄博烧烤",他们用淄博烧烤"烧掉了"前辈与长辈们的错误"认知"与"结论"。

前辈与长辈们对下一代的责任担忧与能力担忧,被他们用淄博烧烤"烧掉了"。这一代令人"担忧"的青年人,因为一个类似于"礼节性"的约定,就是那句"疫情结束后,欢迎大家一起来淄博吃烧烤",他们就一同奔赴这场约定,而且还不止他们,还有他们认识的朋友,还有他们不认识的朋友。正因为他们的践行与推荐,让淄博与"淄博烧烤"成为"热点与热词"。这是因为这些青年人骨子里与血液中的"真、善、美";是那种还未被"利益"绑架"权衡"下的"真、善、美";是那种"只论是非、不论利害"的"幼稚"下的"真、善、美";是那种没有"只顾各扫门前雪,莫管他人瓦上霜"的"处世"下的"真、善、美"。正是他们的"真、善、美",才有他们共同奔赴的"约定"和尽情尽力的推荐。

"淄博烧烤"的真正谋划者、发起者、服务者应该是淄博市委、市政府及其下属的各级党委、政府和部门,没有他们,就不可能有"淄博烧烤"现象。但是,淄博烧烤能成为极具时代色彩的"淄博烧烤",其中最大的"作用者",肯定还是以这些学生为代表的青年学子们,如果没有他们,只是某地方党委、政府促进区域社会经济发展的一项举措,具体有多大效果,就另当别论。

现在我们来探讨一下,这些青年学子们"造就"了"淄博烧烤",是因为他们喜好烧烤或仅仅是喜欢烧烤吗?是因为他们独爱淄博烧烤吗?

这些被所谓"前辈""长辈"们担忧的群体,他们在"淄博烧烤"中所做的事情,绝不是拿着父母的钱,与同学朋友相约去外地吃吃烧烤;也不是闲着没事在线上发发帖子,而是他们为什么会继续选择"淄博烧烤",为什么还向社会推荐"淄博烧烤"。有人会说,是因为淄博市委、市政府的暖心举措,是的,这是"淄博烧烤"的"缘起"。如果把青年学子换成是他们的"前辈"与"长辈"们,这些前辈与长辈们是否会因为淄博市委、市政府的暖心举措而带着朋友家人去完成淄博吃烧烤的约定,是否会极力向社会推荐"淄博烧烤"。我想,我们每个人都会有自己的"答案"。

作为教育者的"前辈"与"长辈",通过"淄博烧烤"现象,我们可以做一些教育反思。

反思一:我们的教育标准应该如何定,是以我们的认为而定,还是社会发展的所需而定？

反思二：我们看到"后辈""晚辈"的成长，是他们成长的全部，还是选择了他们成长中部分的信息？

反思三：是我们阻碍时代发展，还是他们阻碍时代发展；是我们不愿与时代进步，还是他们不愿与时代比肩前行？

反思四：我们的经验都是可行且正确的吗？他们的观点与行为都是不负责任且不可行的吗？

反思五：我们培养的目标是什么？利己者，精致的利己者，还是心怀民众，志存国家的"时代新人"？

淄博烧烤会退"热"，会淡出大家的视野，因为又有新鲜的人与事会被关注，被大家议论。淄博烧烤背后一群青年人给我们这些"前辈"、"长辈"们上了堂生动课，我希望这堂生动的课不要像大众传媒一样，来势凶猛，去势无踪。

教育，是关乎长远的大事；教育，是持续且常态的细事；教育，是面向人健康成长的实事。教育，需要"真、善、美"；教育，不能"假、恶、丑"；教育，来不得半点虚假，因为教育面对的是人，是影响一辈子、影响一家人、影响一个国家的人。

大家不仅要记住"淄博烧烤"，还要记住推动"淄博烧烤"这群人，记住这群人给我们，给这个时代，给这个国家，给我们每个人带来什么？这点远比记住"淄博烧烤"更有价值。

学生是我们的牵挂

充实、忙碌的 2017 年成为了回忆，2018 年已经悄悄地站在我们身边。我、我们、弋阳教育者对新的一年充满期待，并以新时代、新征程描绘弋阳教育者的蓝图。

不让优质成为"少数"

县域基础教育尤其是义务教育阶段，核心目标是公平与质量。县域内城乡教育一体化就是为了实现公平与质量这两大目标提出来的。教育公平与教育质量是相互平衡又相互制约的，没有先后、没有主次。

现代社会一个明显的特点就是流动性大、选择性多。学生流动是正常和需要面对的现象，但城"挤"乡"空"不是因为流动原因，而是因为无序的流动。学生从无序流动向有序流动转变，需要做到合规（遵循就近入学、保障随迁子女和父母务工子女等），让每一个需要进城就读的学生平等接受教育，不落下任何一个符合条件且要求就读的孩子。

近 5 年来，弋阳县小学增加学生 4 094 名，其中 83.5％在农村小学就读；初中增加学生 4 826 名，其中 67.72％在农村初中就读；在外地和县城就读学生有 2 790 名回流到农村学校。办好家门口的学校，让孩子在家门口享受到家长认可的教育，家长才不会舍近求远，城里也就不会"挤"，乡村也就不会"空"。

不应让优质成为"少数"，导致区域教育不均衡。有些教育资源是无法配置的，如家庭教育、社区文化、区域条件和地域环境；有些教育资源是配置不均的，如学校建设、学校设施设备和师资队伍建设。弋阳县域教育要做可做的、变可变的，以可做可变带动暂时难做难变的，最终缩小差距，实现基本均衡。

保学控辍是底线

保学控辍是义务教育的"痛点"和"难点"。要做好保学控辍工作，首先要了解学生的辍学缘由，从个体分析是一花一世界，各有其因。可从大的方面划分，主要有两个方面，一是家庭原因（家庭贫困和家庭教育）；二是厌学原因（有学生学习能力、效果和兴趣，有学校评价和教师态度）。

弋阳县保学控辍是先知原由再寻策略。对学生因家庭贫困而辍学的，我们加大教育扶贫力度，实施脱贫攻坚工程，确保每一个孩子不因贫困辍学；对学生因家庭教育导致辍学的，我们加强家长教育能力、意识和责任引领与帮助。

弋阳县是江西制度化家校合作试点县，同时也是江西省教育工委、省教育厅家校合作工作示范县。家校合作工作让我们加强家校共育，提升家庭教育育人意识和能力，营造重教重育区域教育生态。

教育评价是保学控辍关键因素。教育评价有教育主管部门对学校、对校长的评价，有学校对教师和学生的学业评价。以弋阳县的教学质量评价为例，原来的"一分两率"是指以实际参加考试人员的平均分、合格率以及优秀率来评价学校、班级和教师的教学成绩，这样的评价造成学校、班级和教师只重视"优秀生"，忽视了"后进生"；新的"一分两率"是以应该参加考试人员（包括非正常流动和流失学生）的平均分，合格率和关爱率（每次参考人数成绩后20%学生的成绩进行参评）。这样的评价让学校、教师关注全体学生，尤其是"后进生"。学校对后进生的吸引力以及后进生在学校的存在感都会提升，学生因厌学而辍学的比例大大下降。

构建家校社一体育人生态

教育是生长，生活即教育。我们谈教育，都是在谈帮助教育，而忽视或不够重视学生自我教育。良好的教育生态下成长的孩子就是接受了良好的教育，而教育生态的形成，更多源于家庭、学校和社会（社区）的相关关系、相互影响。弋阳县从2013年下半年开展全域式教育生态的重构与重塑，4年来取得了一定效果。我们将再从以下四方面进一步探索和践行。

重构互助式教育生态。家校社有着相同的育人责任，只是各自承担不同的育人功能。家校社育人方式有差异，但家校社育人目标与价值应该相同，这就需要构建互助式的教育生态。互助式教育生态是教育健康与否的基础条件，只有家校社共同担责、共同履责和各尽其能，才可能建立互助式"教育合伙人"。

重塑共赢式教育生态。只有家校社真正成为"教育合伙人"，教育才真正回归本真。但家校社怎样才会坚持合作呢？只有让合作各责任主体享受"成功"，合作之路才能越走越远。

重定以学生终身发展的教育立场，共建良好教育生态。共同的教育价值是家校社合作的前提，在具体教育过程中策略与路径相一致。当价值与策略路径一致时，教育生态就会健康、有序。

重建与学生共同成长的教育生态。教育是什么？教育是教己育人。只有教师变了学生才会变，只有教师的"教"变了，学生的"学"才会变。我们提出以良好的校风影响家风、改变民风的教育愿望，正是基于构建良好的教育生态，基于重建家校社关系，基于重构共同成长的教育愿景而提出的。

教育科研的发展需要良好教育生态

基础教育群众性教育科学研究是我国教育领域的创新创造,也是我国基础教育为世界教育提供的有效经验和中国表达。纵观近几十年的教育实践类科学研究(群众性教育科学研究),取得了非常大的成效与成果。成效具体表现为:为提高基础教育质量发挥积极作用,为教育队伍专业发展发挥重要作用,为教育实践者凝练成果和提升教育科研能力发挥关键作用。

几十年来,尤其是近二十年来,各地教育行政部门非常重视教育科研机构、队伍建设,重视用教育科研方法和视野面对教育实际问题并为之寻找相应策略。国家也非常重视基础教育科研,2014年开始设立国家基础教育教学成果奖,每四年一次,每次设特等奖2个、一等奖50个、二等奖400个。这个奖项的设立,大大激励各级各类教育部门、大专院校、教育科研单位和个人对教育科研的认识与重视,极大地提升了各地教育科研热情,教育科研对教育实践的作用与意义得以进一步明确。这就为教育科研工作开展提供了较为良性的教育生态,这样的教育生态能很好地促进教育科研的发展,也能让教育科研发挥更好的作用。

教育科研能够良性发展,其缘由是有促进教育科研正向发展的良好教育生态。从国家层面来说,国家对教育定位,对教育投入,对教育发展都在不断明确与提升。今日教育之定位,已经是"党之大计,国之大计""教育优先发展""教育满足广大人民日益需求为目标",等等,都让今日之教育不同于昨日之教育定位,这极大推动了教育事业发展。教育投入,我国基础教育投入、教育基础条件、教育队伍建设等方面有了极大提升,有些方面接近世界发达国家,这为教育发展提供了基础的保障。教育发展就是通过"五育并举"达到"立德树人"的教育总体目标，我国已从教育大国迈进"教育强国"，取得这些成绩都因为国家层面的教育生态构建提供了保障。没有今天重视教育，就没有今天教育科研发展的良好态势。

客观来看，全国各地的教育科研重视程度、认识定位、成效成果等方面存在较为明显的差距。会产生这样的现象，有很多原因，大的方面分为外部因素和内部因素，但从总的来说，是教育生态的优劣影响了教育科研状态与水平。

教育科研水平取决于教育生态良莠，同样，教育科研水平高低能在不同维度上证明教育生态的优劣。作为教育行政部门和教育管理者，在面对教育极其复杂的现状和规律，如何寻找到能厘清教育发展各因素的内在作用和逻辑，是做好教育的关键。而教育生态的构建，实则是解决这些问题的"集合总和"。

教育生态的构建，至少要思考与解决以下一些问题：教育价值与定位、教育规律、教育影响因素等。

教育价值与定位

教育价值与定位决定教育方向、教育追求、教育投入、教育作用和教育评价等，教育价值与定位会受原因、条件、环境与观念影响。

教育规律

教育规律是教育专业方面的问题，涵盖内容很广，涉及专业很多，如教育学、心理学、学科知识、社会学，等等，我们可以从最基本的教育规律坚持，如学生差异与个体特质，教师的教法源于学生学法与学习内容，从人的总体性出发，进行不同类别与内容的学习，创设适宜教育（教与学）的环境，教育的功能是有限的，教育既有结果论、也有过程论，教育既横向与他人比较、也是纵向自我成长，教育有今天可视化的评价、也要有明日隐性评估，等等。

教育影响因素

教育影响因素，教育之所以复杂，是因为影响教育因素太多，既有教育内部因素，还有教育外部因素，厘清教育影响各因素本身的作用、效度、时效、范围及其关系、作用、效度等。

只有从教育价值与定位、教育规律、影响教育因素去思考教育生态,就能了解教育生态对教育的作用与影响,也就了解了教育生态构建的基本策略与路径。教育生态构建是教育策略与路径,也是办好教育的基础与保障,更是其他教育手段、方式与方法的"汇聚点"。

只有从教育生态视域去思考教育策略、路径、方式与方法,才能让这些教育策略、路径、方式与方法得以发挥最大的效益,否则,只能是左支右绌。这也是当下这么多教育改革对教育实践起到的实际作用并不多的原因。

为区域教育高质量发展助力

2020年9月24日—9月26日，首届公益局长研训班在上海市奉贤区教育学院举办。活动得到上海市奉贤区教育局、上海市奉贤区教育学院的大力支持，共有来自17个省37家教育局，共计100余位教育人士参与活动，围绕"集团化办学——构建区域教育良好生态"展开主题研讨和经验分享。

教育治理体系和治理能力现代化是国家治理体系与治理能力现代化的重要组成部分，是深化教育领域综合改革的目标。在国家治理体系和治理能力现代化建设步伐加快的大背景下，区域教育应以社会主义核心价值观为引领，以推进社会、教育的现代化为目标，进一步厘清治理理念、治理思路与策略，提升区域教育治理能力，为区域教育高质量发展助力。

初心：愿意为区域教育做点实事

这些年，一直在做区域教育研究，原来只是按我的思路在做，后来通过理事单位创造工作，给我带来各种碰撞与思考。林建锋局长的论述打开了我的思路，提升区域教育水平，我们至少可从以下四个方面入手：

一是规划，制定区域教育规划，制定区域教育现代化治理方案、制定区域教育三年或百年的教育质量提升计划。

二是评价，结合国家出台的教育综合评价改革精神，各地创造性开展有利于本地区的教育评价。

三是培训，对队伍建设尤其是管理队伍建设全员进行专业、系统培训，并与选拔、考核、管理、使用结合。

四是规范，对日常教育教研行为、区域教育基础性工作予以规范，尤其重视对日常管理、教研、科研等方面的规范。假如我们每个区域都能从这四点去做，整个区域效果就会有很大提升。

旨在打造一个研究与实践一体的专业平台，打造一个公益（非盈利）、共享（成果）、服务（有偿）、成效（可见成效）为一体的专业平台。希望能切实提高地方教育局的现代化治理水平，推动区域教育的高质量发展。

原因有以下几点：

一是让每个孩子在家门口接受良好的教育，通过构建区域教育良好生态，达到让教育理想在当下发生；

二是有专业专门的优秀实践类团队，专业和第三方视野对区域教育进行综合、系统研究区域教育，并为区域教育高质量发展，寻找切实可行的有效策略与方法；

三是有专业专门的多元研究团队，以不同区域，不同现状区域教育为样本，研究与实践，寻找和提炼区域教育共同关键因子与差异化发展因素，为推动区域教育高质量发展提供理论和实践的成果与策略；

四是有专业专门的优秀专职服务团队，构建区域教育交流、展示、研讨、互享的专业平台，为联盟理事单位提供多样、多类、多向的项目、培训、研训、活动等服务。

聚焦：集团化办学需要因地制宜

今天，我们讨论集团化办学，主要是基于以下两点：

一是教育远没有我们想象的简单，它是一个挺复杂的事情。林局长的发言，可能有人有不同的理解，我至少听到了一个问题，那就是人和社会的复杂性。一个学校貌似什么都没变，房子没变，队伍没变，学生没变，家长也没变，但是学校的变化却客观存在，为什么？其实，教育治理改变了。

二是国家发展的进程与区域现实差异所带来的系列问题。国家政策是要管十年、二十年以后的东西，而我们做具体的工作考虑更多的是今天的事，我们想的是把今天如何活下去，这就会产生差异。集团化也好，其他教育形式也罢，这是教育实践者的"无奈"智慧。

以这次 30 余家教育局来看，有中国最为发达的一线城市之一的上海市，有中国马上晋升为一线城市的杭州市，有来自发达省份不发达地区的广东省海丰县，还有来自祖国西南的西藏和西北部的内蒙古等。地域的多样性，带来多元的价值和发展的思考。需要我们要跨过环境、时空来考虑问题，问题不同，策略也就不一样了。上海市奉贤区、杭州市上城区、南昌市东湖区等地区与集团化办学发展，如杭州桐庐县、阜阳市、贵州玉屏、福建龙岩等还不一样，区域不一样，方式不一样，价值也不一样。像上城、奉贤等地要解决的是优质教育资源均衡的问题，而有些地方不是解决这个问题，是解决大校额、城乡相通的问题。

当然，有几个共性问题是大家必须要解决的：

第一个问题是，要解决的是"有形问题"，就是我们所看得见的硬件资源、师资配置等，可从这样的有形情况向无形转变或深入；

第二个问题是，我们一定要考虑集团化各方的"利益"在哪里？如教育局、集团校总校校长、集团化学校、其他学校等主体。找到各自利益点，找对了，找准了，就达到"由被动变为主动"；

第三个问题是，我们要行政、资源和评价等一体化推进，发达地区跟不发达地方有区别，发达地方的考核，既要考也要核，考就是评价你，核就是帮助你。

分享一下我的几点收获：

一是教育局在做事情之前要花很多精力调研，形成专业方案，也要组织专业力量。像奉贤教育学院就有 120 余人的研究团队，马上还要增加十余人，为教育局提供专业支持。

二是在实施过程中，不是专门讲态度就可以，它还要有时间、能力、资源和策略的跟进。

三是要考虑工作的配套问题，也就是综合思考、系统施策。我常跟同事说："做事要考虑事前、事中和事后。"就拿办这次活动来说，我们前期开了好几次会议来讨论活动细节，会后也会好好复盘，想想这次有哪些问题，以免下次再出现。

关于集团化办学是走松散型还是紧密型路线，还是需要因地制宜，要了解自身现状，价值趋向是什么，就选择什么方法。我们所说的教育办不好的多种因素中，有不少可能是假设因素。工资比别人低，就是工资的问题；师资不够，就是师资的问题；城里就说家长要求高，乡村就说家长不管事；年轻的老师多就说没有经验，老师年纪大就说没有活力。想想，这些都是问题，有多少能影响教育，影响教育的因素又有多少呢？归根究底，就是没找到教育动力所在。

观点：实际上是教育局长更重要

"一个好校长就是一所好学校"，这句话是可以迁移到教育局长上来的，只不过局长工作的难度比校长更大一点，受外界影响因素更大一点。华东师范大学教育学部袁振国教授主持的国家社科"十三五"规划重大课题"立德树人的落实机制研究"，我也参与其中。

在一次交流中，他问："在县域中，到底是县委书记、县长对教育影响大，还是教育局长对教育影响大？"从大的层面来说，肯定是书记、县长重要，但实际作用可能教育局长更重要（除教育能力特别强的书记、县长外）。我就举了一个例子，县委书记、县长就像我们以前的家长，家里的孩子比较多，照顾不过来，父母重视和关心哪个孩子，就要看哪一个孩子让他觉得需要多关心一些。

我做过教育局长，也认识和访谈过很多地方的教育局长。我看过有教育专业背景却没有做好教育的，也看过没有教育专业背景的教育局长，但他把教育做得不错的。为什么能做好教育？究其原因，一是敬畏教育的专业性，二是有专业的判断力。你可以没做过教育，但你只要具有这两点特质，当好教育局长的基础就夯实了。

未来：希望能对中国的基础教育有所助力

以社会经济发展分，区域可以分为一线城市、发达地方、较发达地方、不发达地方和贫困地方等几大类。我的想法就是，通过我们的努力，每一类中都选几个县域、市域进行研究。做得好的，帮它们梳理，做得不好帮助它变好，然后组织专业团队进行深入研究，提炼和凝练关键因素与成果，希望能对中国的基础教育发展有所助力。

做区域教育研究，我们是从教育局长这个视角出发，从整个区域教育来源出发，从整个区域教育生态着眼，来研究。

我在给贵州省铜仁市玉屏侗族自治县教育局做调研时提了三个建议：

第一个建议是，要认真做好"十四五"规划。大家做在"十四五"时期教育发展规划，大体有两种方式：一是自己组织团队来做，像奉贤、上城是有这样的团队的，也很有章法；二是请专家来做，只是有的会用一些不接地气的方式。我认为，用什么方式来做规划都可以，做规划需要注意以下几点：一要把上级有关的教育政策读懂吃透；二要在"十三五"规划基础上做总结和梳理；三要符合当地党委、政府提出来县域社会经济发展的五年发展规划；四要结合当地教育实际和教育发展的需求。

第二个建议是，要做好区域教育现代化治理方案。这个治理方案包含了什么呢？这就是我们通常讲的"人、财、物"，要落实主体的职责责任。不少教育局下边有N个科室，有N个分管人，大家都说"自己的工作"很重要，这就极大考验"一把手"定力、能力、精力。"一把手"需长期保持这样的状态其实还是很难的。该怎么办呢？这就需要做好现代化治理方案。

第三个建议是，要以项目作为支撑，并设定好某一阶段的主体目标，如区域教育"高质量发展"。如景宁畲族自治县的三年高质量发展实际就是一个子方案，这里面包括教学质量、队伍建设、评估督导等。

第四章

局长：区域教育生态的设计者

谁做教育局长？

全国26个省市的2 898名县级教育局长中，有占比不小的一部分人员非教育领域出身。北京师范大学的这一调研结果，引起了新一轮对教育局长的"围观"。

作为一名曾经的县级教育局长，作为一名站在区域教育视野下研究基础教育的基层教育人，作为一名教育局长的研究者，今天，也来"围观"一下教育局长这个话题。

"省级统筹，以县为主"是我国基础教育基本政策和管理体制。县级党委和政府自然成为县域内教育责任主体。县教育局是县级教育实际管理的政府职能部门，而县级教育局长是县域教育发展关键的第一责任和"重要"人物。

谁做教育局长，这是一个仁者见仁，智者见智的问题。如果，我们站在做好区域教育立场来思考"谁做教育局长"，那这就是一个值得讨论的问题。

教育局长，担负着区域教育管理职责；教育局长，是做教育的局长，所以需要理解教育、认识教育，具有教育专业精神和教育专业素养。教育局长的管理包括行政管理和专业管理，教育局长是教育系统的负责人，教育局长的专业包括专业精神和专业素养。

谁做教育局长，当然是既有教育专业领导力又要有行政管理领导力"双料"的"那个他"。

01 为什么讨论这个问题

谁做教育局长，为什么会成为大家争论的问题？

一是教育局长现状带来的争论，教育局长来源渠道不一，各地方党委和组织部门都有不同的用人"倾向"，教育局长来教育局之前的工作、学习背景不一。

二是教育现状带来的争论，教育已经成为社会关注的重点行业，教育离"办好人民满意的教育"还有一定差距，教育客观上还存在这样或那样的"问题"，大家不约而同地想到影响基础教育的关键因素——教育局长。

三是对教育局长定位不清，对教育局长作用不明，对教育认识不同，教育局长在基础教育充当的角色与承载的职责都还有待研究。

02 关注教育局长来源

讨论谁做教育局长？一般从教育局长来源来谈。

教育局长一般划分为有教育背景的和没教育背景两个类别。有教育背景是指具有教育专业的知识背景或从事过教育教学工作的，没教育背景是指不具备教育专业知识背景或从事过教育教学工作的。

为什么教育局长是否具有教育背景一直是讨论的焦点呢？是因为教育有着不同于其他行业的专业性和同属专业行业的特别性，要说教育行业与其他专业行业的特别之处，即教育行业是围绕"人"的成长与帮助工作的，涉及到人的本源与全面性，极具科学性、艺术性、差异性和创造性。可以说，关注教育局长来源，实则是关注教育的专业性。

关注教育局长来源其实告诉我们，教育局长岗位职能包括教育专业，我把教育专业归纳为教育专业精神与教育专业素养两个方面。

教育专业精神可以理解为教育情怀，教育情怀不仅是价值层面的，同时也是专业层面的。因为情怀除了人文、职责、责任、爱心之外，更需要专业的支撑。一是认识教育情怀的专业支撑；二是实现情怀的专业支撑。教育专业素养包括很多，但教育局长工作岗位所需的专业素养不能等同于校长的专业素养，教师专业素养，基础教育科研人员的专业素养。教育局长的专业素养包括教育政策素养，教育管理素养，教育评价素养，教育创造素养和理解教育素养等方面。

可以肯定的是，无论来源于何方教育局长，其教育专业精神和教育专业素养是缺一不可的。

03　好教育局长的共同特点

由于工作原因，我和近 500 名局长有过不同方式接触交流（更多的是听过我关于区域教育综合治理方面的故事），现在又在以第三方做区域教育综合治理和推动教育局长专业成长研究。所以会在比较大的范围了解全国各地教育局长和教育局长治理下的区域教育状况，通过了解与观察，教育背景与工作表现并没有呈相关关系。这就告诉我们，我们观察与分析谁做教育局长的点需要调整与深入。

教育局长做得好的共同特点在于尊重和敬畏教育专业性，并在工作中一直尽量遵循教育规律，同时，自己不断学习且不自以为掌握了教育"真谛"；做得不好的共同特点则在于没有尊重和敬畏教育专业性，并在工作中一直以自己对教育的认知开展，以投入教育资源作为工作重点与全部，用其他行业特点来做教育和理解教育，这一类别的教育局长中没有教育背景的人员比其他行业占比更大。

有教育背景分两类，一类是有师范类院校学习背景，称之为学历和学习背景，还有只有较短的教育工作经历；一类是有较长教育工作经历，从事过教师、教研、校长等，个人认为这才能称之为真正的"有教育背景"。

在此，我们要像致敬优秀校长、优秀教师一样去致敬优秀教育局长，且要一并致敬优秀教育局长背后的县委书记和组织部门，谢谢你们对教育的理解和对当地孩子的帮助。

教育局长没有想象中那么简单，建建学校、添置设备、管调动、开会议、搞活动、迎接检查，这些是教育局长工作，但不是教育局长的全部工作，更不是教育局长的工作重点，教育局长的工作重点是把上述工作做好去服务学校办学、教师专业成长，上述工作做好只能说教育的保障工作做好，而不是教育工作做好。

04　外行能否当好教育局长？

外行能否当好教育局长？是中国教育报记者张婷写的一篇报道，记者在组稿时采访了我，文中有我的一些观点。今天，我来对张婷老师的文章题目做一个个人解读。外行，有两层意思。

一是从从业的角度区分，有过教育背景和没有过教育背景；二是教育内行与外行，我们通常会这样理解，教育从业者就是内行，非教育从业者就是外行，我不太认可这个观点。

外行与内行的区别在于是否有教育专业精神和教育专业素养，如果有，并能坚持与坚守，是内行；如果有，但不能坚持与坚守，是外行；如果没有，但尊重教育规律并敬畏教育，且自己清楚认识到教育专业精神和教育专业素养水平，从现在起开始学习，工作时站在教育角度审视教育，是内行。

谁做教育局长？既具有教育管理，又有教育专业素养的是教育局长最佳人选。好的教育局长是为区域教育营造良好的教育生态，让大家客观冷静平和从容且努力帮助别人，提高自己；好的教育局长是能让更多的人相信教育，重视教育，关心教育，理解教育；好的教育局长是有教育理想的，且有能力让教育理想在当下发生。

教育局长应该回归到教育应有的位置，对教育局长的专业研究，教育局长选拔的基本要求，教育局长的培训策略，教育局长的考核评价，教育局长社会认可度等都需要重视。

再谈教育局长

最近因北京师范大学联合一些单位与媒体举办"教育局长高峰论坛",论坛主题是"加快建设高质量基础教育体系",好多教育同仁频频咨询,问此次活动是否是我们组织与参与的——华东师范大学基础教育改革与发展研究所教育局长专业发展研究中心。

看到教育局长,这个在区域教育高质量发展中发挥着关键而独特作用的少数群体得到应有的"重视"与"期待",大家很是高兴,终于回到教育现实来研究教育问题;高兴的是,大家不再只从自己喜爱与专长的领域研究教育问题;高兴的是,大家敢于触动区域教育高质量发展中重要而必须的"触点"。这些都是因为大家基于对教育的"深情厚意",体现了大家对高质量教育的期待与努力。为此,作为教育人的我,作为较早研究教育局长这个对区域教育有积极作用的群体的我,真的很是高兴!谢谢北京师范大学及其相关单位重视教育局长建设。

研究教育局长、研究教育局长所服务的区域教育,主要是基于以下几点认识与考量:

01 教育局长是区域教育现代化治理与高质量发展的"首席"

教育局长是区域教育首席"责任者",是区域教育首席"设计者",是区域教育首席"推动者",也是区域教育首席"引领者"……

在一项国家社科基金项目重大课题研讨会上,大家就区域教育发展的关键人是当地党委、政府主要领导,还是区域教育主管部门的主要负责人展开讨论。

大家各抒己见，各执一词，不亦乐乎。由于我从事过教育局长工作，又长期在教育实践一线，最后大家聚焦到我身上，想听听我的想法。

如果把当地党委、政府主要领导看成是一个"大家长"，把他们下属的地方党委、政府以及当地党委与政府各部门与组成单位看作"子女"，那么，当地党委、政府主要领导这个"大家长"对每个"子女"都是重视的。这点从理论上与职能上都是说得通的，只是"大家长们"基于自身的精力、财力、能力以及不同时期不同侧重点的原因，让他们无法做到让每项工作都得到"应有"的重视，也就是无法做到让每个"子女"得到应有的"关心"。在这种情况下，就要看负责这项工作或部门负责人的"能力"，看他是否能让"大家长"关注与关心。教育部门也是其中之一，教育局长也要如此"拼搏"，否则，难以得到重视。

好多教育研究者和教育实践者，只站在教育视域看教育，而没有站在社会公共治理体系下看教育，他们得出的区域教育发展的"判断"与"结论"自然是"片面"的。

基于以上认知，笔者用几个"首席"来描述教育局长在区域教育现代化治理与高质量发展中的作用，或许，这一观点可能会受到很多人质疑，尤其是教育局长和教育研究者，但不妨先听听我的看法。

教育局长是区域教育发展的首席"责任者"。教育局长是区域教育解读与执行国家教育政策区域化实践的首席"责任者"，是区域教育发展的首席"责任者"，是地方党委、政府教育政策落实的首席"责任者"。一个区域的教育发展与否，关键的作用是教育局长。"一位好校长，就有一所好学校"，这句曾经让无数社会人与教育者奉为"教育理想"的美好判断，造就了许多优质学校，成就了许多好学生、好老师和好校长。今天，我们或许不能说，"一位好教育局长，成就一方好教育"，但至少可以说，"一方好教育，必定有若干名好教育局长"。

教育局长是区域教育发展的首席"设计者"。教育局长承担区域发展规划、发展策略，并为之负责方案、计划、项目、管理、评价等诸多方面的工作，是区域教育发展的首席"设计者"。这些内容可能不一定是教育局长自己研制、自行操作，但都是基于教育局长对区域教育的认知，是对区域教育发展与现状评判下的集中体现与反映。而这些，恰恰体现教育局长对区域教育的价值追求和教育情怀。

教育局长是区域教育发展的首席"推动者"。任何工作都包括价值定位、理性思考、规划设计、策略方式、资源配置、体制机制和组织队伍等方面。可是，任何工作无论谋划得多么全面，做得如何细致，但在实际工作过程中，还缺不了一个重要环节与力量，那就是实践工作中的推动者。区域教育工作的首席"推动者"，就是教育局长。教育局长在区域教育工作中的推动作用是不可或缺和无法替代的。一名教育局长的优劣，在区域教育推动中得以体现，即从教育局长推动什么、如何推动、能否推动以及推动效果如何等方面呈现出来。

教育局长是区域教育发展的首席"引领者"。区域教育如何发展是区域教育发展的"灵魂之问"，也是教育局长面临的"职责之问""专业之问""情怀之问"。教育局长的专业与行政能力综合体现在能否成为区域教育发展的首席"引领者"。首席"引领者"是责任，也是能力，更是意识。教育局长对区域教育发展之引领，对区域教育队伍建设之引领，对区域教育制度、管理与评价之引领，对区域教育生态构建之引领等，都体现着教育局长的素养与追求。

任何人都难以做到真正的全才与通才，教育局长也是如此。教育局长如何能做到"首席责任者""首席设计者""首席推动者"和"首席引领者"呢？可从"认知＋践行＋学习＋借力"等方面思考。

所谓"认知"，指教育局长要清晰知道自己的岗位与职责、使命与要求，不能模糊不清，不要寻因推责，而要主动担当；所谓"践行"，是指教育局长把日常工作与"四个首席"融合，不要让责与行、思与行两张皮，否则，行千里，只得一寸，要理解"知是行之始，行是知之成"的实际意义。

所谓"学习"，指教育局长要成为终身学习者，无论是教育系统成长起来的教育局长，还是非教育系统转行过来的教育局长，都要对教育、对专业、对成长保持敬畏、敬重、敬仰的态度与意识，始终保持终身学习的态度与能力，并且转化到实际教育教学管理中。

所谓"借力"，指教育局长要借系统内力量、系统外力量，借本区域力量、外区域力量,尤其要有借力的意识,要有借力的态度,要有借力的能力,让大家的力量变成区域的教育发展能量。

02　教育局长尚未得到应有的认识

教育局长身份、岗位与职责的融合认知,并未得到群体的认同,关于教育局长的研究也并未得到应有重视。在许多人眼里,教育局长未像校长、教师与教研科研人员一样有明确的定位。

教育局长身份是政府序列的公务员,工作岗位是地方教育行政管理部门负责人,工作职责是区域落实国家教育方针、政策、要求,执行地方党委与政府对教育的要求,管理区域教育单位、部门与队伍,带领区域教育高质量发展,办人民满意的教育。

简单说来,教育局长是公务员,从事社会公共服务与公共服务部门的管理工作,主要从事区域教育管理与服务工作。教育局长是局长,指其公务员的职务与职责;教育局长是做教育的局长,指其以公务员身份、职务,从事教育工作。

如果说老师、教研科研人员、校长的工作是为了专业达到效果而需要管理支持,那么,教育局长的工作就是为了管理达到效果而需要专业支撑。两者的出发点一致,目标一致,只是策略与形式不一而已。教育局长其实也就是教育队伍中的一员。

教育局长对区域教育作用"关键而巨大"。教育局长对区域教育作用,除了本文上述的"四个首席"外,还拥有"管理权""资源配置权""人事任命权"等重要制约性权力。这些职务"配制权力",足以影响区域教育发展。由此可见,研究教育局长对区域教育发展的价值是为必要。

正因教育局长的特殊岗位,特殊资源,特殊作用,特殊方式,他对教育作用很不一般,而大家对他的认识也很不一样。加强与加快对教育局长定位、作用、标准的研究就显得尤为重要。

03　教育局长的现状及专业性值得研究

教育局长的现状值得关注,值得重视,值得研究,尤其是教育局长专业领域。由于教育局属于地方政府组成部门，教育局长属于有级别公务员，依据干部管理条例，教育局长选拔由上级党委组织部门负责，由上级党委审批委任。教育局长选拔方式与范围自然与其他同级干部是一致的，选拔对象也自然有更多的空间。由于岗位身份、选拔部门视域、地方党委站在区域统筹、干部搭配、教育定位等原因，教育局长的来源自然而然是多样性的，而且在教育系统内产生的教育局长比例较少。

据初步统计，全国县市区共计2 896名教育局长，具有教育背景的并不多，正职局长不到20％，副职或相当副职不到30％，也就是说县市区教育局管理者，我们俗称教育局班子成员的，绝大数是没有专业学习背景和教育工作经历的。县市区教育局班子这种结构，不知道对区域教育发展会带来什么影响？县市区教育局班子如何决策、如何管理、如何评价？这些并未引起大家重视，尤其是上级教育主管部门和地方县委、政府的重视。设县市区的市级教育局正职局长任职背景情况与县市区相当，副职局长的任职情况比例比县市区会好些。

教育局长是否具有教育学习背景与工作经历，原则上与教育局长是否"适合"，其实不存在必要关系。纵观全国，具有教育学习与工作背景的教育局长，有做得好的，也有做得不尽如人意的；没有教育学习与工作背景的教育局长，有做得不尽如人意的，也有做得出彩的。

但教育局长岗位某种意义上是很需要"教育专业支撑"的，而学习背景与工作经历又是佐证这些的基础"证明"。所以，如何选拔教育局长，就尤为重要；教育局长"标准"研制尤为紧迫。目前，华东师范大学基础教育改革与发展研究所教育局长专业发展研究中心正在组织专家研讨与研制教育局长专业标准，相信"标准"能给教育局长选拔与培训带来一定参照与帮助，也能为教育局长实践工作带来对照与引领。

面对现有教育局长团队结构，更需研制教育局长专业标准，以便对教育局长选拔、培训、考核有一定帮助，既解决地方党委选拔任用教育局长无标准的困境，也解决教育局长专业与岗位成长的需求。教育局长无论以前是否接受过教育学习和从事过教育工作，都需要专业培训与学习，否则很难及时适应岗位与区域需求。

教育局长，是对区域教育有重要作用的岗位，大家不应忽略或忽视。因为区域教育只谈教师队伍、校长队伍和教研科研队伍是不够的，既是教育发展需求的不足，也是教育队伍本身的关键缺失。关注、重视和研究教育局长队伍建设，是中国基础教育高质量发展的必要条件与必经之路。

专业能力是教育局长履责的基础支撑

区域教育治理水平是基础教育高质量发展重要因素，区域教育治理需要多方共同的作用，但其核心的关键因素是教育局长，而教育局长对区域教育作用并未得到应有认知与重视，这是当下基础教育高质量发展过程中亟需解决的重要问题，其价值与作用并不比现在被大家广为重视的因素低。如：教师队伍建设、课程建设、课堂教学改革、教育评价、教研科研等因素。

教育局长专业能力与校长专业能力，教研科研人员专业能力、教师专业能力有共性，更有差异性。以下从教育局长的"教育认知能力""教育判断能力""教育选择能力""教育治理能力"等方面进行畅叙。

一、教育认知能力

教育认知能力是教育局长的专业能力。教育认知是教育专业能力的前提与基础，没有教育认知，就谈不上教育专业。

教育认知包括对教育常识、教育规律、教育发展、教育现状、教育策略、教育治理的认知，等等。

教育局长如对教育常识有正确认知，能有效预防一些"错误"的偏见与认知，如：全区域范围内推行一种"课堂模式"，无论什么学段，什么学科，什么老师，什么学校，都要按照预先设计的教学形式上课；又如：把中高考成绩，尤其是中高考特优生的成绩作为区域教育教学质量，以极少数学生考试成绩替代区域教育教学成绩；再如：以牺牲区域其他学校均衡发展机会，人为打造区域"名校"，以此作为区域教育发展的"面子工程"，等等。

教育局长如对教育规律有正确认知，能够克服一些"用力用偏"的行为与要求，如：教育评价不能只用单一标准、单一内容和单一方式；又如：对学校管理、校长管理、教师管理只知道采用检查与考核的方式，其实还需要培养、培训、帮助与服务的内容；再如：教育发展不单是学校、校长、老师的责任，还有教育局的责任，等等。

教育局长其他教育方面认知能力，同样影响教育局长的行政决策、行政策略、行政评价等方面，更会直接影响区域教育发展方向、发展质量、发展速度和发展成效。

二、教育判断能力

教育判断能力是教育局长必备的专业能力。专业判断力对教育工作者来说，是极为重要的，不同岗位教育工作者的专业判断力是不一样的，但专业判断力对该岗位的教育工作者工作方向、工作理解、工作投入、工作策略、工作效果有同样重要的影响。

教育局长是区域教育发展的首席责任者，是区域教育生态构建的首席设计者、推动者和参与者。教育局长在区域教育发展中，主要承担区域教育发展方向把握，区域教育生态构建，区域教育资源统筹与协调，区域教育治理等工作。教育局长专业判断力对教育局长科学履行职责尤为重要，可以说，教育局长的专业判断力决定区域教育发展方向、发展方式、发展进度、发展效度。

好多教育局长没有教育背景，是指没有接受过教育教学专业学习，没有从事过教育教学或教育教学管理工作，大家会觉得他们没有教育专业能力，会影响他们履行教育局长岗位职责。对这个问题，大家一直在讨论，但并没有严格而专业的研究结果，其原因是难以获得专业的数据与证据，来证明这一观点。教育局长的教育背景的最大作用，体现在区域教育治理过程中，对教育发展，对教育现状的专业判断，如果判断准确，则利于区域教育发展，反之，对区域教育发展是有害的，这一点，在区域教育现实中，有很多值得反思的案例。

三、教育选择能力

教育选择能力是教育局长的专业能力。不同教育局长在区域教育发展中，对区域教育发展方向选择，区域教育发展策略选择，区域教育治理选择等方面是不同的。这种不同，包含区域教育发展状况、区域教育生态、个体教育认知、教育判断，等等。

教育是复杂的社会行为，其复杂性主要体现在教育目标多元性，教育方式多样性，教育理解多层性，教育效果多向性。教育局长作为区域教育"首席"，如何面对社会对教育的不同理解，不同需求，不同评价，又要让区域教育上符合国家意志与标准、中符合教育规律与现状、下符合每个家庭与每位学生。这就考验教育局长的专业选择力。

有些教育局长选择以教育改革替代教育常识和常规，这种选择是避重就轻；有些教育局长选择以校长的大调整替代对学校规范管理，而不是评价、指导与帮助后再进行校长调整，这种选择是会动摇区域教育根基的；有些教育局长把工作重点放在人事、校建、设备采购、计财、安全等方面，忽视教育教学、教研科研、督学督导、教育队伍建设和家校合作等方面的工作，这种选择是本末倒置；有些教育局长不是用行政支撑专业，专业支持行动，行政专业融为一体的工作策略，而是采取单一行政推动，这种选择是得不偿失的。

行为与行动背后有价值支持，价值源于定位和认知。我相信所有教育局长都希望本区域教育高质量发展，但由于其教育选择能力不够，采用的策略往往事倍功半。

四、教育治理能力

教育局长教育治理能力是教育局长的专业能力。教育局长在区域教育高质量发展中最大的"武器"，就是教育局长教育治理能力。教育局长首先是地方党委与政府任命和委派的公共事务管理者，属于党委与政府序列的公务员，其主要职责是地方党委、政府授权，代行管理本区域教育。这就是通常所说的，教育局长是公务员，是领导干部，他的管理逻辑与方式是行政式的。这一点，应该认同，教育局长应该具有行政管理逻辑和行政方式，但教育局长教育治理不能行政化。

教育治理能力包括行政治理和专业治理，行政和专业治理缺一不可且无法一分为二。

教育治理能力需要行政治理能力与专业治理能力相得益彰，而非左强右弱，也非左弱右强。教育局长的行政治理能力和专业治理能力好似拳击手的手和拳套的关系。拳击手上台比赛，要戴上拳击手套进行比赛，拳击手的手和拳击手套是合二为一的，手好似教育局长的行政治理能力，提供力量、速度和准点，使拳击手的拳打有效；拳击手套好似教育局长的专业治理能力，提供弹性，使拳击手打击时避免过大的伤害，包括对方与自己，使拳击比赛在规则、在合宜范围内进行。

教育局长是局长，所以他是行政官员，区域教育治理需要行政方式，区域教育治理需要行政能力；教育局长是教育局长，所以他是教育专业人员，需要他具有教育基本素养，懂得教育常识，遵循教育规律，明确教育目标，探究教育发展策略与路径，教育局长要具有教育专业能力。

教育局长承载着区域高质量发展重任，在此呼吁教育领域各位同仁，共同重视队伍建设，提升教育专业能力素养，共促区域高质量发展。

关于"教育局长研究"几个问题的回应

问题一：教育局长是官员，是行政管理人员，如何研究？

首先，如何定位教育局长？华东师范大学基础教育改革与发展研究所教育局长专业发展研究中心成立大会上邀请了中国教育学会副会长、上海教育学会会长尹后庆先生讲话。尹会长说："教育局长既是一名社会公共治理的公务员，同时又是一名教育专业管理者。"这句话，说清楚了什么是教育局长。

其次，教育局长的专业性。教育局长的专业与教师、校长、教科研人员的专业是有区别的。教育局长的专业更加偏向于对教育政策理解、转化与落实，对区域教育治理，对区域教育资源统筹与分配，对区域教育评价与指导，对区域教育生态建设等方面工作负有重要与关键责任。教育局长还要承担社会治理和教育行政职责，同时教育局长还要承担区域教育发展判断、选择与决策，这就需要教育局长教育专业的延伸，延伸至学科、课程、课堂、管理、教研科研、教育队伍、家校社协同育人等方面。

最后，研究立足于教育局长的哪方面内容呢？实则是从教育局长的工作职责、工作责任、工作目标、工作内容、工作服务对象等方面思考。研究教育局长岗位专业发展，教育局长个人专业素质形成，教育局长专业发展对区域教育发展的作用等。

问题二：为什么选择教育局长研究？

直接影响着基础教育发展与质量的有"四支队伍"，即教师队伍、校长队伍、教研队伍和教育局长队伍。前三支队伍，教育部均出台过相关文件，制定过培训、管理、评价等相应的标准。而教育局长队伍，还没有系统而专业的相关标准。

教育局长岗位，只有组织部门与政府部门的职责，没有教育系统的专业描述；教育局长岗位内容只有广义行政要求，没有教育行业专业表述；教育局长标准只有党政领导选用干部的标准及程序，没有教育发展所需的专业要求。教育局长培训大都是涉及党政序列的党员、公务员、党务、行政等内容，少有教育政策、教育理论、教育素养、教育管理等教育专业内容的培训。教育局长的考核，也只是党政干部管理条例范畴行政履职的评判，少有教育局长所负责的区域教育发展状况的评价。

这样的评价，对教育局长服务教育、发展教育没有太多的激励、助推作用。这样的评价，会让教育局长更多地关注通识性的事务、行政管理与一般问题的解决；不会更多地去推动教育的发展，难以科学地推进复杂而专业的教育内涵发展。如此当然就无法达到党和国家对教育优先发展、教育强国的定位，也无法让教育这项重要的民生工程达到区域百姓的认可。

研究教育局长，就是试图从教育局长职责与责任的视野，来思考教育局长队伍建设，并为教育局长的专业成长提供切实可行的科学路径与方法，从而达到从专业发展维度来助推教育局长队伍建设的目标，使这支关键而又重要的队伍更好地服务教育、助推教育、引领教育健康发展。

问题三：教育局长的现状如何？

全国有近300个设区市，有近2 900个县级行政区，约有3 200个设区市和县（市、区）教育局或教育管理机构。每个教育局局级管理人员（俗称局班子成员）约7人左右，如以7人计算，计有22 100人可称之为教育局长。当然，现实中的称谓不一定是，但行使职责是相近、相似的。这22 100名教育局长中，正局长3 200余名，其中教育书记局长分设的教育局，约20%左右，教育局专职党委书记约640人。

教育局长队伍不大，但其人员组成与变化却是教育队伍中较为多元和活跃的。由于教育局长属于公务员，同时属于市、县两级党委的组织部门管辖干部，在选用时放在同级其他部门领导岗位一并考虑,因此,教育局长人选的来源渠道更多。所以,现在的教育局长,无论是正职,还是教育局班子成员,在教育系统产生的比例就大大减少。据不完全统计,正职局长(含书记局长分设的党委书记,下同)直接由教育系统产生的不足20%,教育局班子成员直接由教育系统产生的在30%左右,甚至有些地方,整个教育局班子成员,没有一位是在教育系统产生的,这是多么值得深思的问题!教育局长队伍中,有过教育工作经历,或者教育专业毕业的,正职局长也只占20%左右,教育局班子成员占40%左右,其他的教育局长们,则从未有过与教育相关的学习和工作经历。

这些年做过一些统计,具体从教育局长工作的四个维度进行观察:局长工作关注度、工作时间分配度、工作目标指向度、工作压力指数。如果上述四个方面用以下四个维度划分内容:单位职能工作(作为机关单位、政府组成部门所做的工作)、教育行政职责工作(教育局的行政工作)、教育条件性工作(教育资源类工作)和教育内涵式工作(教育教学、教研科研、课程课堂、教师学生工作)等。我们分正职局长和副职局长两个维度来分析,正职局长在工作关注度方面精力投入之比如下:单位职能工作:教育局行政工作:创设教育条件工作:教育内涵发展工作是2:3:2:1;教育局副职在工作关注度方面精力投入之比如下:单位职能工作:教育局行政工作:创设教育条件工作:教育内涵发展工作是2:4:2:1。正职局长在工作时间分配度方面,单位职能工作:教育局行政工作:创设教育条件工作:教育内涵发展工作是2:5:2:1;教育局副职在工作时间分配度方面,单位职能工作:教育局行政工作:创设教育条件工作:教育内涵发展工作是2:5:2:1。正职局长在工作目标指向度方面,单位职能工作:教育局行政工作:创设教育条件工作:教育内涵发展工作是3:4:2:1;教育局副职工作目标指向是3:4:1:2。正职局长工作压力指数方面,单位职能工作:教育行政工作:创设教育条件工作:教育内涵发展工作是4:2:1:3;教育局副职工作压力指数方面,单位职能工作:教育行政工作:创设教育条件工作:教育内涵发展工作是3:4:1:2。以上这些比例的估计源于自己的工作经历以及在全国近50家来自全国各地教育局的交流、研讨和访谈所得"结果",之所以用比例方式呈现,只想达到直观量化，以便有理性的认知。这不是通过规范研究工具得到的准确数据，如果作为定量研究的"数据"引用，是不够严谨的。这些因素会受地区、个人、环境、政策等因素影响。笔者试图通过这些"粗糙"的描述，对教育局长工作状况、工作定位及工作追求等方面，进行原因分析，给出基础性建议，希望能为教育局长的专业成长，提供可选择的策略。

问题四：研究教育局长什么？

华东师范大学基础教育改革与发展研究所，于 2021 年 7 月 10 日在浙江杭州上城区成立"华东师范大学基础教育改革与发展研究所教育局长专业发展研究中心"（以下简称华师基教所局长中心），华师基教所局长中心是我国高等院校、研究院所首家研究教育局长的专业机构。

在建设高质量教育体系的过程中，教育局长队伍建设与发展的高质量是其中不可或缺的一环。华师基教所局长中心以提升教育局长专业发展水平与质量为核心目标，促进教育局长专业化发展，进而助推区域教育高质量发展。

该中心重点研究：

1. 教育局长的专业属性、专业能力及其形成过程；
2. 教育局长在区域教育高质量发展中的关键角色及其专业作用与支持；
3. 教育局长在区域教育治理过程中的决策机制、实施机制与评价机制。

本中心立足本土，服务国家教育发展战略，努力在政策、理论与实践中实现多向融通，积极创造丰富、多样且独特的教育局长专业发展研究的"区域经验"和"中国经验"。

对教育局长的研究，聚焦于教育局长对区域教育所起的作用，教育局长要具有完成党和国家对基础教育整体要求所需的素养与能力，教育局长作为区域教育关键责任人所需专业发展及为其专业发展所提供的帮助等。

教育局长专业发展的研究，聚焦于教育局长自身专业发展，以及教育局长自身专业能力与素养如何引导、带动、促进区域教育现代化治理能力与区域教育高质量发展等方面内容。

问题五：如何研究？

教育政策与教育理论是教育局长专业发展研究基础，只有充分理解教育政策，才能明确教育发展、区域教育价值定位、教育局长职责与责任；只有从教育理论层面研究，才能站在教育规律、教育基本理论及相关学科学的理论基础上，结合教育实践，真正帮助研究者切中教育局长专业发展要义。

教育局长专业发展是一项实践研究。教育发展如何，源于教育政策、教育理论和教育实践这三者的作用，以及这三者之间的关系。笔者把教育政策、教育理论和教育实践称之为教育发展的"三驾马车"。教育实践既是教育的起点，也是教育的终点，更是教育的过程。对教育局长的研究，更多地取决于教育局长们的"做"，以及做出的"成果"作为研究"资料与素材"，并进行系统梳理、分析与整理，再进行学术化研究与提炼。

问题六：什么是区域教育生态？

教育生态学概念是从生态学衍生而来的。根据范国睿教授《教育生态学》中的表述，生态学（ecology）一词源于希腊文，由"ojkos"和"logos"两个词根组成。前者意为"房屋"或"居住地"，后者系"论述""研究"之意。就其本义而言，生态学是"研究住所"的学问。现在，生态学较普遍的解释是："研究有机体或有机群体与其周围环境的关系的科学"。

"教育生态学是运用生态学的原理与方法研究教育现象的科学。"[1] 教育生态学是一门年轻的学科，在我国的研究比世界教育较发达地区要晚些。每一位区域教育实践者、研究者，必须面对区域教育生态这个问题，否则，区域教育实践会处处触碰教育发展的"天花板"，区域教育研究也会存在缺陷，并不能彻底且完整地理解区域教育。

教育生态是什么？笔者从教育生态对教育的作用进行思考，教育生态是教育赖以生存的基本条件，能给教育提供全面滋养的环境，而这些条件与环境是多样的、动态的、互相作用的。

---

[1] 范国睿.教育生态学[M].北京：人民教育出版社，2019：23.

如何来描述教育生态呢？笔者认为"影响教育发展诸多因素之间的关系"称之为"教育生态"。对教育发展有作用的因素很多，每个因素都对教育有影响，有些因素影响较大、有些因素影响较小，有些因素对教育发展的影响是积极的、有些因素对教育发展的影响是负向的。影响教育发展的因素不是一个，而是多个。每个因素对教育发展的影响都是有限的，每个因素之间都会相互作用，而且因素之间的作用对教育发展又会产生新的作用，影响因素不断螺旋式循环运动，相互作用，这种作用又产生新的影响教育发展因素，教育生态就这样周而复始，因素一直在不断生成与分裂，而且它们始终是以"博弈"或准备"博弈"的状态存在的。假如教育生态观点能够成立，那么，区域教育生态就是指"影响区域教育发展各种因素之间的关系"。

笔者认为，真正影响教育发展的是教育生态。教育政策、教育治理、教育投入、教育队伍、教育评价、学校文化、课程课堂、协同育人、教研科研、学校常规等等都是影响教育发展的因素。这些因素组成了教育生态，也影响了教育生态。无论是教育政策、教育研究都是从教育生态的某一个因素出发，而教育实践是教育发生现场，它是立体的、综合的、动态的，这就导致了教育政策期望与教育研究成果在教育实践中难以达成预期而应有的效果。只有每位教育人，每所学校，每个区域，教育政策，教育研究都能以构建良好教育生态为实现教育目标必须达到的"目标"，教育才会变得更加"光明灿烂"。否则，教育人都重复着"盲人摸象"的故事。

问题七：区域教育生态对区域教育有何作用？

要回答这个问题，首先要回答区域教育价值、定位及追求是什么？

区域教育价值、定位及追求可以概括为以下几点：

1. 落实教育的国家意志。也就是贯彻落实党和国家教育方针，贯彻落实教育系列法律、法规、文件的精神。

2. 教育在区域社会公共事业中的作用与地位。一是区域教育能在区域社会公共事业发展中发挥什么作用，也就是区域教育对当地社会经济发展有什么作用；二是地方党委政府给予区域教育什么地位。

3. 教育公平观与教育质量是否正确，也就是"公平而优质的教育"。

4. 区域教育是否得到区域大多数家长与民众的认可。

如果区域教育价值、定位与追求是上述4点，那么，区域教育生态就是区域教育的基础，多样的养分与内生的动力。我们现在关注与重视的教育发展影响因素，无一不是在构建良好区域教育生态。比如教育队伍建设，个人认为教育队伍至少有4+1支队伍，4是专业队伍，即教师队伍、校长队伍、教研科研队伍、教育局长队伍；1是非专业但极其重要的教育队伍，那就是家长队伍。又比如教育资源投入，课程课堂建设，评价改革，减负提质，考试作业改革，家校社协同育人体系建设，等等。这些都是对教育发展有影响的因素，但这些因素中任何一个因素都不可能独自推动与支持教育发展，而是需要诸多的因素共同与持续的推动和支持，才能达到教育发展的目标。这些因素"独立"存在对教育发展具有作用，其相互关系也对教育发展有着重要且不可或缺的作用，并且是同步的、动态的、生成的，具有自主的产生关系，这种关系产生就形成了教育生态。根据范围、时空、内容等维度，教育生态可分为教育小生态、教育中生态和教育大生态，这种划分是相对的、动态的。教育因素对教育发展有着直接且重要的作用，如教育队伍对教育发展的影响、教育投入对教育发展的影响、教育评价对教育发展的影响、教育治理对教育发展的影响、学校文化对教育发展的影响、学校课程与课堂对教育发展的影响……一个家庭、一个班级、一个学校、一个区域如果形成良好教育生态，那么，这个家庭教育、班级教育、学校教育、区域教育会是什么状态？我想，其结果是显而易见的。区域教育生态积极、健康且充满生命力，那区域教育必然是优质的；反之，如果区域教育真正优质，那区域教育生态必定是良好的。

第五章
校长:区域教育生态的推动者

谁做校长？

谁做校长？这是问题，更是一门课程；这应该有标准，更应该有研究。校长，教育发展中的关键人物。谁做校长，值得关注与重视。

校长，在学生心里，是有一定"画像"的，这个"画像"就是每个人心中校长的标准。我不能准确描述出学生心中校长的"画像"，但可以从几个共性特征，试图勾勒出大家心中校长的"画像"。当然，这个"画像"，不一定就是你心目中学校校长的样子，而是你心里认为校长应该有的样子。

校长是一所学校的"灵魂"人物，是广大师生，乃至于整个社区的"榜样"。校长是有大爱的人，他爱学校，他爱学生，他爱老师，他爱教育；校长是有一定能力的人，他能把学校治理好，能把教师引领好，能把学生培养好；校长是值得信任的人，他是教师好朋友，是学生好师长，是家长的"教育合伙人"，等等，这是校长应有的"样子"。

随着社会发展，教育不仅越来越被重视，而且，教育的标准也在不断提高，校长的标准自然也越来越高。做校长本来是件艰辛与专业的事情，这里的艰辛与专业是指走上校长岗位前，必要的"历练"与"积累"，还有是做上校长后所面临的"压力"与"挑战"。关于谁做校长，同样出现了"理想很丰满，现实很骨感"的感叹。

笔者站在教育需求的视域，从校长的现状与成长的维度，把校长分成四个层级，就"谁做校长"的问题，进行一些理性的探讨，试图给出一些有益的建议。

笔者把校长分成四个层级，即"岗位化"校长（不合格型校长）、"职能化"

校长（合格型校长）、"责任化"校长（优秀型校长）和"生命化"校长（卓越型校长）。笔者试图通过对四个层级校长的分析，为校长们的成长带来一些建议，同时也为了让以后大家在学校遇到的校长与大家心里的校长"形象"，尽量相似或相近，至少不要渐行渐远，这或许也是为教育发展尽了一点绵薄之力。

01 "岗位化"校长

不合格型校长，称之为"岗位化"校长。他工作的目标是"保全"校长岗位。绝大多数校长都有过"岗位化"的阶段，时间一般不长，也就半年左右的适应期而已。校长虽然都有过"岗位化"的阶段，但还是有区别的。绝大多数校长经过这个阶段是暂时的，而且他在此阶段是在不断地调整与学习，同时，他把保全岗位作为服务以后工作的"学费"，其目的是为了让自己以后把校长做得更好，而不是作为"校长"的目标，这种类型的校长，他不属于"岗位化"校长。但也有另一类校长，是把"保全岗位"作为自己做校长的终极目标，或者说，他整个校长职业过程都在为"保全岗位"而"孜孜不倦"地工作，这一类校长就属于"岗位化"校长。

"岗位化"校长的特性，以"唯上""唯位""唯利"的"三唯"为工作追求与目标。不合格型校长"唯上"，不是指他对上面的政策、指令与要求认真落实与执行，而是指他对任何可能造成"岗位"影响的指令与要求，都会没有原则，不计成本，不考虑对学校、对教育、对教师、对学生有什么影响，想尽办法去"执行"，去"满足"。而对待可能不会影响他"岗位"的上级政策、指令与要求，他则会想尽办法，找足理由，尽量回避或不认真执行，这就是他的"唯上"。不合格型校长的"唯位"，是指他的一切工作，都是为了"保全"他的岗位，而不是考虑如何去履行岗位职责，思考学校发展、教师发展和学生发展等方面事情。不合格型校长的"唯利"，是指他凡事都考量此事对自己有什么利益，有利则行，无利则避。所谓的"三唯"，简单地说，就是"唯己"。

"岗位化"校长工作一般是没规划、没思路、没策略、没有标准的"四没"状态，同时，"岗位化"校长也不注重学校的治校理念、办学目标、学校文化、队伍建设、机制体制、课程课堂、评价考核等内涵问题，因为这些内涵问题只是这类层级校长的"手段与工具",不是作为治校办学的工作策略、工作内容和工作目标的主要指标。

希望诸位校长,从现在开始,提升自己的岗位与职业定位,对自己的工作内容与工作方式作些改变,警惕朝"岗位化"校长靠近。可能,有人会问:我为什么要改变?不因为什么,只因为教育。教育这件事说大了,校长是为国家,为民族大业服务;往一般说,校长是为了千百个家庭和千百个孩子的未来与幸福;再往小了说,校长要对得起与你一起共事的同事、对得住你的父母和你自己的小孩,还有你自己的良知与职业。拜托了,校长!

02 "职能化"校长

合格型校长,称之为"职能化"校长。他工作的目标是为了完成校长岗位的应有职能。这类型校长,一般是任职时间不长,正在校长岗位学习与成长的过程中,这也是绝大多数校长必须经历的一个阶段,这个阶段一般会有1—2年时间,可以看成是校长"成长"的成本。当然,这阶段时长也不一定,因人因校因区域环境等因素而不同,有些校长跨过这个阶段需要3—4年,这个阶段花费时间有点偏长,也可以接受;如果一名校长,花了3—4年时间,还没有迈过这个阶段,这名校长还处于只能完成岗位基本工作,并以完成"规定"任务与"规范"操作为岗位目标与追求,这名校长,就可能成为"职能化"校长。

"职能化"校长具有"使命感不强""突破力不强""成长意识不强"等特性。"职能化"校长使命感不强,在具体工作中,能按部就班开展工作,完成校长职能所规定的工作内容,按相关规定与流程要求完成工作。"职能化"校长没有强烈目标意识,只有任务意识,他的工作标准是"做了什么",而不是"做到了什么"和"做出了什么效果";他的工作标准与评价,处处以"量"衡量,而不是以"质"评判。"职能化"校长突破力不够,他会用已有资源和常规策略开展工作;他的工作无论是时间与内容,还是工作标准,都是"风和日丽""波澜不惊""不瘟不火"……他的工作状态与效果,都难以满足工作现状及要求;"职能化"校长冲击力不够,缺乏整合资源能力,缺乏及时调整和寻找策略的能力,长期保持以静态的思维方式去面对现实的变化,而且难以做出及时且必要的调整，同时，突破力不够的校长，在认知上给自己太多的"假设"与"限制"，让自己陷入在"无解"的循环中，很难突破自己。"职能化"校长成长意识不够，首先，自己拒绝成长。关于这个观点，大多数人是不承认的，他们都会说自己没有拒绝成长，其实，这就是最大的问题。其次，他认为自身的能力足以满足岗位需要，同时把出现的问题与困难归咎于外因，任何能力和任何人都没办法化解，这就是"外归因"。再次，是个人综合能力不强，自身的能力与校长岗位要求，存在明显的"短板"，使之力不从心，但又不敢于正视与面对。最后是岗位目标定位不高，没有岗位与职业追求，他们的工作标准是"过得去"，认为过得去就是不错了，通常会放眼自己所在的区域同岗位中，与那些"岗位化"的校长相比较，觉得自己已经很优秀，很努力了。秉持这一想法的校长止步不前，难以上升到更高层级。

03 "责任化"校长

优秀型校长，称之为"责任化"校长。他工作的目标是为了诠释校长岗位赋予责任。"责任化"校长，都有3—5年以上的校长任职经历，有些校长任职时间会更长些。从"职能化"校长走向"责任化"校长，需要时间相伴，需要学习守护，需要成长支持，需要情怀呵护，需要追求守望，否则，很难走到优秀型校长的层次。有好多校长可能做了十几年，甚至几十年的校长，自始至终都没有迈过这道坎，终究只是在"职能化"校长的层次，或者是走在"职能化"校长与"责任化"校长之间的通道上，最终都没有勇气、没有毅力、没有能力去推开"责任化"校长的那扇门。

"责任化"校长具有"目标感明确""学习力持续""综合能力强"等特性，他们的"目标感明确"，是因为他已经从岗位职能意识上升为强烈的岗位责任意识，把学校发展、教师发展、学生发展视为己任。能够瞄准目标、整合资源、寻找策略、持续坚持工作，并且会根据实际情况，在大方向、大原则、大目标不变的前提下，不断调整阶段目标、调整具体工作标准、调整实际工作方式。"责任化"校长具有明显的"目标思维"，目标思维的特点是"目标导向下的策略与资源思维"，拥有这种思维的人，有"逢山开路，遇水架桥"的勇气、魄力与能力。"责任化"校长的"学习力持续"。"学习力"为什么重要？它是保证学习效果与效率的重要支撑，是知识与能力得以持续更新的保证；"学习力"还表现在，我们不再以静态的认知、能力、方式去应对不断改变的世界与事物。正是由于"责任化"校长有持续学习力，才能保持"责任化"校长有源源不断的观点、方法和解决问题的策略；"责任化"校长的"综合能力较强"，既是专业人员，又是管理人员；既是教育行业一员，又是社会治理一员；既要是教育教学方面的专家，又要是教育教学管理方面的行家，还要是社会治理的内行。新时代背景下，对教育和学校要求很高，对校长综合能力要求就更高，这些要求包括但不限制于政治能力、政策能力、社会治理能力、教育教学管理能力、教育教学能力、教研科研能力，等等。

优秀型校长对于学校、对于教师、对于学生、对于家长来说是"福音"。当然，对于教育也是"福音"，理论上说，每位校长都应该具有"责任化"校长所应具备的品质、素质、能力和追求。当然，不能期待每位校长都能做到"责任化"校长这个层级，可是世事难料，造化弄人，有好多事情，不是校长本人努力所能达到的，致使一些校长与"责任化"校长"失之交臂"，如果是这样，倒并不可怕，只是可惜。真正可怕的是，没有如前所述的外部条件影响，而是因为校长本身的缘由与条件，使之没有成为"责任化"校长，或者说，有一部分校长，压根就没有成为"责任化"校长的想法与追求。如果是这样，我们要为教育"掩面而泣"，这是教育的"悲剧"。

04 "生命化"校长

卓越型校长，称之为"生命化"校长。他的工作是让工作价值与生命意义有机融为一体，不分你我。"生命化"校长是校长职业的"天花板"，是校长岗位中的"极品"，卓越型校长是教育家型校长。"生命化"校长不仅是行业的"楷模"，也是社会的"榜样"，是教育的"珍品"与"宝贝"。

"生命化"校长会把教育融入他的生存、生活和生命之中，教育对他来说不只是职业，而是诠释其生命的价值与意义；校长对他来说不只是岗位，而是诠释其生命价值与意义的平台。"生命化"校长的特质很多，这里只从他的"通俗、通达、通透"三个方面来阐述。

"生命化"校长的"通俗"：无论是他的教育观念、教育追求、教育策略，还是他的治校理念、办学方略、育人方法、课程建设、队伍建设、督查评价等方面都是遵循教育规律与教育理论，坚守教育发展与育人目标；他的教育表达和教育行为通俗易懂，生动简约，而不是像有些学校与校长那样故弄玄虚、生涩隐晦，让人云里雾里。卓越型校长的"通俗"，看起来简洁明了，可仔细想起来，却另有深意，让你像在追一部喜欢的剧一样，可谓是"俗在简明，雅在简洁，深在简朴"。

"生命化"校长的"通达"："知游心於无穷，而反在通达之国。"教育者与教育目标，教育内容，教育策略，教育资源，教育环境和受教育之间要"通达"。教育中的"通达"可理解为教育的"融会贯通"，只有对教育理解能够融会贯通，教育管理与教育过程之间融会贯通，还包括但不限定于，教育者与受教育者之间，教育内容与教育方式之间，同学科不同内容之间，不同学科之间等诸多方面之间的"通达"。校长只有真正"通达"，他的办学治校就可能融会贯通，办出有品质、有品位、有品性的学校；培养出有理想、有思考、有情趣的学生；带出有理想追求、有共同愿景、有成长意识的团队。

"生命化"校长的"通透"：通透是清澈透明，出自唐朝韩愈《南山诗》"蒸岚相颎洞，表里忽通透"，可以理解为通彻、明白。我们在生活中，形容非常智慧的人，都会说这个人活得"通透"。校长要能在教育领域与非教育领域，在个人、他人与我们，在教学与育人，在教育资源与教育策略，在课程建设与教育评价，在教育治理与学校发展，在教师的教与学生的学，在学校当下目标与学校长远理想等方面"通透"，这需要校长理解教育的本质内涵，并且对其内在逻辑联系有着深邃独特的认知，这对人的要求是极高的。校长的"通透"，就会让教育那些事儿、学校那些事儿变得清楚、清晰，自己也会保持足够的清醒，而不会迷糊、迷惑，从而迷失方向与根本，这不仅是重要的，而且是难以做到的，也是卓越校长真正的"功力"。只有校长真正的"通透"了，才能坚守教育理想，坚守教育规律，坚守教育人的良知，在面对其他的诱惑时，均无法撼动他的教育情怀与教育追求，这样的校长，才能称之为"校长"，才是校长们终身追求的"样子",也是大家心里的"样子"。

"生命化"校长对教育、对社会、对人类有关爱之心;"生命化"校长对学校、对教师、对学生有怜爱之心;"生命化"校长对生存、对生活、对生命有挚爱之心。"生命化"校长让教育融入生命,让生命拥有教育的"基因"。时代呼唤卓越型校长,教育需要卓越型校长,学校需要卓越型校长,学生成长更需要卓越型校长。

谁做校长?这是教育发展的大问题,是局长、校长们必须想清楚的问题,更是老师和同学们时刻期盼解决的问题。

"二层次十要素"
——校长领导力的构成

"校长难做,现在的校长更难做",这是每次和校长交流听到最多的一句话。正因为校长难做,所以校长才要"筛选"。要做好校长,首要的就是解决校长的领导力问题。

校长领导力大致可以从"二层次十要素"来分析。二层次,即校长的个人素养层次和校长岗位能力层次,前者是后者的基础。校长的个人素养层次包括公信力、学习力、反思与修正力、坚守力、文化力五个要素;校长岗位能力层次包括判断与决策力、执行力、服务力、协调与协作力、教育力五个要素。综合起来即是十要素。

一、校长个人素养层次
(一) 公信力

什么是"公信力"呢?举个例子,同样一个单位(部门、地方),什么也没改变,只换了一位主要负责人,也就是俗称的主要领导,结果单位(部门、地方)的工作状态、人文环境、单位秩序以及工作效果就有了翻天覆地的变化(有的是正向变化,也有的是反向变化)。我想,只要有五年工作经历的人都经历过或看到过别的或自己的单位(部门、地方)有这样的变化。

这是什么原因呢?

有人说,是这个领导与那个领导行事风格不一样;有人说,这个领导没有那个领导"亲民";有人说,那个领导和这个领导处事方式不一样;还有人说,那个领导口才不如这个领导好等。

我认为，上面说的这些不是问题而是现象。真正的问题是对于这个单位的负责人，大家不信他了——这个不信，就使这位单位负责人失去了"公信力"。大家为什么会不信他呢？是因为他从价值观到做事方法，从能力到策略，从为人处世到工作效果都不"被大家认可"。

校长是一个特别的"单位负责人"，他有其他单位共有的职能与职责，同时又有不同于其他单位的责任与使命。

简单地说，校长是"在小环境为天地之大事"（校园小、教师和学生在别人眼里也并非"顶天立地"，但做的是在天地之间传承文化与传播文明的大事），正因如此，校长的"公信力"尤为重要。校长的言行举止、观点判断、决策规定等方面都会通过不同渠道、不同方式、不同时间进行传播，对师生、对学校、对教育、对社会产生影响。

经常有我"不认识"的人，叫我校长或老师，我为了知道对方的信息，都会问，你是什么时候在学校就读，哪位老师是你的班主任，任课老师都有谁等。我"不认识"的同学不但会回答这些信息，往往还会说一些我记得的或怎么也记不得的"名言"与做过的事情，目的是证实他（她）是我的学生。当然，这些说给我听的场景、事例和"名言"大都是让我"长脸"的。可是，谁知道还有多少我做老师或校长时"丢脸"的场景、事件和"名言"，他们没有说出来？

校长的公信力是做校长的底线，也是做教育与办学校的底线。公信力体现的是校长的人文素养，也是校长专业、管理与价值的素养。

（二）学习力

教育服务于成长，成长源于不断的学习。为什么现代教育不再强调"培养"，而更重视"成长"的表述，这不是简单的用词的变化，而是对教育理解的不同。"培养"更关注外部的教育力量，更关注教育的社会功效，特别是成功，而"成长"主要关注的是教育的内在作用，在关注教育社会功能的同时也关注人的需求。

为什么很多成年人拒绝学习，理由是"我无欲无求"。这就反映出对教育与学习的理解偏差，成人学习热情的下降与他的年龄、身体、阅历有关，但和他个人的学习目的更有直接关系。

学习力其实说到底就是生命力，是一个人对生命的理解与尊重的表现。学习力不同的人对生命的理解与尊重是不同的，拥有持续学习力的人对生命的理解和尊重更完整且深刻。

校长的学习力在某种意义上就代表学校生命力与师生对待教育、对待学习、对待生命的态度与程度。

学习力主要包括学习需求、学习意识、学习习惯、学习能力，它们构成一个整体，且互相联系、相互促进。现在有些校长缺乏学习力，其实最为明显的是缺乏学习需求，这与成年人本身对学习、对生命、对成长的理解有关，也与当下社会资源分配、社会评价有着重要的联系。然而，无论如何，校长都应该把学习与自己的职业岗位牢牢捆绑在一起。

（三）反思与修正力

反思是自我教育最为常见的方式，也是自我学习的最佳方式，反思可以称为主动学习与有效学习的"范式"。反思的目的是什么呢？是坚守与修正，坚守该坚守的，修正该修正的，所以说反思是成长，成长是完善，完善缘于坚守与修正。

校长无论是作为个体（与岗位无关的自然人），还是作为岗位职务都应该拥有反思与修正的能力。

现在有一种奇怪的现象，就是一味地强调管理者的非规律与非客观的"决断"，把这种所谓的"决断"与决策力混为一谈，把"决断"与能力、决心及工作忠诚度进行对应。真正好的管理者应该是先了解情况与听取各方各层的意见之后，再思考并寻找相关的策略，然后不断反思与修正，即做中改，改中做。

反思与修正与其说是一种能力，不如说是一种思维与习惯的品质。改变自己与对自己说"不"看似简单，其实并不容易，有认知系统"灯下黑"的盲区，有一直自我成长"认可"的信任与信心，还有随时都有的"脆弱"与"骄傲"，都是自我改变的"拦路虎"。

校长如何锻炼反思与修正能力呢？校长切实地以成长为目标，切实承认每个人都会有盲区——知识盲区、信息盲区、认识盲区、判断盲区等，同时深知自己肩负的使命——教书育人、办学治校等才会让反思与修正的能力和习惯得以养成。

（四）坚守力

校长的坚守力指的是校长对教育理想的坚守，对教育初心的坚守，对教育规律的坚守。教育有些方面会随时代变化而变化，有些方面无论时代如何变迁也不会变化，正因如此，变革时代的校长坚守力才尤为重要与珍贵，因为教育的坚守，就是人类优秀文化与文明的坚守。

学校在社会之中，围墙再高、校门再紧都是社会的一部分。治校办学，看似校内之事、师生之事，但无论时间还是空间、形式还是内容、对象还是评价，其实早已跨出了校园，跨越了师生，成为"公共空间"的一部分。正因如此，教育就更要有自己的"定力"，这种"定力"不是固执与较劲，而是专业素养自信下的坚守。

（五）文化力

学校文化是学校的"血脉"，更是学校的精神所在。作为学校"首席"的校长，更是学校的"形象"与"品牌"，校长本人的文化素养与文化气质不仅代表学校，更会影响学校。客观上说，当前校长身上展现出的"生存"文化与"资源"文化还是很多的。所谓"生存"文化，就是校长们为了学校生存，对内安抚调整，对外争取空间；所谓"资源"文化，就是一些占据天时地利人和的学校优势明显，校长们长期处于被尊重、被认可、被请求的环境，优越感自然而然地产生，与师生群体有距离感。

个人认为，这两种文化都不应该是校长身上表现出来的文化，至少不应该是主流文化。

校长文化力还体现在办学治校方面，文化立校、文化治校、文化强校的观点乃至"墙体文化"与"口号文化"已经不是"盲区"。现实学校处处充满着规范管理、竞争排名、事事评比、人人焦虑的忙碌与抱怨，与学校传播的"团结，紧张，严肃，活泼"的文化形态相去甚远。

学校文化是在时时、处处、事事、人人上体现的，包括为人处世和规范制度，这些都和校长的文化力密切相关。

二、校长岗位能力层次

（一）判断与决策力

校长面对的工作复杂而琐碎、专业而多元，有些事情需要及时处理，有些事情的决策会影响学校长远发展，这对校长的判断力是一种考量。判断是一时一刻的，但判断力的形成却不是一朝一夕的。

校长的判断力需要积淀，同样需要培养。校长如何培养与训练判断力，可以用"一看、二听、三记、四推、五比、六思"来进行。一看，就是观察；二听，即多听和听多（听不同方面不同立场的意见）；三记，就是事前、事中、事后学会用笔记录；四推，做一件事前，需要反复推演，如同军事沙盘推演一样；五比，面对任何事情与信息要进行比较，只有比较才有鉴别；六思，经验之所以是经验，因为没有深思与梳理，没有认真思考就很难有理性的分析与提升，只有理性分析与梳理才可能形成判断力。

有了准确的判断力就可以做决策了，决策力是校长的又一重要能力。有人认为决策是胸怀、是勇气、是担当、是取舍，我赞同这些观点，但我更喜欢这样理解决策，即决策是慎思后的选择、是价值的坚守、是看到拐角后的行走。

很多人会埋怨校长"朝令夕改"，这里至少有三种现象：现象一，外界原因导致不得不改；现象二，决策前没有准确判断，导致决策不准；现象三，决策后听到、看到、想到什么便决而不断，决而不做。现象一，能理解"没办法"；现象二，是决策机制不畅通，决策者能力有待提升；现象三，则是决策者综合素养一般，对决策目的、决策面临现状以及决策后执行等缺乏基本认知与思考。

（二）执行力

校长是设计者又是建设者，是判断决策者又是执行者，所以说校长是极特别的"单位负责人"。校长执行力不仅体现在落实党和国家教育方针以及系列法律、政策上，还体现在学校教育教学工作、行政管理等工作上。

校长执行力是校长外显力的重要表现，同时也是校长各项能力"穿针引线"中的线。可以说校长执行力是其基本与基础能力的保障。

很多校长有理想、有理念、有规划、有路径，但就是缺乏执行力，结果只能"坐而论道"。

按能力层次和行事顺序来看，执行是最为基础的层次。一般学校校长的成长历程都是从普通教师到学校中层，再从学校中层到校级副职。从普通教师到学校中层一般源于专业、态度和业绩，而学校中层在学校的作用是"承上启下"的中坚执行者。

毫不夸张地说，没有执行力的校长是选择了"骑虎难下"的岗位，为难自己又为难教育，包括为难同事、学生和学校。

（三）服务力

管理就是服务，只不过与其他的服务方式和内容不同。校长的服务力就是校长的管理能力，校长服务的对象是教育（学校发展、学生成长和教师成长）；校长的服务方式是用教育规律、管理与评价、课程等为学校寻找资源；校长的服务目标是让每个学生在学校都能积极健康成长、让每位老师幸福成长、让学校持续有效成长。

校长的服务力源于何处？校长服务力源于个人定位、岗位定位和责任定位三个方面。

校长的个人定位就是自己的人生价值与人生规划，有什么样的人生价值就有什么样的目标，就有对人生意义与方向的不同解读。有些校长服务意识很强，因为他认为为他人服务才是他的价值体现；而有些校长服务意识淡薄，因为他认为被他人服务才是他的价值体现。人生规划说到底是自己想做什么样的人，过什么样的生活。一名校长的人生规划会影响他的职业规划，也会影响他的职业思考、职业路径与职业行为，最终会影响到他对"服务"的认识与解读。

校长岗位定位是指校长本人如何理解校长岗位。不同的人对"校长"的认识是不一样的，不同校长对"校长"的认识也是不一样的，正是这种不一样的认识，带来了不一样的"校长"。

校长的责任定位是校长认识与看待校长岗位的又一个缘由。我去过很多学校，听过很多校长的讲座与介绍，与很多校长交流过，我自己也做过四所学校的校长和书记，对校长责任定位形成了自己的基本判断。

（四）协调与协作力

团队是校长工作的主体，面对团队、构建团队、引领团队，与团队一起成长和面临挑战是校长工作的常态。协调与协作是校长工作中经常面临的事情。

每天有见不完的人、做不完的事、开不完的会，这是校长们经常无奈的吐槽。还有校长问，什么时候才能让我安安静静办学校、做教育。这里有一部分原因的确是来自外部一些"不必要"的干扰，这些干扰已经严重影响了学校的"主业"，也影响了校长的工作。毫不客气地说，这些干扰已经悄悄改变了中国的校长——校长已经不再是办学、做教育了，或者说办学、做教育已经不是衡量校长工作与业绩的主要指标了。即使如此，校长们还是必须清晰地认识到校长工作充满协调与协作，而这些就是校长"安安静静"办学、做教育必须面对的。

校长的协调能力涉及校内与校外、单位与个人、教师与学生、政策与资源、人文与生态、平台与渠道、教师与学生、家长与居民等。教育本身就是社会的一部分，必然会与社会各阶层、政府及各部门、社区及家庭以及其他行业发生各种关系。学校教育不可能孤立存在。校长的工作性质就是整合与协调各种关系，这就需要校长有超强的协调能力。

校长都会强调团队建设，强调团队中的成员协作。校长在团队中往往以领导人、负责人、指导者、监督者等方式出现。其实校长在团队中的作用与定位是多元的，有时是首席、有时是中轴、有时是演员、有时是观众、有时是剧中人、有时是局外人、有时是监督者、有时是被检查者等。

（五）教育力

校长做的一切工作都是为了服务教育，让学生健康成长、让教师专业成长、让学校持续成长。

校长的教育力主要体现在教育价值与学校定位、校长教育专业素养两个方面。

校长的教育价值与学校定位，表现出校长核心与基础的教育能力。每所学校都有校训、校风、办学理念、办学目标、学校文化等，这在一定程度上体现为校长对学校、对教育的理解与追求。每位校长要思考的第一件事就是办一所什么样的学校,老师要如何发展?学生要成长成什么样?然后再去调研——了解——盘点——咨询——问诊——寻找策略等,而不是一上来就"提斧抡锤"大修大改。校长寻找的策略与方法背后就是他的价值与定位,现在校长普遍认为很难实现自己的教育价值与学校定位,在于受制因素太多了。

首先,必须承认校长说的事情是客观存在的,而且对校长办学治校的影响是很大的,主要表现在评价的指挥棒让校长不得不改变,校长的时间和精力受到很大牵制。

其次,一些校长对自身岗位认识也存在偏差,至少没有充分认清校长工作的复杂性和挑战性。

最后,一些校长过于强调和依赖外界的客观环境与条件,没有以最大努力去做一些力所能及之事和一些改变自我之事。

校长专业素养是校长教育力的另一个支撑,它包括专业精神与专业能力。就目前来看,大家更注重教育专业能力的培养,对教育专业能力的关注度要远远高于教育专业精神。因为在潜意识中,大家认为专业能力看得见、用得到,而专业精神难以"物化",且难以判断与评价。

教育专业能力的提升是明显的,而且是容易外显的。教育专业精神的发展是缓慢的,是教育者专业灵魂的支撑,这需要不断地自我对话、不断地与教育对话、不断地与社会对话,只有长期如此才会不断丰富自己的教育专业精神。

教育难,是因为教育本身就应该难,所以,教育才是科学,才是艺术,才需要专业人士来做。

学校难,是因为学校从事的是教育,而且还不是几个人的教育,而是成百上千的人的教育。

所以,学校需要校长,更需要"能人"做校长,而这种"能人"最集中的体现就是有着良好而坚实的领导力。

校长领导力建设

领导和领导力一字之差，则意差千里。

"领导"是领导者为实现组织目标，而运用权力向其下属施加影响力的一种行为或行为过程。领导工作包括五个必不可少的要素：领导者、被领导者、作用对象（既客观环境）、职权和领导行为。领导者，指在正式的社会组织中经合法途径被任用而担任一定领导职务、履行特定领导职能、掌握一定权力、肩负某种领导责任的个人和集体。

"领导力"就是指在管辖的范围内，充分地利用人力和客观条件，用最小的成本办成所需的事，以提高整个团体办事效率的能力。"领导力"是一种影响力，影响团队做正确的事情，是领导者追求的能力目标。"领导力"和领导能力有相关之处，但并非同一个概念。领导能力是为了获得领导力的工具和技能。

"领导力"可以用模型具体化，一般可以分为以下六种能力：学习力，构成了领导者超常的成长能力；决策力，构成了领导者高瞻远瞩的能力的表现；组织力，表现了领导者选贤任能及聚集资源的能力；反思力，即总结反思的能力，总结工作中的成败得失，反思该如何改正提升，为进一步发展作准备，这样不断地把工作推向前进；执行力，让领导者具有快速、有效的行动能力，且能在各种环境采用可行的策略的能力；感召力，更多地表现为领导者吸引团队，用大家熟悉且认可的形式，让大家信服且人心所向的能力。

校长是领导者。作为校长的我们，面对着诸多的学生和教师，以及学生背后有家长这个更大群体，还有更为宽泛的关心关爱教育发展的社会各界人士。校长还要有效地组织教师与学生开展各种教育教学活动，落实党和国家的教育方针，创设适应学生健康成长的良好育人生态环境，为师生搭建共同成长、共同生活的平台……

做好一名校长，除了需要工作热情、态度积极、愿景明确、坚持不懈，还应具有一种能力，那就是"领导力"。如何让校长不只是一个岗位，也不是只拥有岗位所赋予的权力，如：行政的资源、督查评价、话语等权力，校长更要拥有前文提的"六种能力"。

01 仁爱之心、平常之心、承受之心、成长之心

校长领导力，要从校长本身素养出发，这是校长领导力的基础性因素。

做一个什么样的人？或者说校长应该给人一个什么样的形象，是校长个人素养的价值定位。校长应该是一名有"仁爱之心、平常之心、承受之心、成长之心"的人。

"仁爱"，为宽仁慈爱、爱护同情的感情。"教育以慈悲为怀"，是杭州王崧舟老师对教育的诠释。校长是学校之魂，学校之根，校长之心就是学校内涵之始的重要起因。

让每位学生都爱上学校、让每位学生都能在校园里健康成长、让每位学生都去发现和寻找一个更好的自己，道出了教育与教育者的"慈悲"之心。而面对教育的"功利"，社会对教育要求的"无序和多样"，教育与教育者面对如此复杂而脆弱的教育生态，的确有时难以静下心来"慈悲与仁爱"，更多时间都会人云亦云。正因为难，才显得可贵；正因为难，才显得更有价值。"仁爱"来自于校长对教育的理解，来自于校长对教育的情怀，来自于校长对教育的追求。没有理解教育的人，不知教育为何物，"不识庐山真面目"；没有教育情怀的人，不会对教育情有独钟，他们或许半途而废，或许另攀高枝，或许得过且过；没有教育追求的人，不会坚守和坚持，更不会"痴情"于教育。

教育首先是爱，没有爱就没有教育。教育是没有选择性的，校长与教师不能选择教育对象，只能根据学生的学习兴趣、学习能力、思维能力、学习方向的选择等给予应有的帮助与引导。学生选择学习是学生最大的学习权利，校长与教师无权剥夺学生选择学习的权利，学校不能完全按照学生的实际和要求提

供服务，校长与教师必须要尊重和理解学生，这就是爱，校长的教育之爱。如果我们只从成人认为的社会需要或学习成人认为所需要的能力，去确定学生的学习目标、学习内容、学习方法等，这不叫爱，而是要求。学生选择需要成人的帮助，如家长、老师、其他成人等，但有些选择是成人替代不了的。尤其现在学校教育变成了学生的职业训练场，我们成人所谓的"好心与帮助"，可能对学生来说是强加的"野蛮"。面对这种情况，更需要校长有"仁爱之心"来帮助教育，帮助孩子，只有具备仁爱之心才有办好教育的可能。

教育是伴人成长的过程，如同孩童"牙牙学语"一样。学校教育是现代人成长的必经过程。有人说学校教育是孩子走向社会前的"实习"，其实学校教育就是孩子生命的一部分，他不是孩子的"预科班"，而是真正生命与生活的一部分。如果我们把学校的学习当成孩子以后生活的"演习"，学校教育就不可能正常，教育势必走向"歧途"，教育人也难以用平常之心办教育、做教育。

原本正常和平凡的教育，不知什么时候被"折腾"得不正常、不平凡了。校长面临着不同的声音、不同的诉求，有时也彷徨、有时也怀疑，好似行走在有雾的路上。校长的迷茫会直接导致教育的迷茫、教师的迷茫和学生的迷茫。遇到纷繁多彩的世界，校长要不忘初心，方得始终，此时的校长没有比拥有一颗"平常之心"更为重要，只有这样才可能拨开重重迷雾见到庐山真面目。

"承受"，是指接受，承担。大家都说现在的孩子脆弱，承受挫折的能力不强。教育又何尝不是，我们的校长、教师面对挫折与困难又有多少人能平静应对。究竟是什么原因让教育、孩子、校长和教师变得如此没有承受力，姑且不做过多的分析，但有一点是可以肯定的，就是我们追求的东西太多了。"教育走得太快，灵魂跟不上了"，赋予教育的"附加值"太多，让教育承受不了。

校长要学会做减法，有些事要化繁为简，有些事要大处着眼小处着手，不要事必躬亲，尤其是明知不可为的，尽量少为之；明知不可为的，又可不为的，可以不为；难为之的，但又必须要为之的，那一定要为之。分类对待事情，也是增强校长承受能力的一种方式。校长还要学会厘清事情的轻重，辨析事情的真伪，注重事情的缓急，这样就能避免遇事慌乱，使问题夸大化和复杂化。

校长抗压能力。由于岗位职责，总会遇到不同的问题与困难，校长有时也会成为老师、家长甚至学生的"出气筒"。校长有时会遇到突发事件和社会性问题，让校长备受压力，这些事情都考验校长的承受力。

教育就是"成长"。成长是一辈子的事情，成长不再属于年龄范畴。校长的成长之心，源于校长认知。校长对教育也要用"成长"眼光，看教育不但要看得远，还要看得清。"看得远"是指看到教育目标是为了学生成长；"看得清"是寻找教育过程中的"机会"。

教育是慢的艺术。"慢"体现在成长时间，"慢"体现在成长需要耐心，"慢"体现在成长需要看得长远，"慢"体现在成长是在不断反复且不断校正的过程中。校长有了成长之心，就有心体验与接受教育的"慢"；校长有了成长之心，就有理解每一位学生的成长速度与成长方向；校长有了成长之心，就能接受教育结果的多样性，也不会用同一公式计算学生成长的速度，用同一目标预测学生成长方式。

校长的素养，除了上述的"四心"外，还要努力使自己成为优秀的"学习者、沟通者、合作者"。

02 校长应成为优秀的"学习者、沟通者、合作者"

学习者最显著的特点是终身学习。终身学习的概念早已风靡全球，是否深入人心就不得而知，身体力行的践行者应该寥寥无几。校长无论是自身成长，还是岗位的职责，都应该是一名忠诚的终身学习者。

学习是一种生活态度。学习者，首先是成长者，人除了生理和心理的成长，还有思想、价值的成长；其次是探索者，探索自我和自我以外的未知；也是分享者，分享一切喜怒哀乐；还是开拓者，开拓性工作、开拓性思考、开拓性观察。

阅读是学习者最常见的学习方式。阅读是学习方式中自由度最高的一种方式，不受内容、时间、地点等条件限制，是成年人较为普遍的学习方式，可以满足不同类型人群的需求。成年人还有一种学习方式，就是培训。培训是较为专业的学习方式，系统、专业、拓展、探讨是培训学习的关键词。

主动学习是学习者的明显特点。校长应是"放养型"学习者，动力在于成长、探索、分享、开拓的价值取向。判断校长是否是学习者，不是看学问多深、也不看学习兴趣多高、更不是看采用哪种方式学习，而是看学习意识如何。如果有强烈"觅食"式学习意识的校长，就可以称之为真正的"学习者"。

沟通是一种领导力。有数据显示，导致人成功的因素很多，其中75%的原因来源于沟通，25%是天赋加能力。以上数据是否科学还有待于进一步论证，但沟通在人取得成功的因素中的重要性是不可置疑的，也是领导力的重要组成部分。

沟通的目的是相互了解，消除误解，达成共识。有效沟通是学校工作成功的关键。有资料统计，有效沟通包含三个方面内容：沟通内容、沟通肢体语言和沟通人的声音。其中沟通内容对沟通效果只有8%的影响，肢体语言和声音对沟通效果的影响占37%和55%。大多人认为，会议、告知都不是真正的沟通。沟通不是单向和单一的信息传递，沟通必须是双向互动和回馈的。

要想达到有效的沟通要具备三个要素：时间、情感和内容。时间，沟通需要充裕时间，往往由于事杂人多，会让沟通草草收场，这种情况影响沟通的效果；情感，沟通是否有效的关键要素，因为有效沟通的前提，建立在坦诚文化的基础上；沟通与情感是"怎么谈和什么时间谈"的问题；内容，则是谈什么，这是沟通的核心要素，内容决定沟通的目的。

校长的沟通能力，决定校长的管理效益。笔者的观点：解释不如沟通，埋怨不如沟通，指责不如沟通，推卸不如沟通，说服不如沟通。有效沟通是学校管理的关键。

管理者往往存在"你去干什么？""你要怎么干？""你为什么不干呢？"的思维方式。有些管理者把自己定位为派活与监工式"工头"，其他人只能等待"派下来的活"和"应付工作"，不主动思考，不积极，也不敢于承担责任。企业现在比较流行发行员工股，让企业管理层、技术骨干、销售骨干等员工拥有企业的股份，让员工从打工者向合伙人转变。

校长在学校里与教师、与学生、与家长也应该是"教育合伙人"。"教育合伙人"，首先是身份的平等，让每个人成为单位、岗位、目标和责任的"主人"。其次是意识和心态的认识。"教育合伙人"建立在平等、共建、互助、共赢的基础上，领导者的职能不再是单一决策、监督和考评，他更是参与者。再次是行动和策略的认同。校长需要思考，更需要行动，在策略方面要思考怎么做，还要思考团队成员怎么想。最后是利益共同体。校长要与团队成员一起追问学校办学目标，追问学校的办学行为，追问团队不同阶层的利益需求，找到个体和团队的利益结合点，形成团队共同利益的价值取向。

03 校长工作策略：章程、课程、平台、文化

工作策略彰显校长领导力。策略是达到目标的重要因素，没有有效的策略，目标只能成为"很难达到或不可达到的遥远的念想"。校长需要有明确而科学的目标，还要有切实可行而又有智慧的工作策略。下面从章程、课程、平台、文化四个方面谈谈策略。

让章程说话。章程与制度内涵及外延有重叠，两者也有不同之意。章程更接近约定，它更需要团队建设、团队文化和团队精神支撑，否则章程无法制定与落实。团队有了基本的共同愿景，才能制定章程，发挥章程作用，章程服务于团队共同愿景，否则章程就是制度。制度的行政意识更浓些，章程的团队共同需求意识更多些。

谁需要章程？有人说是管理需要章程，有人说是管理者需要章程，也有人说是团队的其他成员需要章程。笔者认为，是团队共同愿景和共同价值需要章程。现实的团队中大多数人认为是管理者需要章程，也会有人说是管理需要的，很少会说团队成员和团队共同意愿与价值需要章程。作为校长首先要让团队成员对章程理解与认同，这就需要大家从"谁需要章程"的问题入手，只有明确了谁需要章程，章程才可能说话，章程才可能说有用的话。

需要什么样的章程？章程就像对美的理解一样，仁者见仁，智者见智。团队成员持有不同的观点与立场，使章程形成变得异常艰难。

章程最核心的和最难的环节就是制定。一般团队在章程制定时都有两个明显的特点，一是集中时间讨论；二是尽量完善团队的制定，并尽可能一次完成章程制定的所有工作。其实章程制定，需要基础性条件，没有达到这些基础性条件的团队制定出来的章程，如同没有"足月"的早产儿，先天不足。

作为校长的我们,到一所学校工作,首先就是融入学校,而不是改变学校。所谓融入学校,指校长要理解和认同学校,同时校长也要被学校认可,建立"一家人"式的情感认知;其次学校的章程不是"一定天下""一锤定音",所谓"一定天下"就是想要类似于某国的宪法,"一定"几百年。章程不是学校"宪法",而是"程序法";学校的"宪法"是学校的办校宗旨、办学目标、教育理念等;作为学校"程序法"的章程不可能"一定天下"。学校发展史不应该是校长的变化史,而是章程的完善史,由此,"一锤定音"只能说是校长幼稚而美丽的肥皂泡。学校不是先建立章程而后工作的,而是在工作推进过程中发现问题、寻找原因、获得路径,再形成学校章程。

章程制定与其说是各方"利益"的追求,不如说是各方"价值"的取向。章程不仅仅是约束人,而是最大程度地给人自由空间。如何制定章程呢?"价值、参与、渐进、具体"是章程制定的四要素。

"价值"是指团队价值取向和团队文化,这是制定章程的基石,如何营造团队文化与价值观是校长制定章程的先决条件,没有良好团队共同愿景的环境无法制定出利于团队发展的章程。

"参与"是章程制定的资源,选择权是最大的权力,只有让章程相关人员参与章程制定,章程才可能真正表达共同的需求而非部分人的要求。

"渐进"是章程制定的常规,无论是结构性的完整,还是内容方面都需要渐进的过程,这个过程是章程自我完善过程,同时也是团队各成员接纳与认同的过程。

"具体"是章程制定的表现,章程要具体且便于操作,杜绝出现大而空的"远景与规划"。

这些内容应在原则和总则中叙述清楚,章程内容要明确做什么,怎么做,做得怎么样;评什么,怎么评,评价的结果如何使用。

校长应从要求大家干什么事,怎么干,干得怎么样三个维度和大家讨论团队共同愿景,达到愿景的策略与路径的转变。只有团队拥有良好的共同愿景,并一起寻找相应策略与路径时,章程就成了团队行动纲领和行动标准,校长只需不断为章程实施营造氛围,提供服务,把握原则,章程的效益就能得以彰显。

让课程说话。课程是指学校学生所应学习的科目总和及其进程与安排。广义的课程是指学校为实现培养目标而选择的教育内容及其进程的总和，它包括学校老师教授的各门学科和有目的、有计划的教育活动。学校在课程建设过程中，一是如何让国家和省级课程在学校得到有效落实；二是如何根据学校文化、资源等因素，并在国家课程标准下制定适合本校的校级课程。

学校落实国家和省级课程，其实就是学校在以课程为主线开展教育教学活动。学校的各种资源大多数都服务并围绕着这一主线而进行各项活动，这些活动有效性直接决定了学校教育教学质量，即给学生一个什么样的教育。

校本课程是根据学生需求，为学生健康成长提供可选择的课程。校本课程有以下几个特点：一是弥补，弥补国家和省级课程差异化的不足；二是个性化，根据学校文化和区域的特点所制定的具有个性化的学校课程；三是延伸性，校本课程是国家和省级课程的延伸，使其具有可操作性；四是多样性，校本课程要求相对较低，尤其是程序和系统方面，且不具有强制性的必选，可以根据师生的需求，及时提供更多的选择。

学校抓好了国家和省级课程的落实，就等于较好地完成了国家和省级课程体系，实施好教育教学任务；学校做好校本课程建设，就等于挖掘学校和区域文化，发挥学校各种资源，如环境、人文、师资、社区及家长等方面，形成全校师生及社区家长的教育共同愿景。

无论落实国家和省级课程，还是建设实施校本课程，学校都离不开标准、评价、章程、培训和氛围。"标准"是指课程标准，有效地落实课程标准是教师教学的基本要求，也可以说是"唯一"基础，但能真正在课堂上全面有效落实课程标准的教师的确为数不多。"评价"是管理的必需品，怎么评价、评价标准则根据不同的教育理念与智慧来确定，评价不是简单分优劣，也不是分阶层，评价应该是引导，是激发，是反思。有些学校评价后，会让优者居功，后进者埋怨，团队处于被动的迷茫；有些评价后，会让优者反思，激发后进者，让团队知道前行的方向。评价是工作状态的"引擎力"，有什么样的评价就有什么样的工作状态；工作状态出现了问题，多半是评价出了问题，不应该去怀疑和指责员工和成员的能力和态度。章程是团队共同文化与价值的体现；章程是团队行为准则与标准；章程是团队发展内驱力的基石；章程是团队凝聚力的"万能胶"；章程同时也是团队的共同警示与"戒尺"。

标准、评价与章程更多的是管理方面的需求，而培训与氛围更多的是人文与专业的领域。要落实和建设课程单独依靠管理是远远不够的，还需要人文情怀与专业素养。教育的专业化是教育作为一门独立的学科而存在的根本，教育专业包括专业精神和专业素养。教育人的专业精神和专业素养，需要在教育实践中不断积累与反思，同时更需要不断的学习与体验。培训是帮助教育者提升教育专业能力的有效途径。当然培训并非唯一途径，有些教育者能通过自我的自主式学习与反思达到自我提高，但他必须具有三项能力：一是自我提升的强烈愿望；二是自我学习和反思的素养；三是不断学习的信念与毅力。大多数教育者，都是通过培训来改变和提升自我的，培训能给予教育者思路、路径和信心的启发。培训应考虑培训者的培训原动力，如兴趣与需求，培训的内容，如他们原来的知识结构和所希望获得的知识以及培训方式。培训还需要对培训者进行前期调研，培训过程的管理，培训后期的跟踪，如培训结果的使用、培训效果实际使用等，这三者缺一不可。

氛围比制度重要。关于是氛围影响制度，还是制度影响氛围，这是一个如同先有鸡还是先有蛋的问题。氛围与制度是相互影响、相互帮助、相互支撑的。学校氛围与学校人文环境也是如此。

让平台说话。校长要不断地为学校、为教师、为学生、为家长创设不同类型的平台，让更多的人站在"舞台"中间，这不仅是展示性评价，也是学校文化价值具象化的表现。参与了就会理解，体验了就有感悟，投入了才会珍惜，付出了才有反思。观众永远是一个可轻可重、可长可短、可来可去的"评论者"。"评论"源于信息的对称、情绪的表达、视野的大小，评论者站在"局外人"的立场来看，其观点的可采用度就需要斟酌。

让团队的每个人都有机会站在舞台中间，团队中的每个人才会有存在感，有归属感，有成就感。每个人的关注点不同，所以每个人的兴趣也就不同。正因如此，校长要学会量身定做，为不同人群与个体制定不同的舞台，目的就是让每个人都拥有过自己的舞台，而非单一的选拔。搭建平台不仅是校长的工作，更是校长的能力、价值观和视野。平台搭建体现校长的能力，你能把平台建得多大、多高，学校、教师、学生就走得多远；平台搭建体现校长的价值取向，校长的价值观不是靠说，而是做，为学校、为教师、为学生搭建什么样的平台，就是校长价值的关注点、兴趣点和归属点；平台搭建体现校长的视野，校长看得多远，表示想得多远，就可能行得多远，校长的视野决定教育长度、宽度、高度。铺好路，就会有车上路；路铺得多好，车就能跑得多快。

让文化说话。学校文化与校园文化是两个不同的概念。从空间维度来说，学校文化可以包含校园内外，校园文化则只指校园内；从时间维度来说，学校文化可以跨越到建校初始，校园文化一般只是指当前和现在；从存在形式上来说，学校文化一般沉淀于学校内外的人与事，校园文化一般表现为可见的人与物化的"事物"。当然还有更详细的理解和分类，对学校文化与校园文化的定义与界定也有不同的解释。

无论是学校文化还是校园文化，有这几个特征。文化的形成是团队长期实践的积淀，不是短时少数人凭空想出来的；文化的总结与提炼可以是少数人甚至于某个人，文化具有历史性和全体性；文化是团队共同的价值取向和愿景；文化要"高、大、上"，引领我们，更要"低、细、实"，使之可为、能为、愿为；文化要向上生长，生长后就会开花结果，文化还要向下生根，生根才会有生命力；文化就是团队约定俗成的言行；文化同时是面对现实的态度与行为。文化的作用不仅仅是精神领袖，同时还是行动与动力的标杆，是章程的生命起点，是团队氛围形成的源泉。

04 校长不可回避的现实：课堂与作业

校长除了个人素养和工作策略以外，还有一些不可回避的现实，比如课堂与作业。

课堂，是让你心酸心痛而又不得不"爱"的地方。课堂不是用来关注的，而是教育培养人的土壤。教师的教学常规不能替代课堂效果，也不是教师教学能力和教学态度的"代言人"。当前出现课堂改革充当着教育改革的"先锋"现象，各地教育改革都把课堂改革作为主战场，有些学校和区域在课堂改革中取得推广的经验。

真正的好课堂有两个基础性指标：一个是有效的高效课堂；一个是能生存的常态课堂。展示在我们面前的课堂"风景"，可能是真实课堂的"冰山一角"，尤其教育管理者更是"不识庐山真面目，只缘不在此山中"。校长对课堂的了解，无非是各种形式的听课，但真正主动有目的听课的校长不一定很多；还有就是通过教学质量评价、教学常规检查、形式不一的教研式和比赛式公开课来了解课堂，这些方式是否能了解课堂的"全景"，需要我们认真思考。

课堂的内容包罗万象，不仅能看到教师的课堂教学状态，还能了解教师基本专业精神和素养；了解学生的学习习惯、学习状态、学习能力和学习效果，并由此折射出班级和学校文化状态。校长进课堂的目的，不能单一就课论课，也不要就一堂课出现的现象作为对教师的评价，要站在全校教师是否普遍存在的共性问题上来思考课堂。这种思考所带来的不仅仅是校长对课堂的认识、理解和分析，还能对学校诸多教师的课堂有着整体把握、了解和变革。课堂不但是学校教育教学的主阵地，同时也是教师培训的主要方式，更是校长了解学校、了解教师、了解学生的最佳场所和方法。

学生的作业是课堂效果的影子。作业自主完成情况和作业与课标的契合度是作业有效性的核心因素。作业是检测教师"教"和学生"学"的效果的最常规的路径，当下一些作业"量""质""完""纠"四个方面做得并不理想。

"量"是指作业数量，有些教育者粗浅地把学习当成"体力活儿"和"锻炼身体"，认为多做一点作业，学生离学习目标就越近，多锻炼一会儿，身体就健康些。科学研究表明，必要的课后练习不仅对知识的巩固有着不可替代的作用，学生对知识理解、分析能力以及思维拓展都有着积极作用。但是作业的时间与学习效果有一个"量值"，过长的作业时间，不仅不能帮助学生提高学习成绩，反而对学习成绩有负向作用。作业合理"量价"，而不是简单根据难易程度和时间多少来论，应上升到作业影响学生学习的层次上思考。

"质"是指作业布置的合理性。合理性体现在作业的梯度、作业的宽度、作业之间的逻辑等方面。作业的"质"，体现教师专业能力，校长需要高度关注作业，把作业上升到教师专业能力的层面来思考。

"完"是指作业的完成度，指学生独立完成作业情况。教师往往把学生作业完成，当作学生的学习态度、能力和效果来看，这点是对的。学生是怎么完成作业，完成过程中遇到什么问题，教师并没有关注，这点需要加强。其实作业怎么完成、完成时遇到什么问题，才是学生的学习态度、能力和效果的真实体现，这才是校长更应该思考与关注的地方。

"纠"是指学生独立完成作业后，学生面对错误作业的重新思考，这种思考可以由学生独立完成，也可以同学之间商讨或者请老师交流指导。帮助学生纠正学习过程中的"不会""不懂""错误"，是作业的"优势"。

学会寻找"薄弱"中的"优秀"和"优秀"中的"薄弱"。每个团队无论良莠都有薄弱和优秀，优秀的团队之所以优秀，是因为向外展示和带领团队朝着积极、健康、向上方面多些；不优秀的团队之所以不优秀，是因为向外展示和带领团队朝迷茫、怀疑、指责方面多些。校长面临学校酸甜苦辣，无论是人与事都有令人兴奋和令人沮丧的时候，要学会在"薄弱"中寻找"优秀"，能找到"自信与策略"，能化被动为主动，有化腐朽为神奇之功效。在"优秀"中寻找"薄弱"，校长能寻找到"冷静与深思"，能平和面对荣誉与成绩，以创业者的心态面对现状。校长学会在"优秀"中寻找"薄弱"，能让自己变得谦和与谨慎，可以体验山高之险，也可知天外有天。成功与不成功的影响因素很多，其中重要的一条，是前者把困难当作机会来对待；后者是把困难当作麻烦来对待。

第六章
教师：区域教育生态的实践者

说说教师队伍

关于"教师热"

"教师热"一说,是因何而来?是因为近几年来,报考教师资格证人数、报考教师岗位人数、报考师范类学校人数均在提升,且师范类学校录取分数在提高!还是因为出现了综合类大学毕业生,尤其是著名综合类本科毕业生和研究生、博士生"规模化"进入中小学教师队伍等因素,所以作出所谓"教师热"的判断。

我记得,在一次全国性教师队伍建设节目中回应这个问题,我用了两个关键词,一个是"纵向",一个是"缓和"。所谓纵向,是如今选择教师职业的与以往几年比,人数的确有所增多。所谓缓和,是现今教师队伍(包括准教师队伍储备)从数量与部分质量来说,有所提升与提高。可是,教师队伍无论是数量与质量,与当下教育实际需要(解决有没有、够不够的问题),还是当下教育实际需求(解决对应与不对应、行不行的问题)都有很大的差距。具体表现在:教师总量缺编,学科配置不充分,教师门槛较低,教学质量还难以满足教育发展需求。

教育本身的科学性、专业性与艺术性,需要高素养的综合性人才,基础教育同样需要;时代发展推动教育的发展,而教育的发展需要高素养的综合性人才,基础教育同样需要;教育作为公共社会重要组成部分,教育的含义也发生了改变,社会赋予教育的作用也在提升,这种形势之下,更加需要高素养的综合性人才。

如果有那么一天,"教师"成为大家选择就业的前几名,大家报考学校首选

"师范类大学",那么,"教师热"才是真的教师热。那时的教师热才能让教育超前发展。

关于著名综合类大学的毕业生

记得陈志文老师问我:"著名综合类大学的毕业生规模化进入中小学教师队伍,如何看待这件事,对教育是不是一件好事?"

首先,这件事就是一件本应"正常"的事,因为教育是门科学,具有专业性和艺术性,需要高素质综合性人才,有著名综合类大学"规模化"进入中小学教师队伍,对中小学教育有很大推动作用;其次,出现著名综合类大学毕业生"规模化"进入中小学教师队伍(笔者认为是有,而非规模化)本属正常,但让大家觉得是一件值得讨论与"围观"的事,这就"不正常"了;最后,教育具有科学性、专业性和艺术性并未得到社会广泛的认可,教育的重要作用也未真正得到体现,至少基础教育如此。

由此,我更加怀念、敬佩与感恩陶行知先生,他为中国教育贡献了丰富而科学的教育思想。他的教育著作引领中国教育人朝"真做教育"和"做真教育"的道路上前行。他倡导的生活即教育,让教育回归社会,因为教育是社会生活的一部分,让教育回归人,因为人的重要活动与基础状态是生活,让"死教育"回归"活教育",因为人接受教育是为了更好地发展,而不是躲在"空中楼阁"不食人间烟火。陶行知教育思想中最为突出的一点就是,他不但思教育(研究教育)、写教育(著教育文章)、说教育(做教育讲座),同时行教育(做教育践行者)。陶行知的教育人生体现了教育的整个过程,即教育研究、教育论述、教育表达、教育实践。

陶行知是一位高智高知,且有名校学习经历和名师指导机缘,自己又是大学教授。他为什么会离开大学而投身到中小学教育,而且还是农村中小学教育,去教育那些被好多人认为"没有必要"花那么多精力、资源的一群人,这真的是值得我们当下认真思考的重大问题。

记得在微信群里转发教育部等六部门发布的《关于加强新时代乡村教师队伍建设的意见》之后,有好些微信好友私信问我,为什么还要为日益"萎缩"

的乡村教育"浪费"这么多的资源？提出这个问题的，说明他们不了解教育在社会公共治理中的价值，没有真正关注那些需要关注的人（学生、家长和老师），没有从事或从未从事乡村教育，说明他们的家人、亲戚、朋友和熟悉的人没有在乡村学校从教或就读。如果，具备以上其中一项条件，都不会问这个问题。

著名综合性大学毕业生如果"规模化"涌入中小学教师队伍，这不仅是教育的幸事，也从一个侧面证明了社会现代治理水平与能力又达到了另一个新高度。

关于师范类大学或学院的毕业生

关于师范类大学或学院毕业生问题，按道理来说，国家设立师范类大学或学院，就是服务于教育，服务于各级各类学校，为各级各类学校培养高质量教师队伍。客观来看，师范类大学或学院并未把"师范"看得很重，而是以"师范"的特殊性迈向"综合性"，更看重的是"综合性"。当然，把这个责任推给师范类大学或学院是"误判"，但师范类大学或学院为什么要"头破血流"地挤进"综合性"大学行列呢？

师范类大学或学院的师范类学生，他们与其他非师范类学生到底有什么不同？这个不同，是否是教育与教师的科学性、专业性和艺术性所需的？如果是，那么师范类大学或学院的师范类学生就是教师"优质"人选群；如果不是，那么，我们师范类大学或学院就需要从培养方向、培养内容、培养方式等方面思考并改进。

教师资格证的改革，社会上存在不同声音。一种声音认为，教师是一种职业，每个职业都有他的标准，达到这个标准就可以从事这个职业，而教师资格证就应该成为教师的认证。另一种声音认为，教师是一种职业，但不同于其他职业，有他的标准，但并非能简单量化（这也是别的部门不理解教育部门的观点，同时也是教育部门经常要和别的部门解释的"重点"），所以不能用简单"考证认定"的方式，需要经过师范类大学或学院系统培养。

教育虽是一种行业，教师虽是一门职业，与其他行业与职业相比，的确有其独有的特点，需要长期的专业培养与训练，用社会通用的"资格认定"，还是难以承担与满足教育需求。可是，纵观现在师范类大学或学院不姓"师"的办学定位，师范类大学或学院还是采用现有的课程设计、培养方式、学制设计等，那教育行业与教师职业独有的特点并未得到体现，社会通用的"资格认定"也没有什么不可。

师范类大学或学院系列改革应该到了"势在必行"的地步，这不仅关系到师范类大学或学院本身，也关系到教师队伍建设，更关系到教育行业的发展。

教育与教师队伍的建设是极具科学性、专业性的，涉及面广，影响因素多，不是一两篇小文章，一两次调研就能说清的。谨记陶行知先生所说的"做真教育，真做教育"，教育就会靠近教育，走向教育。

谁做教师

教育是行业，教师是职业。作为行业，有行业的规范；作为职业，有职业的准则。做教师必然有与其他职业不同的标准，或者说，做教师应该具有特定的条件与要求。

面对"谁做教师"这个话题，古今中外曾有诸多名家对教师这个职业做过定义。以下从"通透学科""理解教育""熟悉学生""了解社会""坚守底线""适度追求"六个方面来谈谈自己的看法。

01　教师要通透学科

学科不仅是现代学校教育内容的分类，也是对教师专业的分类。学科对于教师来说，既是专业符号，又是教师名称，如 xx 是语文教师，xx 是体育教师。可以说，没有学科，就没有教师，由此可见，学科对于教师是何等的重要。

教师通透学科，应包括学通学科与贯通学科两个方面的内容。

还记得在 20 世纪七八十年代，在县级行政区内，能做教师的人，一般对一门或几门学科的知识点比较擅长。比如：懂古文、会写文章，还略知外语；会解析几何和三角函数，还知晓左手定则和右手定则、背得出元素周期表等，就可谓是大知识分子。如果哪位老师有任何一门学科知识十分通透，便会在县域内外"名声鼎沸"，被大家普遍称赞，自己的孩子跟他上学值得家长骄傲，在校园里也很受学生追捧。由此可见，学科通透，对教师来说是何等重要。

当然，以上例子是知识刚得到尊重的特殊时代的产物。放在今天，这种评价不一定科学。但有一点可以让我们思考，那就是对教育与教师所做的朴素而基础的定义，这个定义就是学科，就是知识；学科代表教师，知识代表教育。由此可见，教师通透学科既是入行教师的"门槛"，更是教师立足行业的"硬通货"与"恒通货"。

学通学科至少包括知识与技能两个层面。无论我们是小、初、高、哪个学段的老师，都会把自己所任教的学科，从小学到大学这个范畴的知识学全、学透，使之形成学科知识链，形成学科知识树。作为教师的我们，还要有对学科知识进行熟练操作的能力与水平，比如说动手能力、解题能力、表达能力、书写能力、分析能力，等等。教师对知识的学通与学生学会有共通点，也有不同点；不同点的不同之处，如同搭积木，学生只需搭出不同图形；教师不但能搭出不同图形，还要能事先画出积木模型图，搭积木原理，搭积木流程及几种搭建方法，同时还要为每块积木取名，并告知他的作用，还要引导学生喜欢搭积木，学生搭积木时，能为他们提供具体的帮助与指导，最后还要带领学生梳理总结，寻找规律，等等。

贯通学科，包括学科学理与学科思维两个层面。学科第一层是知识本身；第二层是知识技能；第三层是知识内在原理与法则，也就是学科的学理；第四层是知识内在逻辑，以及带来的思维。

教师对任教学科要从学理层面去学习、去理解、去教学，这是保证教师在教学中能够授之以渔的专业基础与保障。当教师对任教学科的知识点（内容）、知识链（联系）、知识树（结构）和知识原理（学理）等方面的学习到位了，就能为教师以学科知识为内容、为资源、为平台、为策略去帮助学生学习。但是这离学科教育还差一步，而这一步，就是通过学科知识、技能和学理的训练与学习，让学生的学科思维得以科学训练，达到真正的成长。只有学科教学达到这样的阶段，教师的"教"，才会变成学生的"成长"；教育的"教"，才会变成教育的"育"。也只有达到这一步，学科教育才有其真正的价值。这应该是教师学科教育的最高追求。

02 教师要理解教育

教师是因教育而存在的职业，教师如果不理解教育或对教育没有深刻理解，就不可称之为教师。教育含义很广，对教师所需掌握的内容、知识与要求也很多。以下从"遵循教育规律"与"掌握教育技能"两个方面来说说教师要理解教育。

教师理解教育，包括遵循教育规律与掌握教育技能两个方面。教育是科学，科学是复杂而有规律的。作为教师的我们，应该了解教育规律，遵循教育规律。教育规律是教师教育教学的原则，也是教师教育教学的底线，更是教师从业的"铁律"。遵循教育规律，教育就会呈现出温和、温厚、温暖的追求；教师就会呈现出平和、平静、平稳的状态。不遵循教育规律，教育就会呈现出功利与功劳的追求，教师就会呈现出急躁与急迫的状态。

教育是行动科学，有理论层面的行动，也有实践层面的行动。掌握教育技能是教师职业存在与发展的必备条件。作为教师的教育技能至少包括以下方面：学科建设能力、课堂教学能力、表达与交流能力、组织与协作能力、教研和科研能力等方面。教师学科建设能力除了学通学科、贯通学科内容已作了表达，教师学科建设还有更多的内涵，如：教师根据课程标准对学科内容重构，对学科知识重组，对学科课程计划重定，对学科作业重设，对学生学科学习重测重评，等等。教师课堂教学能力是教师教学综合能力的体现，教师的教与学生的学都是以课堂形式出现的，教师的教学能力是教师教学水平与教学效果的支持与保障，同时，课堂教学能力也是教师必备且主要的"基本功"。教师工作内容是与人交流，教师的工作方式是对话，教师的工作对象是人，正因如此，教师的表达与交流能力就成为衡量教师基本能力高低的评判要素。教师的工作对象是群体，教师工作需要多方完成，教师与工作对象之间有着多种不确定因素，等等，这对教师组织与协作能力要求就很高，以课堂为代表的系列教学活动，需要教师组织能力，以学生成长和班级发展为代表的系列教学目标达成，需要教师与教师，教师与学生，学生与学生等方面的协同，需要教师有着较好的协作能力。教师的教研科研能力不仅是教育科学性与教师专业性的具体体现，还是教师在解决实际教育教学中所遇到的问题的需要。最后，也是教育与教师本身的需要。所以，教师的教研科研能力是教师掌握教育技能的重要组成部分。

03　教师要熟悉学生

教师的"教",是为了学生的"学"。教师"教"的价值体现在学生"学"的效益上;教师"教"的业绩体现在学生"学"的效果上;教师"教"的艺术体现在学生"学"的状态里。可以说,没有学生的"学",教师的"教"毫无意义。

教师熟悉学生,包括师生认可与了解学生两个方面。教育是教师与学生形成"教育合伙人"或"成长共同体"的过程;教育是教师与学生相互对话的过程。教师熟悉学生最关键的是"师生认可"与"了解学生"。

"师生认可"是指教师与学生相互认可,而不是单向认可。教师的一项主要工作,就是让更多的"师生认可"发生在日常的教育教学过程中,"师生认可"也是教师有效教育教学的重要前提。教育教学实践活动中,我们不难发现一个有趣现象,学生学得好的学科,大多数都是因为学生喜欢学科教师,或曾经有一个学科教师让他喜欢过,同样,教师都会对学习较好的学生有偏爱,可能好多老师并没有意识或不愿意承认,但这种情况的确存在。"师生认可"的作用是帮助教师有效、有趣、有价值地"教",也是助推学生愿学、想学、会学的动力。

"了解学生"对教师来说,是一件与职业共存的事情。"了解学生"包括了解学生共性的特点与了解教师所教的每一个学生。教师要用动态眼光去了解学生,这是因为学生是变化的,教师也是不断成长的。了解学生共性是教师遵循教育规律的必备知识,教师没有有关知识储备,是很难真正做到科学教学的。了解自己所教的每一位学生,是基于教师面向每一位学生和对每一位学生负责的具体表现,同时也是教师尊重每位学生的个体差异与因材施教的需要。

04　教师要了解社会

教育是社会组成的一部分,教育行业是社会诸多行业的一种。教师首先是社会人,同时还是社会职业人。

教师了解社会,包括融入社会与解读社会两个方面。有人说,学校不是社会的社会。教师不过是以学生的身份从一所学校走进另一所学校,然后改了一下称呼罢了。有人也说，教师不是真正的社会人。"两耳不闻窗外事，一心只读圣贤书"的时代已是逝水东流，但由于教育本身特征，学校办学需要，学生学习需求等，教师与社会交流、接触还是不够"彻底"，教师了解社会就"弱于"其他行业。

教育已经从原来社会经济生活的"附属"地位，回归到社会经济生活的"舞台"，这势必对教育的要求在提高，教育与社会关联度也在提高。教师了解社会的前提是融入社会，在生活方面的融入是自然，也是简单的；教师还应该在工作方面与社会有机融入，因为教育离不开社会协同育人，如：家校合作，校政合作，校社合作等方面。教师了解社会需根据自己的视域，去解读社会；根据行业与岗位的视野，去解读社会；根据社会或其他行业的视角，去解读社会。

教师了解社会是教师职业发展与个人成长的需要，一位不融入社会和解读社会的教师，很难成为一名优秀教师，同时也会给教师工作与生活带来不必要的影响与麻烦。

05 教师要坚守底线

我们可以不追求卓越与优秀，因为，卓越与优秀需要能力、条件与机会。但是，我们不能没有底线，因为，底线是每个人、每个行业、每个职业、每个岗位必须坚守的原则与法则。"不要追求最好，只要不太糟糕"。刚看到这句话，我是不赞同的，甚至于有点鄙视说这话的人，这个人怎么这么不求上进？现在，我渐渐有点赞同这句话，甚至于喜欢这句话，是不是我也"沦落"为不求上进，也变成别人眼里鄙视的"那个人"呢？我不得而知。

教师坚守底线，包括个人品质与职业操守两个方面。在做县级教育局局长时，我对全县的课堂教学，提出了"底线课堂"。当时大家都不理解，认为各地各校都在提"高效课堂"，低调的也在提"有效课堂"。面对大家的质疑与不惑，我没有做过多的解释，只是心里想，如果全县所有老师的课堂，都能达到"底线课堂"的标准，全县教学质量也差不到哪里去！

教师个人品质是教师坚守底线的基石与底色。教师虽然是社会千百个职业中的一种，很普通，很平凡，与其他职业没有太大的区别，如果要说有区别，对教师品质要求会更高些。教师品质包含成长、积极、助人……教师职业操守是教师坚守底线的警示线。教师职业操守的要求至少包括尊重、专业、平和与爱。教师的尊重是价值观，也是人生态度，更是行为准则。教师的专业在本文前面，已经做了多维度表达，在此就不再赘述。教师的平和是日常工作的一种心态，是对待工作与学生时的情绪，是自我生活的状态。顾明远先生说："没有爱，就没有教育"，可见"爱"，对教育，对学生，对教师有多么重要。

06　教师要适度追求

没有追求的人，最好不要去做教师，因为，你"误人子弟"的可能性是大概率事件；有过高与过大追求的人，最好也不要做教师，因为，你让自己失望和别人对你失望也是大概率事件。教师要有适度追求，因为，教师职业是多主体，也就是说，以一己之力难以达到"理想"的效果。有句话很适合教育，也很适合教师，那就是"理想不是用来实现的，而是用来引领与接近的"。

教师适度追求，包括教学追求与育人追求。笔者这一观点，会让很多教育同仁质疑或疑惑，是否与教育追求，教育高质量发展有"抵触"？其实，并非如此，笔者非常赞同教育高质量发展的理念与教育朝真、朝善、朝美方向追求的观点。但在教师教育教学实际工作中，很难达到完美追求，这是因为受学生个性特质、教育环境与条件、教师各种素养等因素的制约所致。如果，我们一味强调教育过度或过高追求，会出现适得其反的效果。

教师教学追求是教师适度追求的具体表现之一。"学无止境"告诉我们知识、技能、学问、学习与成长永远在路上，教师教学追求也是如此。教师教学追求要因时、因势、因人而定，如果我们每堂课、每名学生、每个内容都追求"高质"，都追求"精益求精"，那这些教学追求只能是教师自我目标和为了达成这个目标所作的准备，如果要把这些转变为教学现实，可能是"万里挑一"，由此可知，教师教学追求是在不断完善与提升的。教师要有追求卓越教学目标的愿望；要认真优化每堂课，使之课堂教学水平与效果不断提升；要认真帮助每位学生，使每位学生健康成长，让每位学生拓展更多的可能。

教师育人追求是教师适度追求具体表现之二。教师工作的终极目标是育人，育什么样的人？国家层面对育什么样的人，党和国家教育方针有明确的规定，"立德树人""五育并举""核心素养"，等等；学校层面对育什么样的人，也是有清晰的表达——落实党和国家教育方针的校本化，学校的育人目标；家庭层面对育什么样的人，也是有明确的要求——健康的人，积极的人，有作为的人，等等。教师也有自己的育人追求，这既是教师岗位与所教学科的要求，也是教师个人的需求。

谁做教师？至少不是人人都适合做教师，教师也不应该是"有些人"无奈后的选择。因为，教师是有追求、有专业、有标准的。愿教师还是我们心里的教师。

致敬教师！

因为您，给世界增添光辉、光芒与光亮！

因为您，让人性的真、善、美得以呈现与存续！

关于教师队伍建设的几点思考

教师强，则教育兴；教育强，则民族兴。教师在教育中的作用与价值是不言而喻的。从某种意义上来说，重视教师，就是重视教育，但如何重视教师，则是见仁见智。当下，就对教师或教师队伍的认识来说，无外乎两种观点：一种是从外向内的观点，更多的是管理、培训、评价等规范性要求，是站在教育需要的角度来谈的；一种是从内向外的意愿，更多的是待遇、尊重、地位、工作生态等自我感知诉求，是站在教师自身需求的角度来谈的。

现实中，教师成长要么只满足教育需要，淡化了为了从自身需求出发的教师成长；要么扩大教师自身需求的比重，漠视了教育需要。大家都把眼光聚焦在需要与需求的对立上，慢慢地忘记了初心，即如何让孩子在良好的教育生态下生长。只有回归初心，教师队伍建设才会同心、同力、同向。

一、教师成长的需要与需求

教师成长的目的是什么？有人说，教师成长的目的是服务好教育；有人说，教师成长的目的是帮助学生健康生长。教育是什么？教育不仅需要帮助别人，也要帮助自己；教育不仅需要外向的传播，也要内化的领悟与践行；教育不仅是"部分人"所需要的，也是"所有人"值得拥有的。

教师成长是教育的需要，简单来说，教师的成长内容、标准、方向都应该以教育发展需要为标杆。只有这样，教师成长的价值才能得以体现。教师成长也是教师自身的需求，教师同时兼任多种角色，所以教师又要以独立的个体成长。这看似与教育无关、与教师责任无关，但站在自我认识的角度，真的只是教师个体的需求吗？

二、教师培训的需要与需求

教师培训中的需要与需求。我们都知道教师素养不同，教育效果大相径庭，提高教师门槛的呼声一直不断。但愿望是美好的，现实却是艰辛的。如果能提升教师入职标准，加强准入制，这是最好的解决办法，但可能需要耐心等待。孩子是一拨接一拨的，等不起，怎么办？培训是提升教师能力的重要方法和途径。

教师专业精神是教师培训的决定要素，同时也是难点。我们在培训过程中，往往重视教师职业道德教育，忽视教师职业认知、职业认同和职业追求的讨论。教师专业精神包括教师对职业与专业的理解，教师对职业与专业的追求等。教师专业精神还包括教师职业道德、教师职业能力、教师职业追求，所以说，教师专业精神是教师成长的内驱力，也是教师专业追求的引领力。站在教师专业精神的视角上去看待教师成长，就需要培训者既站在教育的需要上（培训要求、培训标准、培训评价等方面），又站在教师个人的需求（职业归属、生活状态、工作环境、工作负荷、个人爱好等方面）上。只有这样，教师培训才能立足教师专业精神，引领教师成长。

教师培训一般把教师专业能力作为重点，教师专业能力包括教育基础理论知识、学科构建和理解、对学生的认知、与学生交流沟通、课程建设、课堂理解和组织以及教学技能等。"教得好"的教师肯定是教育专业能力强的教师。专业能力弱的教师肯定是"教不好"学生的。教师的专业成长兼具"理想"和"学术"方面的因素，也有"现在且复杂"具体实践方面的因素。这两个方面是互相依存且相互促进的，看似有先后，实则是无明显边界的。

三、教育评价的需要与需求

教育评价中的需要与需求。教育评价往往也是只关注教育发展需要，而忽视了教师发展需求，这样的评价是"一厢情愿"和"被动性接受"的。教育评价的价值在于引领教育发展方向，评估和督促教育教学，激发和帮助广大教师在教育教学中有所改变和进步。如果教育评价只考虑教育的需要，而不考虑教师的需求，很难达到教育评价的真正目的，体现不了教育评价的价值。教育评价的最大功能和价值是帮扶，而不仅仅是优劣的分层，也不是奖优罚劣的"总结"。

教育质量意识是教育评价的关键要素，但如何使用教学质量，应该明确几个方面的问题。首先，要明确什么是教学质量。其次，要了解当前的教学质量是如何取得的。最后，面对教学质量，我们是否会把教育投入与环境因素作为考评的要素？如果我们只是简单理解教学质量，将让教育走向狭窄且功利的胡同。如果我们只是看现在的"成绩"（主要是数据），就会让教者、学者、评者不惜一切代价，使用一切手段达到所谓的"成绩"，这样教育就失去了本意和本味。如果我们关注结果式的"成绩"，或以"数据"去评价教育，那教育的功利之心就会膨胀，依法按规办学就会成为一句空话。教育的纯真、友善、互助、期盼与守护就会远离校园、远离家庭、远离课堂，教育就变成了追逐功利的"面具"。

教育评价要接受和理解教育合理差距，量化教育评价，让人信服，能"客观"反映（当然是在基础条件一致或不考虑进口，以出口为评价指标）。面对量化评价，更多的是名次竞争，教育面临着"只有更好，没有最好"的窘境。量化评价应该是教育评价的通识性评价，有其科学性和直观性，但如果不加入以"进口定出口"和"层次替代名次"两个评价元素，量化评价将会把教育带入冷酷功利的"肉搏战"。除了量化教育评价外，教育有好多内容是不能或者说没有必要量化的。现在过于追求教育量化评价，无非是管理需要、是教育比较（竞争）需要、是教育研究需要、是家长社会评判需要。减少量化教育评价，尤其是单向、单方面的量化评价，增加非量化评价，尤其是基础性、多向多面的非量化评价。理解和接受教育合理差距，不是降低要求，恰恰是面对教育规律、面对教育实际、面对孩子差别与差异的教育。

四、区域教育的需要与需求

区域教育生态中的教育需要与教师需求。影响区域教育发展的因素有投入、体制机制、文化文明、家风民风、管理评价、社会环境……对于区域教育发展的需要,大家更关注的是对教育有直接作用的因素。如教师专业(学历、教学能力)、教师配置、教师待遇等方面。这些方面都是教育发展需要和教师成长需求交集,区域教育生态优劣,一般都是先从教师生活、工作、社交等个体化需求上体现的,也是从这些方面开始的。区域教育生态对教师的影响有多大,教师对区域教育的影响就有多大。而且这些影响不一定是待遇、投入、工作量、工作条件方面,而是教育评价、教育定位、教师在区域中的认可度及地位、同事之间的关系等,并且后者影响极有可能大于前者,改变前者比改变后者更难。换句话说,前者改变了,后者不一定能改变;后者的改变,也不一定是因为前者的改变。

教师队伍建设既有教育的需要,也有教师的需求。社会眼中有教师,教师心里就有学生。同样,只有关注教育需要和关心教师需求同步,教师队伍建设才能真正有效。

(本文原载于2018年《中国教师》第2期)

新教师选岗规则怎样制定才公平

笔者做县级教育局长时，也遇过这个问题。当时，从教育局人事部门得知，我们是根据入职教师考试成绩加上综合素质面试成绩总和，从高分到低分排序，让新教师选择学校，我觉得这种方式比较合理。

"方局长，我对我们县新教师入职选岗的工作，有不同的想法。"时任江西省上饶市弋阳县曹溪初级中学校长的汪水辉对我说。

"新教师选岗，我们教育局这么做，看似'公平'，实则有不利的一面。"汪校长又说。

"为什么呢？"我问汪校长。

"首先，来自外地的新老师对弋阳并不了解，只是听人介绍，或在网上查一下学校资料。新教师往往是根据学校的地理位置和交通便捷度选择学校。本地新教师，无非从三个方面来选，一是自己的家乡；二是有熟人或亲戚的学校；三是地理位置好，交通便捷的学校。"

"其次，这对学校不公平，尤其是距离县城较远的学校，这些学校往往没有选择教师的权利。新教师中专业能力不够强，学科考试成绩不佳的会被'分'到这些学校。长此以往，这些学校教师队伍整体水平将和别的学校差距越来越大。这些学校由于不是教师主动选择的，所以，对学校认同感不强，认为是去了'差学校'，自觉低人一等，工作没劲，也不愿长期呆下去。"

"最后，这对整个县域教育发展不利，与你提出的'让弋阳教育走专业化发展道路，让弋阳孩子在家门口接受良好的教育，让弋阳教育成为弋阳人的骄傲'目标不符。学校因资源配置不均衡，必将导致学校与学校之间的差距扩大。"

汪校长动之以情，晓之以理。

"可是，怎么样才能做到你说的'双方有利'呢?"我问道。

汪校长说："这不是难事，只要增加一个环节就可以了。"

"增加什么环节?"

"每所学校校长在新老师选学校前，用10到15分钟介绍自己的学校，让新老师了解学校文化、学校愿景、学校管理、学校状况，当然还有学校优势。这样，新老师选学校就不再只从生活角度、条件角度等方面去考虑，还会从学校工作环境、工作氛围等方面去考虑哪所学校更适合自己的专业发展，这样不就与我们县提出的'让弋阳教育走专业化发展道路'相吻合了吗?"

我一听就明白了，汪校长是有备而来的。

听了汪校长的建议，我立刻与人事部门商量，但大家觉得效果不会太好，而且操作起来工作量很大，校长们也不一定都会重视。最后，我还是决定用汪水辉校长的建议，因为，即使没有他所说的效果，也不会有什么负面影响，什么事只有做了才知道是不是有效果；不做，永远不可能改变与前进。

通过人事部门的努力，我们改变了原来的新教师选岗方式，增加了学校介绍的环节，结果有好多距离县城较远的学校吸引了成绩靠前的新教师。以汪水辉校长所在的弋阳县曹溪初级中学为例，在实施第一年，他们学校选到两门学科排名第一的教师，还有排名第二、第四等排名靠前的教师，他们学校已经好多年没有这些排名在前的新教师了。

新教师选岗方式变化带来的影响其实远不止汪校长所说的那么多，有些效果是在实施后才发现的。当然，有些现象与效果是直接作用，有些现象与效果是由于其他因素带动而产生的。

这次小改变带来了学校对教师队伍建设的新理解，使学校更加重视自身建设，促进了学校表达与传播的意识以及自主办学意识与能力的提升；带来了学校与学校之间的"悄悄比拼"。

学校对教师队伍建设有了新理解。已经从原来"管、用、培、评"四个方面发展到现在的"选、管、用、培、评、展"六个方面。这就形成了学校教师队伍建设的"闭环"。原来由于学校只能负责教师队伍建设这一部分，客观上却难以做到对教师队伍进行完整的建设,这也是为什么国家要提出给学校"自主办学与治校权"的原因。学校的主体意识增强了,整体系统能力提高了;其次,原本学校与教育局有关部门之间的"推责揽功"的扯皮现象,能通过这样的改变得以变化。

学校对本校工作成绩的整理意识增强了,表达与传播意识也增强了。通过新教师选岗方式的"微调",让学校既看到了"可能",也带来了"压力",同时,也打破原有的"平衡"。让学校看到了可能性,看到了即使学校在条件、地域、环境等客观因素存在不足,但可以通过自身的努力吸引到利于学校发展因素的可能。

给学校带来什么压力呢?有些学校由于条件、地域、环境等客观因素较好,很容易获得一些"比较优势"的因素,通过这样的"微调",他们的优势没有发挥,这些学校不仅失去了获得利于学校发展因素的机会,"减少优势资源",而且影响了学校团队的"信心",让学校倍感危机与压力,也会促使这类学校更加努力。那些原本因学校的条件、地域、环境等客观因素不佳,说出办不好学校的N种理由的学校,常常强调学校不好是因为分配不到优秀教师。现在有同样困境的学校抓住了这样的机会,没抓住机会的学校就会被"质疑",学校也要面临内外压力。

这一点的"微调",看似就是新教师选岗增加一个学校介绍环节,实则是通过这个"切口",无形地让学校有了更多的自主、责任,还可以通过"横向"对比,触动学校的反思与改变。而这些,正是我们平时所说的学校自主办学意识与能力提升。给予实则是赋予,给予机会,赋予责任。

"管控"实则是包揽,管控机会,包揽责任。学校的自主办学能力在不知不觉中"改善",因为学校向新老师的陈述、展示是站在同一个舞台上。如果,学校只一味讲环境、讲条件、讲区位,势必不能真正吸引到利于学校发展的"优秀教师"。同时,等于向教育局、向兄弟学校、向新入职教师"宣布",自己学校的优势就是"外因",您想,这对学校来说意味着什么?这就促使学校要从日常管理,从内涵提升等方面作出努力,这不正是提升学校自主办学的能力吗?

这一点的"微调",从新教师角度讲,也给他们的选择增加了新的角度和元素，除生活便利外，他们还会从有利于自我发展的方向深度斟酌。比如偏远学校个人发展空间大、竞争压力小；校长有理想，学校文化气氛好，等等，从而实现在选岗之初，新教师就已经步入个人职业发展的新园地，也就进一步放大了"双向选择"的真正价值。

教育管理和其他管理是相通的，其本质是一样的，就是为了机构价值与目标提供"支持"。这种"支持"，包括资源、智力、机制、能力等方面。但教育管理也有其自身行业的特点，个人认为，要从教育规律与教育认识方面去思考与践行管理。在这里，我要呼吁一下，教育系统还是有既懂专业、又懂管理的人才的，不可片面地认为，教育系统的人才，只有懂专业的，缺乏懂管理的，这是不了解的"偏见"。

合理流动　保障教师队伍稳定

教师队伍建设历来是教育改革、教育发展和教育管理的重中之重，建设一支什么样的教师队伍就等同于办什么样的教育。而教师稳定又是学校、县域教育教师队伍建设中最为重要的工作。

教师稳定应该是教师整体队伍的稳定；教师稳定不是要求教师终身在一所学校（一个区域）从教；教师稳定应从教师个体和教师群体一并思考。教师流动应该要考虑：教师整体队伍的流动；保留教师流动的权利是教师最起码的权利；县域教师流动应该遵循什么样的基本原则？

教师流动与教师稳定是唇齿关系，因为教师流动与教师稳定是教师队伍建设中"留得住"的关键因素，也是教师队伍建设中"教得好"的前提。

教师流动现状是怎样的？可以从教师向外（向内）流动和内部流动两大类来分析。一是教师向外流动，这种流动是衡量教师队伍是否稳定的"风向标"（无论是全国范围，还是县域、学校），当大量教师流向其他行业，势必影响教师队伍建设；二是教师的流动只要适量，不但不会成为教师队伍建设的"减分"因素，反而有着隐性的促进作用；三是我国教师队伍基数大，出现一些流动是正常的。以弋阳县为例，从2015年至2017年，共有9名教师流向外系统，按全县3 000名教师计算，每年只有0.1%的教师流出教育系统，属于合理范围。

教师在教育系统内部流动，有跨区域流动（一般是从不发达地区向发达地区流动，县级地区向省级或市级地区流动）；有县域内流动（一般是从农村向县城流动，偏远乡村向乡镇流动）；有教学一线向教育管理和教育教学研究流动。教育内部流动中跨区域流动难度较大，所以流动量不大；县域内教师流动量较为频繁，人员较多；教师从教学一线向管理层和教研层流动，虽然流动不大，但这种流动无论是对教师还是区域教育来说，影响力都是较大的。整体来看，从系统内向系统外流动教师比例不大；教师系统内流动、跨区域流动量也较小，但有影响力（名师、名校长或骨干教育工作者等）的教师居多，县域内教师逆向流动占流动总量的绝大部分。

教师流动会影响教师稳定吗？首先，要分清教师流动的数量、趋势、方式，才能确定影响到底有多大，是单一的负面作用，还是正面、负面作用都有。如果较大比例的教师走出教育系统（个人观点，如果每年教师向外流动比例达到0.5%且持续保持，可称之为"较大"），这对教师稳定有比较明显的负向影响；如果教师内部流动中，跨区域教师流动数（流动数用"该区域调出教师数"减"该区域调入教师数"）达到1%以上并持续保持，对区域教师稳定有负向作用；如果县域教师内教师流动量（不含新招聘教师分配）达到3%以上且持续保持，县域教师稳定会有负向影响。

教师流动的原因和方式也同样影响教师稳定。教师从教育系统流入其他系统，原因很复杂，但如果大多数是因工作（待遇、环境、压力）因素而流动，则对教师稳定影响较大，说明教育系统整体工作（待遇、环境、压力）已经到了值得关注与思考的地步。从县域层面来讲，教师的流动对教育和教师稳定都会有影响，教师流动方式不但体现县域教育导向，也是教师队伍稳定（教师公平感、认可度、关注度和区域教育均衡度）的内在因素的体现。县域教师流动要以教育资源均衡、教育发展需要、教师流动有序合理有效、社会和大多数教师认同的方式去开展。否则，教师流动就会成为区域教育的"隐患"和"着火点"。

弋阳县用了近五年时间探索教师流动对教师稳定（教师队伍建设）的影响（正向和负向），主要体现在个体（个案）教师流动对教师队伍稳定影响；怎么从群体教师流动来化解教师队伍稳定的问题；如何通过教师流动形成良好的教育氛围与生态。

让教师个体流动有序有度有效有规

在县域内教师个体流动一直是大家关心关注且敏感复杂的问题，比例虽小，却会对教师队伍稳定和教师队伍建设产生意想不到的影响。五年来，弋阳县坚持教师个体流动有序有度有效有规，通过这不足2%的教师流动，传递传导县域教育管理的价值与行动，让教师感受到教师流动的必要性与合理性，让教师有了更多理性选择及流动方向。

怎样从群体教师流动维护教师队伍稳定？

在现实中县域内教师"聚集"效应非常明显——教师聚集到县城和中心乡镇学校，这种聚集效应会带来学生的无奈"迁移"，导致县域内教育均衡更加艰难。县域教师流动无非三种情况，一是顺向流动（指教育需要）；二是逆向流动（指教师需要）；三是平行流动。其中，顺向流动最难实施，要求逆向流动的教师多，并且在实际过程中比例较大。县域内教师逆向流动一般分为三类：县域内偏远农村教师流向县城、乡镇中心或近郊学校；乡镇中心学校或近郊学校教师流向县城；县城薄弱或城边学校教师向中心城区和"名校强校"流动。这种流动既有县域教育资源配置需要，又有教师个人需求。县域内不仅学生出现"城挤乡空"，教师也是"城挤乡空"，所以，大家一致认为乡村教育要坚守，并正在探索一条城镇学校教师顺向流动机制，以保证县域教育均衡发展的需要。实现起来却有几个难以绕开的问题：一是教师长期坚守乡村学校，尤其是偏远乡村学校的"可行性与真实性"；二是教师长期坚守，教师职业态度、职业责任和教育效果如何；三是教师的缺少，到底是缺少教师坚守还是缺乏教师有序有效有度有规的流动。把这几个问题和前面提到的想法结合起来思考，解决了"下得去"的同时也兼顾了"教得好"的问题。

通过教师流动形成良好教育生态

考虑教师流动需兼顾教师需求和教育需求，考虑教师需求就是尊重教师、帮助教师；考虑教育需求就是服务教育、提升教育。教师需求和教育需求有时是同步的，有时是错步的，而且这几种情况在一个区域有可能是同时出现的。如何做到有序有度有效有规的流动呢？五年来，弋阳县从保证公开公平、减少人为限制、规定流动总量、打通多向流动渠道等方面进行县域内教师流动。保证公开公平——公开教师流动信息，公开教师流动方式、程序，确保每位教师知情，教师流动建立县校两级规定，确保教师流动从幕后走向台前；减少人为限制，只规定两点：一是教师在原学校工作量及工作情况在本校前三分之二（以学校考核为准）——确保教师在校认真工作，确保教师不是为了迎考，放弃和弱化现在的工作；二是教师需要在乡村学校工作满五年——为乡村学校教师流动留下缓冲区。规定流动总量是县域乡村学校教师"留得住"的重要保障，只要每年按县域均衡要求，按需配置，保证各校师资相对均衡（至少师生比例）——大规模、超人口计算出来的学位，在县城建"豪华校"、超规格校，这是让乡村学校教师"留不住"的重要因素；打通多向流动渠道，单向教师流动是县域教师"聚集区"和"空白区"存在的主要原因，我们正在结合"县管校用"教师流动机制，引导和探索教师多向流动的有效方案。

教师流动与教师稳定有着千丝万缕的关系，影响是相互且多元的。教师流动不是影响教师队伍稳定的关键因素，而教师流动背后的价值、原由、策略，才是关键因素。

（本文原载于2018年《未来教育家》第1期）

教师队伍建设要从管制走向服务

最近,部分学者、教育研究人员及一线教育工作者都在聚焦民国教育,研究民国教材、民国学校、民国教师,对民国教育持肯定态度。这种认知形成,主要是因为民国时期的校长有一大批是令后人敬仰的名家,有些教师是当时中国学术、艺术、教育界的顶尖人物,教师地位与待遇也令人羡慕。而这些校长、教师推动了民国时期教育的发展。

回到当下,学校的硬件条件是保障教育教学的基础,是辅助教师从事教育教学活动的。所以,硬件条件和教育教学质量并无直接关系,只有教师才是学校教育教学的主体,教师队伍建设自然而然成了提升教育教学质量的关键。

如何推进教师队伍建设?我相信教育管理部门、教研部门及教育管理者都在寻找出路,其中不乏好思考、好策略、好效果的案例。

教师队伍建设定位需要进行重要调整,这个调整就是由教师队伍建设向教育队伍建设(教育队伍是指与教育有直接关系的人员)转变。提出这一思考的原因有几点:

一是教师不能独立存在,他的情感、态度、价值观及教育素养与相关人员有着不可分割的关系。

二是影响教师行为、认知和方向的除了自身素养之外,评价、培训、环境及待遇有着极其重要的作用。

三是教育走向、教育变革、教育行为不是教师所能决定的,而是受外部因素影响和牵制的,教师的自由度有限。

基于这些认识与思考,我们做了一些探索,也取得了一些经验。

教师队伍建设要从"我"做起。众所周知，教师队伍建设的要求和措施强调教师应该做什么、如何做，做不好如何处理。但是，制定章程和考核评价标准的人，并不需要依据这些要求去做、去评、去查。这样就让章程制定者、考核者、督查者游离于"教师队伍"之外。

例如：教育局所提出来的教师队伍建设对象一般不含局长、副局长、科室干部及其他管理人员。这样的队伍建设会出现什么问题？首先教师内心是有抵触的；其次对教师要求及标准只会考虑"应该"，而很少考虑"可行"。队伍建设只有从"我"做起，以身作则才能见成效。这个"我"既包括制定章程、负责督查的管理者，也有参与评价的普通教师，不同的"我"根据岗位职责要求，都参与到教师队伍建设中来，此项工作才能真正开展好。

教师队伍建设应从服务开始，应从帮助出发。教师队伍建设的价值及定位决定走向和理念。教师队伍建设不能只站在管理立场、岗位立场思考问题，更应该站在教师的立场建章立制。教师队伍建设的目的是帮助教师提升认知能力和解决问题的心态及方法，是让教育质量得以提升，学生得到更好的帮助。前者是站在教师立场看队伍建设，后者是站在教育角度看待队伍建设。无论是教师队伍建设还是教育队伍建设，目的都是以服务和帮助教师、服务和帮助教育、服务和帮助学生为出发点，否则毫无意义。

教师队伍建设要贯穿到管理的方方面面。管理的本质是如何调动、寻找、整合、协调各方资源，实现岗位职责赋予我们的责任及目标。而这些因素中，"人"是关键中之关键，没有"人"的因素，其他因素都是低效的，甚至是无效的。管理者要让队伍建设"可视"，不要就事论事，也不要事过无痕。每件事背后都应该看到人的成长与改变。一个团队的成长，其实就是团队里每个人的成长，眼中有事、心中有人是管理者时时都应具备的敏锐嗅觉。

当前，各地在教师队伍建设方面的做法都是提要求、重评价、勤督查，这会起到一定的推动作用，但同时也必须认识到其作用是有限的，如果过于单一地使用和依靠这些策略，会出现抵触甚至对立的不良情绪。而培训可以帮助、引领和点燃教师，触动和提升他们的主动性，使之由外而内发生变化，取得实效。

教师是教育事业中不可替代的角色。可以说，重视教师队伍建设就是重视教育，有什么样的教师队伍，就有什么样的教育。可是，教师队伍不是独立存在的，尤其是教师的认知、价值、态度、情感都要受社会的影响。只有把教师队伍建设向教育队伍建设转变，才能让教师队伍建设落在实处，取得实效。

（本文原载于2017年《中国教师报》）

乡村教师"安"才能"定"

乡村教育是乡村文化标志符号，也是乡村文明的基石。乡村振兴是现代化社会治理的重要目标，没有乡村文化和乡村文明，乡村振兴是"空渺"的，是"无根"的，也是"难以持久"的。而要保证这些，则都需要乡村教育的健康发展。

如何让乡村教育回归现实，成为乡村现状下的"客观存在"，需要两个基本条件：一是乡村要有"人"，要有以家庭为单位的常态生活的"人群"，没有以乡村为生活"原点"的居民，乡村将无教育而谈。另一个是乡村要有"真实而正常"的学校，"真实"是指与非乡村学校一样，学校是因客观需求而存在，非"政策因素"或其他因素而存在；"正常"是指与非乡村学校一样常态化的配置、管理、运行和承担应有职责与责任，而非是"非常态"的状态与策略。要想乡村学校客观存在，这两者基础且缺一不可。但现实情况是，乡村学校存在并不乐观，也没有达到这两个基础条件，这是我们所有教育人都需要从"我"出发，尽"我"之职、之责、之力，去思考的问题，并予以解决。以下内容正基于这种思考，以聚焦乡村教师队伍建设，来思考乡村学校发展、乡村教育发展、乡村振兴。

乡村教育发展与否，基于乡村学校成长如何；乡村学校的成长与否，基于乡村教师队伍建设如何。教育部早就提出并出台了系统文件，促进和支持让乡村教师"下得去、留得住、教得好"这一工作。近几年来，乡村教师队伍建设取得了一定变化，解决了一些具体困难，乡村教师队伍建设进一步得以"回归"，但乡村教师队伍建设，仍是乡村学校发展的重中之重。

首先,教师要"下得去"

乡村教师"下得去",是乡村教育与乡村学校存在的"可能"的前提,可以说,现在绝大多数地区,这个"任务"已经基本实现。如果还出现乡村教师下不去现象,毫不客气地说,这个区域教育定位、区域教育治理与区域教育生态存在"较为严重"的问题。教师配置与调整,绝大多数的区域都是县市区教育主管部门主导,其他部门只是参与和了解。

其次,教师要"留得住"

乡村教师"留得住",是乡村教育与乡村发展的"可能"的保障,这是乡村教育与乡村学校当下的难点与痛点。现在乡村教师留不住的现象很严重,较好的现象是教师能在乡村学校待上3—5年,不好的情况是教师在乡村学校待上一年半载,就以各种理由回到县城。这些乡村教师为何离开?离开后,走向何方?因为城乡学校之间的条件差距较大,主要是待遇、生活环境、工作条件与前途发展、工作成就感与关注度,还有就是当地的"氛围"等,大家都"急于从乡村离开"。离开后,走向何方?可能去的方向无非是离开教育系统、离开本地到外地就业、调往城区三个选项。据不完全统计,离开教育系统与离开本地到外地就业的比例大概是乡村教师离开总人数的10%—15%左右,85%—90%左右离开乡村学校的教师是去城区学校任教。

面对乡村教师离开乡村学校去往城区学校任教,有不同的看法。大家普遍有两种看法:一是认为城区学校不断向乡村学校招考,让乡村学校本就不多的优秀教师流失。乡村"优秀教师"流失,导致乡村学校教学质量下滑,留不住生源,使得乡村学校薄弱与萎缩,迫使优秀乡村教师很难留下来,就是这样周而复始,造成恶性循环。这是对乡村学校教师队伍"质"的担心。二是认为城区学校盲目扩张,导致乡村学校不仅教师被"抽吸",并顺势带走乡村学生,使乡村学校面临师资与生源的不足,从而让乡村学校难以生存与维系,乡村教师数量必然减少,造成"城挤乡空"现象,这是对乡村学校教师"量"的担心。

所以,就有好多人认为,要让乡村教师留得住,就是控制与减少乡村教师流动,使之"扎根乡村一辈子"。姑且不讨论有多少教师愿意一辈子扎根乡村学校，我们试想一下，如果不允许乡村学校教师合理顺向流动，是否就能阻止乡村学校的萎缩？是否就能让乡村学校教师留得住？

针对现实中存在这样的现象，笔者在县级教育局做局长时，就乡村教师队伍建设问题，在实践与理论层面做了探索与实践，也取得了一些成绩、成效与成果。

首先，要从乡村教师建设向乡村教师队伍建设来思考乡村教师的问题。大家来思考一下，希望乡村教师"留得住"，是指乡村某个特定教师"留得住"，还是乡村教师群体保持稳定，使乡村学校不缺少教师。好多人在讲乡村教师稳定问题，就是希望教师到了乡村学校，人人都坚守乡村学校，不要流动。殊不知，这不能解决乡村教师稳定问题。因为谁也不希望从一开始工作，就明确自己一辈子在这个地方，虽然，有人可能一辈子在一个地方、一所学校工作，但并不表示他在工作开始时就是这么确定的。如果这样，问题就不是教师在乡村学校是否"留得住"，而是如何让教师能不能"下不去"的问题。所以，看似让教师在乡村不流动，让乡村学校教师能"留得住"，实则，是问题前移而已。如果，我们不是从教师个体思考，而是从乡村学校教师队伍整体思考，那么，乡村教师"留得住"变成了乡村教师队伍保持稳定，这个稳定是整体的稳定，而非个体的且非流动的稳定，这样，就让乡村教师"留得住"变为可能，而且还能保持乡村教师队伍活力与质量。

以某县域如何让乡村教师"留得住"为例：该区域首先从学校规划入手，根据国家教育政策和地方人口居住及自然条件，规划学校、学位，确保满足国家对基础教育学校布局政策要求；其次从学生入学与转学管理入手，根据国家基础教育学生入学与转学相关政策要求，制定本地区的管理办法，按规执行；最后依据学校学生数按规定确定教师编制，不得超过学校设计规模，避免出现有些学校学位"有余"，有些学校学位"不足"，这样不但造成资源浪费，还带来教师流动的额外问题。教育局根据学生数、学校规模、成班率及本县教师总量等要素，配置各个学校的教师总额，并且根据学段学科课时、班级及教师工作量等进行教师配置，区域教师流动只需要遵循以上基本"原则"，确保乡村教师总量"充足"，允许乡村学校在有教师"余量"的前提下，在区域内进行有序流动。这样,既保障乡村学校教师不会"不够",又能让乡村学校的教师有序流动。乡村学校能健康发展,又保证乡村教师能"安心"留得住。因为乡村教师拥有有序的流动渠道与机会,对乡村教师队伍稳定具有积极推动作用。

留住教师,不只是单靠规定、要求、情怀,还需要站在教师的实际需要与需求角度,尽量创设条件去帮助他们,解决乡村教师工作、学习、生活所需。教育主管部门与学校管理者,只有左手是规定、要求与情怀,右手是需求、需要与帮助,才能让教师安心、安稳、安定,尤其是乡村教师,更需要这样的教育生态。乡村教师之所以难以留得住,除了大家通常讲的待遇、条件外,个人认为更重要的是乡村教师生活孤独、学习孤单、工作孤立,是乡村教师工作流动的"停滞"。乡村教师的孤独不仅仅体现在环境与条件层面,更体现在关注度和工作交流展示平台的缺失层面,他们害怕没有希望流动,渴望看清工作的今天与明天。

其三,让乡村教师"教得好"

乡村教师"教得好",是乡村教育与乡村学校回归的"希望",这是乡村教育与乡村学校当下美好的愿景与期待。乡村教师教得好的前提是,教师要"下得去",并且还要"留得住"。教师"下得去"解决有没有人教的问题;教师"留得住"解决能不能安心的问题,这两个问题最后聚焦于乡村教师"教得好"的目标,否则,"下得去"与"留得住"就没有实际意义与价值。

乡村教育一直是教育的"洼地",这是对当下教育客观真实的表达,导致乡村教育"洼地"的原因复杂而多元,有乡村教师流失与乡村优秀教师流失的原因,但绝对不是唯一的原因。如何促使乡村留下来的教师"教得好",是承担乡村教育发展和从事乡村教育的重要"命题"。

我们可以从乡村教师、乡村教师管理和乡村教师评价三方面进行思考。

首先,解决乡村教师的认知问题

解决乡村教育与乡村教师的问题,就要以乡村教师本身作为切入点。笔者生长在乡村,在乡村学校接受义务教育,1990年至2003年在乡村中学从事过教师、班主任、德育与后勤主任、副校长、校长书记等工作。个人对乡村教育与乡村教师有着"沉浸式"体验，后来又有过县城初中、县城高中教育教学与管理的工作经历，还从事过县级教育行政管理工作，这些工作经历，使我对乡村教育与乡村教师有着天然的亲近与熟悉，从骨子里有着想做好乡村教育的冲动与责任。

作为乡村教师，自身要解决什么问题呢？个人觉得至少要解决两个问题：第一个是要解决为谁而教的问题。乡村教师普遍处于外部竞争与压力较小的状态，工作责任更多的是靠乡村教师自我职业"觉悟"，回应"为谁而教"是每位乡村教师不断追问的问题。只有乡村教师能够明确是为学生而教、为乡村教育发展与振兴而教、为乡村文化与文明存续而教、为乡村学校成为当地百姓骄傲而教、为教师自己而教，这样，乡村教师离"教得好"就不远了。另一个是解决乡村教师自我成长的问题，乡村教师由于缺乏成长的氛围与平台，大多数乡村教师长期处于"输出"与"给予"状态，自我成长处于"淡化盲区"和"无法关注"的状态，长此以往，乡村教师便会出现能力的缺失与成长无助。这两点是乡村教师自身必须解决的，解决方法有三种：一是自我行动；二是外力推动；三是内驱外助。

其次，解决乡村教师管理问题

要解决乡村教师管理的问题。先说"理"，理清乡村教师客观存在的工作、学习、生活、社交、教研等方面的问题。如：小规模学校教师人少，乡村教师吃（吃饭）、住（住宿安全与卫生）、行（外出交通）、联（线上线下沟通交流）、舒（热水、空调、取暖）、研（教学研讨）、展（展示分享）、孤（孤单、孤独）、遗（被遗忘、被边缘化）等问题。这些问题是乡村教师时时、天天、月月、年年面对的日常问题，不理清这些问题，教育管理者从何而管？再说"管"，管是引、是助、是规，乡村教师和其他教师一样，有这样或那样的问题与困难，需要引进、引导、引领；乡村教师比其他教师更需要助推、助力、助威，因为他们缺乏外力、外势、外智，处于"单兵作战"或"小分队穿插"；乡村教师和其他教师一样，需要规定、规范、规矩，不能因为乡村客观条件与环境不佳，而放松与放弃对教师的规定、规范与规矩，否则，就是让乡村学校教育教学降低标准。

最后，解决乡村教师评价问题

要研制乡村教师的评价方案和办法，并形成乡村教师评价体系。乡村教师评价体系和非乡村教师的评价体系应该是一脉相承的，无论是工作标准、工作绩效、工作内容、工作制度等都是一致的。需要改善的地方，就是减少同区域的统一测评后的排名与绝对成绩，在业绩方面应该采用"基础＋变化＋特色"的思路。所谓"基础"就是常规工作、基础标准、必备成效等方面内容，这个可以在同一区域中，以统一要求与标准评价。"变化"是指从横向与纵向进行评价，尤其涉及到学生学业成绩、学生各种素养、教师专业竞赛等方面，因为这样内容的结果与外界、与基础、与条件有很大的关系，如只用统一要求及标准，就会让乡村教师永远被压在低谷，这样既不客观，也不利于乡村教育与教师健康发展。"特色"是指基于教育基本规律与学校实际情况，创造性开展与提升某一项或某些方面的工作成效，这个成效包括工作内容拓展、工作方式创新、工作标准提高、工作效果提升等方面。

乡村教师不是一个特殊群体，而是一个承担特殊使命的群体；乡村教师不是一个需要照顾的群体，而是乡村教师服务的单位和对象需要照顾的。中国文化与文明有其鲜明而独特的民族痕迹，中国的乡村、乡村文化、乡村文明伴随着中国五千年。今天，这样的乡村、这样的乡村文化、这样的乡村文明我们难道不再需要了吗？当然不是的。如果还需要乡村文化，乡村文明传承，那么，请大家善待乡村教师，就像善待我们自己一样，从骨子里、从内心深处敬重他们。让我们一起致敬乡村教师！

教师培训"三要素"

随着我国教师队伍建设不断被各方重视，教师队伍培训培养机制不断完善，国家及各级政府对教师培训培养资金持续加大投入，这些都是世界其他国家望尘莫及的，也是我国基础教育的一大特色与亮点。我国中、小、幼、特、职的在职教师参培参训，就成了每位教师工作的一部分。面对如此大规模培训培养，参培参训教师如何让每次培训真正有效果，能帮助自己成长，这不仅是培训培养管理部门和承接培训培养业务单位要思考的问题，也是每位教师应该深思的问题。

以下内容以参培参训效果视野，谈谈教师参培参训的"三要素"，即"链接""融合""转化"。

要素一：链接要素

学习即链接。无链接信息与情感就无法传递；无链接教与学、学与学、人与内容之间就无交流；无链接学习者是孤立的，学习者现在与过去、现在与未来是分割的，学习者与外界是屏蔽的。

链接要素包含价值因素、内容因素、方式因素等。

培训价值因素包括学习者需求与组织者的要求。"价值"是万人万事思考与行动的原点，我们可以从人与事的显性特点，溯源到人与事背后的"价值"追求。培训也是一样，学习者的需求就是学习者的培训价值追求，这里的学习者是参培参训的教师；组织者的要求就是组织方、工作岗位和培训者的培训价值追求。教师参加培训，如果没有厘清自己参培参训的需求，谈培训其他要素都没有意义了。笔者在做县级教育局长时，在培训工作中，把教师培训需求作为重要因素来考虑，这也是当时我们培训效果较好的原因之一。

培训内容因素包括内容适应与适宜。培训内容适应是指内容难易和范围合适，培训内容适宜是指内容结构合宜。有人说培训应该遵循"内容为王"，这种表述不一定很科学，但有其一定道理，这说明培训内容是影响培训效果的重要因素。培训内容一般由培训组织单位、培训承接单位和培训教师决定，参培参训者难以影响。

培训方式因素很多，不同方式因培训对象、培训需求、培训内容等决定，但不同培训方式，有其不同特点，比如线上与线下相结合培训方式，本地与异地培训相结合方式，研训教评一体化培训方式，讲座式培训方式，工作坊与共同体培训方式，跟岗换岗培训方式等。

教师参培参训首要因素是"链接"，从培训价值认同链接到培训内容与培训方式，只有参培参训教师真正做到自己与外界链接，教师培训才可能产生真正效果。

要素二：融合要素

学习即融合。

没有融合的学习是叠加与拼盘式的堆砌，看似信息与知识是增加，但对学习者来说，不是成长，而是增加记忆的负担，内部容易产生矛盾冲突。

融合要素包含教师参加培训时带来什么？参培参训教师学习时了解了什么？参培参训教师学习的与自己的相互作用产生了什么？

参培参训前，参培参训教师不是"空杯"，不是"白纸"，而是有自己的知识储备，有自己的认知，有自己的判断等。每位参培参训教师都有各自的知识结构，还有生活、工作体验与经验，有知识方面，认知方面，情绪方面，目标方面，等等，这些都是影响受训者参培参训效果的关键要素，这也是培训组织方与授课教师面对的困难和思考的重点，教师参加培训带来了什么，对培训培养效果影响很大。

参培参训过程中，参培参训教师学习时了解了什么？这包括两个主体，一个是授课教师授课内容是否能同时满足培训目标、参培参训教师岗位需要和参培参训教师个人成长需求；另一个是参培参训教师从中学习到什么？感受到什么？理解到什么？这两个主体的作用，是参培参训教师学习时了解的前提。除此之外，还有其他原因。只有参培参训教师能有所收获，培训效果才得以落地。

参培参训教师学习的与自己的相互作用产生了什么？可能产生互为认可或互不认可的观点，可能接收未知与已知的信息，可能学习到新的知识，这些都会对参培参训教师带来"刺激"，让教师燃起学习的兴趣，丰富学习的内涵，提升学习的质量。

参培教师做到原有的与学习的融合，学习的与认可的融合，认可与理解的融合，多维融合作用培训效果才可能产生。

要素三：转化要素

学习即转化。

没有转化的学习，其实是一种自我安慰式学习，不一定能产生实际效果；

没有转化的学习，其实是一种认识式学习，是否能转化为素养与能力，其实还有很多路程，且中间面对好多"岔路口"，不一定能产生实际效果；

没有产生实际效果的学习，是没有实际意义的，尤其是岗位培训。这里的实际效果包括培训者认识改变，能力提升，行为改变和素养提高等方面。

转化要素包含参培参训教师相信与理解了多少和改变了多少。

相信与理解了多少，一是指教师对培训的认可程度与掌握情况，包括培训组织、培训内容、培训方式、培训教师和培训环境等方面，没有相信，学习很难真正发生。二是培训组织与承办方对教师参训态度、学习能力、学习目的等方面的认可程度与掌握情况，同样，没有相信，培训很难真正开展。当下教师培训出现系列问题，系因"相信"问题所致，如不能很好解决"相信问题"，教师培训"转化"就成了一团美丽的肥皂泡，看似壮观，看似存在，实为炫彩的泡沫，没有实际效果与意义。

教师的培养培训是否有效，关键看教师教育教学行为是否改变，这种改变就源于"转化"。没有转化的教师培养培训是无效的，至少相对于学生成长与教育来说，是这样的。

转化既是教师培养培训最后一个要素，也是最难的一个要素，更是最关键的一个要素，好比阿拉伯数字一千中的"1"，没有这个"1"，后面的"0"都毫无意义。

教师参培参训最终效果体现在哪？我认为体现在"价值""认知""能力"和"行为"四个方面。

所谓"价值"是指教师的道与德两个方面，具体落在对教育理解与追求上；

所谓"认知"是指教师在学科知识、教育知识和社会知识等方面的理解与应用上；

所谓"能力"是指教师的学习与教学能力提升，使之通过自身学习从而提高教学能力；

所谓"行为"是指教师在教育教学行为方面改变，使之因人（学生）施教，因境（环境）施教，因容（内容）施教，让教服务于学，让教助力于学。

教师是做人的工作，同时又是以知识为资源、为平台的工作，而人与知识都是动态的、充满灵动的。如果教师以不变的状态去面对动态的对象，那如何可行？所以，教师身份与责任首先应该是"学习者"，其次才是"教育者"。教师培训效果优劣受制因素很多，"链接""融合""转化"是影响教师培训效果的"三要素"。

警惕教师队伍建设中的"青年教师"现象

每到一个地方教育主管部门、一所学校,在谈及教育发展,学校发展或者学生成长的时候,大家无论是公共场合发言,还是私下交谈,谈得最多的是教师队伍建设,大家都意识到"教师强,则教育强"的道理。但如何让教师强,则各有各的观点,各有各的做法。但有一点做法是共同的,那就是提高教师队伍建设,最后都聚焦到提升青年教师队伍素养与能力。

面对这个现实,笔者一直在思考,为什么大家都要关注青年教师的发展呢?后来细细思考,把青年教师培训培养作为教师队伍建设重点,不少地方更将其作为主要工作,笔者认为原因有二:一是针对青年教师成长需求与教育发展需要;二是面对教育现状下所采取的"无奈"之举。

大家在公众场所和个别交流时听到的,一般都是第一种原因。

大家之所以关注青年教师发展,一般是基于以下三点:

首先,青年教师刚入职,他们无论是身份转换与定位,还是对教育、教学、教材(本位知识)、课标、课程、学生等方面都处于"设想"阶段,没有深入有效的研究与经验,为了帮助青年教师快速、有质量地完成教师职能,所以需要加大对青年教师的培训与培养;

其次,青年教师刚入职,正值他们系上职业"第一颗扣子"的关键期,这不但关系该教师当下的教育教学质量,更关乎该教师整个职业生涯的走向与品质,同时还是教师成长的关键期与最佳发展区,所以需要培训与培养青年教师。

最后,青年教师是学校教师队伍的组成部分,有些学校还是重要组成部分,要提升教师队伍整体素养与能力,自然离不开青年教师培训培养,所以需要培训与培养青年教师。

我们再来说说第二种原因。那就是一些地方教育主管部门与学校,难以调动年龄较大的教师工作积极性,包括培训与培养。这给予我们一个警示:教师队伍建设不仅仅是培训培养,还涉及到遴选教师、教师管理与评价、教师工作状况与待遇等方面,甚至与当地的教育生态、社区民俗民风、地方政治生态等方面相关。

基于这些现象,教育主管部门与学校没有办法,只有找"积极向上,对未来充满憧憬,对当下充满敬畏,对自己充满恐惧"的青年教师,企图通过他们的培训培养,来承担和推动更多的工作,从而达到提高教育教学质量的目标。这种工作策略,从工作现实意义上来说,应该是一个不错的策略,否则,不可能有那么多的地方都采用这一工作策略;从工作效果来说,笔者观察,应该算不上一个不错的策略,因为这解决不了真实而真正的教育问题。

正因如此,我们可以看到很多地区与学校,一群青年教师在参加集体备课、筹备公开课、在大型活动现场做各项工作、为迎接检查作各种准备、忙于宣传报道各项工作、准备各种资料建设、在各种进课堂进校园活动中承担多项职能、参加各种各样的参培参训、在教研科研中认真积极学习,从中我们看到他们忙碌的身影。

我们的管理者,年长教师都语重心长地告诫这些青年教师,让他们抓住这难得的成长机会,让他们要感谢机遇,感恩平台,这一切都是为了他们的学习,为了他们的成长,让他们遇见那个更好的自己。的确,这些活动、这些工作、这些锻炼对青年教师有极大的帮助,也是必须要面对的。但有一点是青年教师不明白的,那就是年长教师和管理者为什么放弃这么好的"资源""机会""平台"而不学习,而不成长呢?为什么都让给他们这些青年教师呢?这就是青年教师不得不认真思考的问题。

于是,青年教师,面对领导和年长教师的教诲与期待,他们个个咬着牙,挺着腰,含着眼点头,他们坚持着。因为他们知道,曙光就在前面,只要他们熬过五年八年,当他们不再是青年教师时,他们也会语重心长地对下一拨青年教师说同样的话,派同样的活,给予同样的关心,那时的他们,就是已经成长起来的非青年教师了,每天都在以长辈的关心,慈善的爱心去帮助别人,而自己只负责帮助别人成长,不负责自己成长,而且,这一天就在前面"拐角处"。为了这天早日来到,他们必须坚持。

现在问题来了,教师队伍建设,青年教师到底应该扮演一个什么角色?要回应这个问题,至少有两个问题需要厘清。首先要问清楚的问题,教师队伍建设就是青年教师队伍建设吗?其次要问清楚的问题,青年教师是按年龄来划分,还是按教育教学态度、能力与效果来划分。只有厘清这两个问题,教师队伍建设中的"青年教师"现实问题,才能真正弄清,避免进入教师队伍建设的误区。

教师队伍建设是包括青年教师(以年龄维度划分)在内的所有在职教师,可能青年教师培训培养需要更多重视,需要花费更多的时间、精力和投入,但决非能替代教师队伍建设。青年教师培训培养不应该成为其他教师的"参照物",也不应该成为其他教师的"替换品",更不应成为教师培训培养的"专属品"。

青年教师分类应该从两个维度来划分:

一是从教师入职时间长短划分,由于对新教师入职有年龄限制,大多数时间把教师入职时长与年龄放在一起考虑,入职时间短且年轻的教师就会称之为青年教师;

一是从教师教育教学态度、能力与效果来划分,如果教师入职时间较长,年龄也较大,但其教育教学态度、能力与效果不佳,笔者认为这类教师在教育教学领域中,也属于青年教师,尤其是教育教学常规管理和培训培养方面应该纳入青年教师的序列。

接下来谈谈教师队伍建设目的是什么?毫无疑问,教师队伍建设是为了让教师更加适应教育教学需要,更加适应学生健康成长需要,更加适应教师实现自身教育教学理想的需求。如果,教师队伍建设目的不是以上三点,那么,这样的教师队伍建设是不纯粹、不专业的,不是为了教育发展,更不可能是为了学生健康成长。

一些地区和学校的以下做法,是不能称之为教师队伍建设,或者说是教师队伍建设的全部。

一是教师队伍建设中以"青年教师"培训培养替代教师队伍建设的做法是要不得的;

二是从教师队伍建设采用"骨干教师"+"青年教师"做法也是不完整的;

三是从教师队伍建设目标维度来看,以教师入职时间长短和教师年龄大小来划分是否是"青年教师",是不专业的,也不利于教师队伍健康成长。

教师队伍建设只有遵守"全员""分层分类""科学""有效""持续"几个要素,从"选、培、管、用"四个方面统筹设计,系统实施,才能在教师队伍总体建设取得一定的效果。

吸引学生是教师专业能力的显性标识

教育是门科学,教师是让教育落地的专业人员。教师的专业素养很大程度上决定教育质量,很大程度上决定学生是否健康成长,由此可见,教师专业能力的重要性。

教师专业包含的领域很广,如何体现教师的专业度呢?这是一个仁者见仁,智者见智的话题,笔者认为,吸引学生是教师专业能力的显性标识。简单地说,一名能吸引学生的老师,其专业能力肯定不差。笔者为什么会有这样的认识呢?本文想从以下四个方面予以说明,即教师专业能力的"价值认知""效益认知""情感认知""自省认知"。

吸引学生的教师,在价值认知上符合学生健康成长,适合学生需求,这是教师专业能力"道的维度"。教师专业能力中道的维度,就是指教师的价值认知广度与深度。

"师者,授业解惑",韩愈对教师定义简明扼要,也是较为准确的,尤其在韩愈那个时代,有这样的定义就更为可贵了。韩愈所说的"业与惑",既有知识与技能方面,又有方式与态度方面,更有价值与方向方面。教师首要的职责就是帮助学生客观认识自己,客观认识同伴与家人,客观认识周边社区,并试图了解他们之间的复杂关系,形成符合公共认可范围内基础"价值标准"的认知能力。

教师对于学生的影响很多,教师是学生在人生前行时的"萤火虫",可能不太亮,也不是唯一的亮光,但教师的观点与作用,会像萤火虫一样,一闪一闪地提醒与陪伴学生成长。教师这种"萤火虫"式的闪亮,就是教师自身和给予学生的价值认知及导向。

作为一名合格的教师，作为一名吸引学生的教师，他的首要素养就是教师价值认知，如果教师价值认知出现问题，教师其他的素养将变得毫无意义，甚至于负向作用。

吸引学生的教师，会让自己和学生感受到接纳价值的快乐，认可价值的快乐和成长价值的快乐。

吸引学生的教师，能让自己与学生体验收获和成长的幸福，这种幸福来源于教育的"效益认知"，这是教师专业能力"效的维度"。

我们都知道"兴趣是最好的老师"，但我们是否追问过，兴趣又从何而来呢？兴趣应该建立在"效益"上，师生在一次次工作、学习、活动中能看到自己努力后的"成效"，兴趣就会慢慢产生了。所以兴趣不都是与生俱来的，而是一次次体验学习、工作、活动中的"成功"，慢慢变成了兴趣，变为了喜欢，变为自己的特长与能力，最后成为自己的一部分。

吸引学生的教师，一定会与学生一起体验学习、活动"成长的效益"，从而激发师生的生活、工作与学习的兴趣。

吸引学生的教师，在情感认知方面符合学生认知和学生自身成长的需求，是教师专业能力"情的维度"。教师专业能力中情的维度是指教师情感认知水平，无论是学生及学生成长，还是教育教学中与学生的交流、了解、帮助都需要教师"爱的能力"与"共情能力"，否则，教育不可能真正发生。教育是否发生，不在于场景，不在于内容，不在于方式，在于认可与需求。认可与需求的前提是情感接纳，这就是教师的"情感能力"，我将其称之为教师的"情感认知"。

顾明远先生说，没有爱就没有教育。我理解先生这句话意思有四层。第一层意思是，教育者要有爱人之心，爱生之心；第二层意思是，教育者要有自爱，爱己之心，爱职业之心；第三层意思是，教育的各主体之间的互相认可，互相接纳，形成共情的情感共同体；第四层意思是，教育助力人的成才与成人，教育就是以仁者之心助力人的成长的爱的艺术，教育实则是"教己育人"的乐事、美事和趣事。

教师情感认知充满着教育教学整个过程，对教师教育教学效果有着极为重要的作用。教师的情感表达，情绪状态，对事物的态度，对学生表现的判断，等等，都受教师情感认知影响。可以说，优秀教师的优秀不尽相同，但优秀教师对教育的热爱，对学生的喜欢，愿意陪伴学生成长，愿意和学生待在一起等方面的态度，是一致的。

吸引学生的教师，不但自己会有"自省精神"，还会引领学生养成自省习惯，这来源于教师具有"自省认知"且能践行于己，践行于教育教学之中，这是教师专业能力"思的维度"。

子曰："吾日三省吾身：为人谋而不忠乎？与朋友交而不信乎？传不习乎？""自省"是人类文明产生的重要因素。由此可见，"自省"是人健康成长的关键能力与素养，也有人称之为"反思能力"。

教育的自省首先来自教师的"自省精神"，教师如何能具有"自省精神"呢？笔者认为，只要教师树立"教育，教己育人"的理念，就自然而然地具有"自省精神"。如果教师的教育理念是"教育，帮他人成长"，那么，教师就难以有"自省精神"，只有"他省精神"了。

在现实的社会活动中，我们看到一些专家或官员，说了一些让人匪夷所思的观点，或说了一些让普通百姓认为脱离实际的事情。这是为什么呢？是能力的问题吗？是知识储备的问题吗？是认知的问题吗？可能会有，但这不是主要的问题，主要的原因，是说这些观点和事情的人，没有把自己放到现实的社会活动中来，自己从他的话语体系所讲到的对象中"跳了出来"，所以他们说得理直气壮，说得高高在上，这就是"事不关己，高高挂起"。试想想，他们怎么可能会"自省"，又怎么会有"自省精神"，因为他们希望的是"他省"，希望别人有"自省精神"。

一位具有自省精神和会自省的教师，他身上是闪耀着光芒的，这种光芒，不但能帮助学生行走在成长路上自省，还能给予指引和提醒。这样的教师是会吸引学生的。

教师的专业素养与能力很多，本文从教师的"价值认知""效益认知""情感认知"和"自省认知"四个方面来表述，希望能提供一些参考与启示。

区域教育生态视域下的"名师"建设思考

由江西教育传媒集团《教育博览》杂志社主办,江西万载县教育体育局承办,江西省陶行知研究会、江西省外语学会等机构协办的全国中小学名师工作室联盟第五届名师论坛邀请我做一些分享,这又一次让我静下心来思考"名师"问题,把"名师"放在区域教育生态中去思考。

一、给名师画像

什么是"名师"?这是仁者见仁、智者见智的多维度认知,笔者认为"名师"是在你的画像、他的画像、我的画像中找到"公共区域",这就是"名师"。笔者给名师画像:画像一,"名师"取得一定的教育教学成绩,且是较为长期的;画像二,"名师"对教育教学是有一定研究的,研究成果在教育教学实践中检验得到证实与认可,且是可操作、能推广,对其他教师教育教学有一定帮助与启发的;画像三,"名师"较长时间是被广大学生、家长与教育同仁认可的。

以上对"名师"三点画像,是建立在"名师"日常生活与工作的状态之上,而非发生在特定时间,特定地点。

二、名师与明师

一直听到一种声音,那就是教育需要更多的"明师",而不要那么多的"名师"。如何来理解这个观点呢?笔者认为,有这个观点,源于两个原因。一是有些"名师"只在乎追求"名",而放弃了"名师"应有的"明"。教师的"明",是指教师应该明教育教学之常识,明教育教学之常规,明教育教学之职责,明教育教学之理念，明教师学习成长之道理，等等。"名师"就更应该如此。二是有些人走进"吃不到葡萄，说葡萄酸"的误区，以自身的"经历与经验"去判断别人的"努力与成效"。如果区域与学校让这种"氛围"肆无忌惮发酵，对区域与学校教育生态是破坏性的，对区域与学校教育发展是有负向作用的。

当然，针对少数的"名师"只重视"名"，甚至于通过各种方式与渠道，把自己打造成为"名师"的，咱们应该毫不忌讳地说出"只要明师，不要名师"的决心。"名师"要把"明"当成自己的必备品质，把"名"当成自己的配饰与别人的鼓励，只有这样，"名师"既是明师，又是名师；也只有这样，名师对区域与学校教育生态构建才能起到积极的帮助作用。

三、名师的核心素养

作为一名名师，他们的核心素养是什么？笔者认为名师的核心素养是"真、善、美"。真、善、美为何能成为名师的核心素养呢？

"真"是名师之基。著名教育家陶行知先生说，教育就是教人求真，学做真人，由此可见"真"是教育之基。教师以真实的状态与认知，真诚帮助与引导学生，去发现与寻找知识真理、社会真谛、人间真情，让学生求真务实，踏实做事，学做真人。名师的核心素养之一，自然是"真"。知识要真学、真懂、真透；教育教学要真心、真诚、真实；对待学生要真爱、真情、真助。名师如无"真"，如同"无德之人"，毫无底线，何以称之为师，又何以成为"名师"。

"善"是名师之魂。著名语文特级教师王崧舟说，"教育当以慈悲为怀"，这里慈悲为怀是借佛学中的"善"。教育教人求真，学做真人，是让人性中的"善"得释放。教师之所以不称之为"匠"，而称之为"师"。因为"匠"对应技，对应术，对应客观自然；而"师"对应教，对应育，对应充满思想的个体生命，极具人文性的生命。名师核心素养之一，自然就应该有"善"。教师之善，表现为对人之善，对己之善，对科学知识之善，对现在与未来之善，对不同观点、不同认知、不同差异之善。名师如无"善"，如同"无爱心者"，毫无助人之心，何以能称之为师，又何以能成为"名师"。

"美"是名师之求。中国文化推崇"各美其美，美美与共"。美是人追求的最高境界，上至国家，中至单位部门，下至常人无不在追求。有环境之美、有艺术之美、有生活之美、有工作之美、有家庭之美、有发展之美……教育是追求人文之美、社会之美、生活之美与艺术之美的事业，教师是成人之美的事业。名师通过知识之美、学习之美、课堂之美，达到"成人之美"，也让自己变美，真正达到"各美其美，美美与共"的妙境。

唯有求真，方可为善；无真，何以有善，无真有善，只能是伪善而已。有善方有美，无善，谈何之美；无真既无善，无善既无美，只有真善，方可为美。

四、名师成长的主要因素

专业是支撑教师发展重要而基础的能力，名师的专业能力要求就更高。支撑名师专业能力很多，名师除了专业能力外，还有其他因素，本文列举名师成长的几点主要因素。

因素一：职业定位与标准：一名教师的职业定位决定了他的工作高度，也决定了他的工作态度，他的工作策略和工作效果。教师职业定位简单地说，就是希望自己成为什么样的教师，帮助学生成为什么样的人。

教师职业标准由教师职业定位决定，名师的职业标准很高，包括课堂标准，学生指导标准，自我学习、习惯以及行为标准，等等。

因素二：职业中的重要关系：教师工作是人与人之间的沟通交流，通过沟通交流达到教育与学习的作用。教育，是一门关系学，有人这样定义教育，有一定的道理。

关系，自然是名师的重要因素。教师第一关系是师生关系。良好师生关系不仅仅是教育真正发生的前提条件，也是教与学的重要条件。教师第二关系是一起的合作团队关系，如班级搭班教师，同学科教研组，同年级教师，等等，因为教育是"共同体"，教师不是"独行侠"，没有互相配合与协同，教育是"拧巴"，"拧巴"的教育难以达成教书育人的效果。教师第三关系是家校关系，家校是教育学生的主要主体，家校各自教育很重要，但他们之间共育更为重要，建立家校之间的"教育合伙人"关系是家校合作的基础，也是家校共育的前提。

因素三：专业技术能力：教育是科学，教师是专业技术人员，教师专业技能力是教师最为突出与显性的专业能力。

教育是科学，影响教育的因素是综合的，教师专业技术要求很多且很高，笔者列出了七点名师专业技术能力：能力一，教师系统学科知识储备与使用能力；能力二，教师的思维与逻辑能力；能力三，教师设计与构建能力；能力四，教师表达、交流与沟通能力；能力五，教师知情与共情能力；能力六，教师组织、管理与协调能力；能力七，教师信息化技术能力等方面。

因素四：职业态度与品质：教师职业态度决定教育高度，教师职业品质决定教育品味，二者缺一不可，相辅相成。

名师职业态度应该是喜爱教育，喜爱学生，喜爱教师这份职业，名师对待工作，对待工作对象，对待工作伙伴应该是温和而坚定的，名师在工作方面，在学习方面，在助人方面是坚持而持续的。只有喜爱，才会投入；只有温和，才会润育；只有坚定，才有观点；只有坚持，才会有成效。

名师职业品质应该是坦诚、务实和成长。坦诚在前文中已经提到了；务实是教育与教学的基础品格，也是匠人精神的基础品格；成长是基于"教育，教己育人"的理念下的师生共成长追求，有了师生共成长教育追求，成长才会真实在学校发生。

五、名师的成长路径与成长思考

名师成长有"听、说、读、写、行、研、教"七字诀。听是指教师"倾听"，树立"听"即学习，"听"即交流，"听"即态度的理念。说是教师教育教学的主要方式，但教师不同场合、不同内容、不同对象如何说，说什么，怎么说，说多少是教师真正能力的呈现。读是学习的方式，这里的读是教师阅读，教师多读书，读对书，读透书，长读书，有人说学习史就是阅读史，这句话有点"过"，但阅读是人知识、文化与精神成长的最佳方式。一名不持续阅读的教师，肯定不是一名合格的教师，更何况名师。写是人成长的重要环节，是人的思维、逻辑从低阶走向高阶的过程，没有哪一位名师是不写作的，写作让感性、经验与零碎变成理性、成果与系统。行是指教师要走出去，这里既有物理空间的行走，也有视域、领域、观点和不同主体的不同"天空"，只有行，方知天下多大，世界多宽。研是指教研和科研，研是现代教育的标配，也是现代教师的必备素养，名师既是教育教学实践专家，又是教研科研的行家，应该具有教育科学思维，科研素养和教研能力。教是指教育教学，是教师最聚焦、最重要的能力，也是教师各种能力所要呈现出的最后结果，更是教师立身之本。

　　一所学校，一个区域，一个系统都应该有，也一定会有"榜样"与"标竿"。"名师"就是学校、区域教育的"领军人物"。学校与区域教育生态优劣，通过名师建设与成长，可以判断，如果这所学校，这个区域的名师得以持续发展，即名师自身不断成长和学校与区域名师由个体成长向群体发展，由此可见，这所学校与这个区域教育生态是良好的。反之，教育生态是不健康的。

聊聊"名师"引进这件事

一所好的学校,必定会有一位好的校长,我们把这样的好校长称之为"名校长"。一个好班级,一门好学科,一名好学生,必定会遇到一名好的教师或好班主任,我们把这样的好教师或好班主任称之为"名教师",简称为"名师"。

有人说一名"名师",能为学校乃至为区域带强一门学科;有人说一名"名班主任",能为学校、乃至为区域带出一批优秀班主任;有人说一名"名校长",能办出一所知名学校,乃至为区域带出一批优秀校长。但很少有人说,一名"优秀教育局长",能为区域造就出一批优秀校长、一批优秀班主任、一批优秀教师、一群优秀家长,甚至于能构建出区域良好教育生态。

正是基于以上认识,才有讨论话题的可能,才有"引进"一说。今天,以"名师"引进为话题,来聊聊"人才"引进与流动的话题。

"名师"引进,其实是少数现象,但也绝非是个别现象。那么,"名师"为什么会被引进呢?引进的"名师",自己会有什么变化,会给引进单位或区域带来什么改变呢?"名师们"成长校或输出单位与区域,会因为"名师"被引进后,产生什么影响呢?带着这些问题,一起来聊聊"名师"引进的那些事儿。

引进"名师"这件事至少可以从三个主体方来聊。一个是"名师"本人;一个是"名师"引进方;再一个是"名师"成长方或输出方。接下来,分别从三个主体的为什么会被引进和引进后有什么作用与影响两个视角来聊聊"名师"引进话题。

01 从"名师"本人视角来聊聊"名师"引进

"名师"之所以会成为"名师",肯定是某一方面或某几方面有一般教师所不具有的能力、业绩与影响，获得了不一样的教育教学效果、行业认可以及相关荣誉。

"名师"为什么会被引进？"名师"因"名"而被关注；"名师"因"能"而被认可；"名师"因"意"而有可能被引进。为什么会被引进？每个"名师"被引进，都有一个属于他自己的故事，但归纳起来，原因无非三点：第一点，是觉得自己在现在单位"不得志"，没有发挥自己的作用，期待改变；第二点是有"走得更远"的梦想，希望到其他地方走走与看看，希望给自己职业带来更好的"机会"；第三点是自身对生活与工作条件及环境有更高的要求。

引进后对"名师"有哪些影响？"名师"被引进后，可以从"工作环境与状态""工作成绩与成效""个人成长""个人待遇"和"个人生活状况"等方面来判断其影响。而这些方面是受引进人员自身差异，引进单位综合情况，引进城市的文化氛围，引进后工作岗位设定、引进后实际使用情况以及引进时给予条件等影响，引进后状况其实还是有很大的差别。除此之外，"名师"被引进后，要经历职场综合"排异"反应，这种职场综合"排异"反应，有个人承受度、文化接纳度、团队融合度、生活工作环境的适应度等方面，这是"名师"受影响的原因之一。"名师"被引进后，会普遍出现现实与自我预期的差距，这种差距至少包括工作环境标准与适合度、自己与团队工作状态融合度、单位与同事对个人重视程度、个人工作能力与作用发挥效度等方面，这是"名师"受影响的原因之二。"名师"被引进后，必然要经历同事的"认可"与"不认可"之间的反复过程，虽然"名师"是因名、因能而被引进，但真正引进后，在较长时间内还需要用工作成绩、工作态度、工作能力、工作感染力等诸多"可言"或"难以言表"的因素进行自我"论证"，而且是综合的，这是"名师"受影响的原因之三。"名师"被引进后，可能会有"期待很诗意，现在很生活"的感受，可能是引进单位引进时的种种"承诺"难以全部兑现，亦或是自身对新单位、新地方"超值"的期待，都会有让其感到"差那么一点点"，这是"名师"受影响的原因之四。当然，以上四点原因不能包含"名师"引进后遇到的所有问题。

02 从"名师"引进方来聊聊"名师"引进

作为"名师"引进方,在"名师"引进工作中是主导方,相当于"产品"的"购买方",同时也使人才流动成为"可能",因为人才有了"消费方"。

"名师"引进方是基于什么考量,做出单位或区域引进"名师"的决定。能够制定引进"名师"政策与机制的区域和单位,至少具有两个基础性条件:一是当地党委政府重视教育,给教育更多"自主发展"支持与机会;二是引进区域或单位认识到"名师"对教育有推动作用与积极效果,而且对"名师"引进有"迫切"的需求。基于这两个基础条件,社会经济发达的区域、大中型城市,"引进"不是新鲜事,也不是难事。但对社会经济发展较落后地区和县市级相对较难,大家认为是财力的问题,笔者认为财力不是最主要的问题,更多的问题是区域教育生态。

引进方引进"名师"能发挥什么样的作用?引进方引进"名师"能发挥的作用有多大?对于这两个问题,通常从预期作用与实际作用两个方面来理解。引进"名师"时,引进方有预期作用的假设,正是由于有预期作用假设,引进方才会制定引进"名师"的政策和方案。这些假设,其实就是引进背景与依据。在"人才"引进政策和方案制定时,预期作用考量是"理论"的,是"共性"的,是"纯粹"的,所以,预期作用往往是"美好"而"偏优"的,这一点是"名师"引进方要提前预设和预判的,否则,就会出现"失落"与"失衡"。这也会对"人才"引进工作评估出现"偏衡",不利于"人才"流动工作。

"名师"引进的实际作用。"名师"引进后实际作用,就不能一概而论了。大概有三种类型:一种类型是"超预期"效果,这种类型达到了"引进一个,带动一群"的作用。所谓引进一个,带动一群,是指通过引进的"名师"后,名师通过示范、榜样、培训等方式,为引进单位或区域带出一支队伍,影响一群人,让团队活起来、做起来、成长起来,这是引进方最想看到的效果,也是引进方预期的超值作用。再一种类型是"负预期"效果,这种类型出现了"引进一个,寒心一片"的影响。

由于引进方没有处理好"引进者"与"原住民"之间的关系,引进"名师"的待遇与条件得不到"原住民"认可,认为"物不所值"。由于"名师"引后,工作状态、工作能力、工作成效、工作融入等方面,都没有达到引进方的单位与同事的认同,导致团队及团队成员"寒心"。还有就是鉴于引进方单位或区域文化、治理能力、团队建设等方面因素,引进方单位本身处于"极不正常"状况,引进方单位"四面楚歌"。这时候,还引进外单位的"人才",给出让大家"质疑"的待遇,这让单位原本"极不正常"的状况,再增添"极不安定"的因素,让单位与团队走向"崩溃"。还有一种类型可称之为"达标"。这种类型达到"引进一个,一处改良"。即引进一个人,站在一个岗位,发挥岗位作用,让这个岗位相应的工作状态、工作氛围、工作成绩等方面得以改善与提升。笔者认为,这一类型属于正常的引进效果,是引进的"等价效应"。因为"名师"的能力、影响、作用本身也是"有限"的,没有特殊条件与支持,很难发挥超出其本身的"有限"的作用。

"名师"引进方在引进工作研究阶段,应该有几点基本的预判,第一个预判:"人才"引进工作是一把"双刃剑",有利也有弊,需要做科学而综合的评价;第二个预判:"名师"引进后,所能达到的作用是"有限"的,引进方不要抱有"一药治百病"的美好愿景;第三个预判:"名师"引进工作效果如何,最终还是取决于引进方的教育治理水平、教育文化氛围、教育生态优劣等方面的因素。只有作出科学而又充分的研判,才能决定是否引进,如何引进,引进什么样类型的问题。

03 从"名师"成长方和输出方来聊聊"名师"引进

作为"名师"成长方和输出方,相当于"产品"的"生产方"和"供给方",同时也是通常所说的资源"损失方"。学校或区域的"名师"被外单位或外区域引进,学校或区域会有什么考量?作为被引进的一方,这件事儿对本学校或区域无论是从事业的发展,还是资源的调配;无论是对单位的影响,还是团队的凝聚力;无论是对领导管理能力,还是单位声誉都有着难以言表的"糟心"与损失。

作为被引进方,面对本学校或区域"名师"被引进,一般会出现四个程序性反应:第一反应是"惊讶",想不通"名师"为什么会离开单位;很"恼火",

但理性权衡后思考如何"制止"名师流出的策略。其次,被引进方相关领导进行自我"反思",本单位及单位负责人在哪些方面做得不对或不够,导致"名师"的不满或不悦,而心生"离开"的想法,然后列出"名师"离开的原因,并准备好交流与洽谈的"回复"与"条件"。再次,与"名师"面对面沟通,以"挽留"名师为目的开展系列沟通与洽谈,为了考虑"名师"的感受与收受程度,而选择沟通与洽谈的形式、人员、内容、场景等,可以说是动之以情、晓之以理、严之以法等,以达到"名师"改变想法,继续留下工作。最后,不过两种情况"留下"与"离开"。"名师"选择"留下",就无需细说;"名师"选择"离开",被引进方只有"忍痛割爱",双方相互道声"各自珍重",希望双方"买卖不成仁义在"。"名师"被引进方与"名师"就"引进"工作走完这四部曲,可以说,对引进方及引进方领导,对被引进的"名师们",这些过程有些是"不堪回首"的记忆,有些是"含泪微笑"的无奈,有些是"伤痕累累"的痛心,有些还会出现"相忘于江湖"的决绝。

学校和区域"名师"被外单位或外地引进后,对学校与区域有哪些影响?首先,就是"形象"产生"负面"作用,本单位与区域的"名师"无论出于什么原因被"引进",单位与区域外部和内部都会有"指向性评价",认为单位与区域有什么"不足"和"过错",基于这个逻辑,作为单位与区域部门领导,无论如何都难以解释;其次,对单位与区域工作氛围和团队建设有"损伤",对单位与区域"士气"有较大的损害,尤其是"名师"所在的团队影响肯定是最大的,而且需要一定时间"恢复";最后,"名师"离开后,让被引进方单位与区域对教师培养心怀忌讳,认为培养教师,尤其是培养"优秀"教师更加谨慎,有些地方出现对本单位与区域其他教师成长机会的支持力度降低,还可能出现设置"障碍"的现象。当然,这种想法与做法是不可取的,对本单位与区域教师队伍建设不利。

"名师"引进,实则是"人才"流动。关于人才流动,是件复杂的事情,不仅仅只限定于上述的引进方、被引进方和引进者三方,此处不再一一分析。

第七章

学校管理：区域教育的基本样态

教育评价决定教育高质量发展

教育评价是教育高质量发展的"一道坎",也是教育高质量发展必须迈过去的"一道坎",没有科学教育评价,就不可能有教育高质量发展。十几年来,我国对评价重视与研究已经提升到较高的层次,尤其在基础教育领域内,取得了不俗成绩,教育评价对推动基础教育高质量发展发挥了重要作用。

教育评价涉及到评价内容及指标的研究与实践、评价组织及方式研究与实践、评价结果使用研究与实践等方面。教育评价一直是影响教育改革向深水区推进的重要力量。

教育评价功能是多元的,教育评价至少包括成长性评价,管理性评价和社会性评价三大类别。

一、成长性评价指向学生个体性成长

所谓成长性评价,其实就是以学生个体化的纵向评价为主,以群体学生和对应对象对比性的横向评价为辅;以多元发展为主,以"重点"考核为辅;以过程性、生长性和阶段成效性评价为主,以结论性、竞争性评价为辅。

笔者认为,教育成长性评价更聚焦于单个学生成长,关注学生成长的多方向发展,关注学生成长的多因素,关注学生成长过程与阶段结果,阶段结果与最终结果之间协同和因果关系。教育成长性评价内容是多元的,教育成长性评价允许学生成长路径多样化,教育成长性评价不应该只有可量化、可呈现的显性成长成效,还应该有不能量化、但有潜移默化的隐性成长成效。教育成长性评价最终以促进人健康、完整而持续发展为终极追求目标。

成长性评价适应于"成长者本身",以成长者原有基础,所拥有条件和发展方向等为原则,观察其某个阶段的总体与不同维度的变化。成长性评价更多地强调个体"今天比昨天好些",而不应该是"达成什么目标"和"超越多少人"的竞赛精神。竞赛式评价在一定程度上对个体成长有负向影响。

某一区域,一所学校,一个年级、班级和家庭,如果教育评价不是以"成长性评价为主",那么,他们培养出来的孩子与学生难以完成"立德树人"的教育目标,也难以落实党和国家教育方针中提出的"德、智、体、美、劳"五育并举。因为,"立德树人"与"德、智、体、美、劳"五育并举的前提是要站在人的成长规律,教育规律,社会规律的基础上,而成长性评价恰巧符合以上基本条件。

二、管理性评价指向教育管理部门需要

管理性评价服务于教育管理,现代教育的公共性决定了教育规模与方式,教育管理是现代教育发展前提,没有科学教育管理,就不可能有现代教育出现,所以,教育管理性评价就应运而生。

管理性评价是站在管理者视野来看待教育,管理者会更加关注教育整体性,教育比较性,教育对照性和教育发展性方面,更加关注群体性变化,把个体发展指数纳入到群体中去分析。

笔者认为管理性评价应该"重层次,弱名次"。我们纵观当下,无论是设县市区的市级教育主管部门,还是县市区教育主管部门对下辖的部门与单位评价,基本采用"排名次"评价,鲜少有采用"分等级"评价,采用"进阶性+单项性"评价更少。学校对班级评价、教师评价、学生评价更是"分分计较",有些学校评估已经精确到小数点后面的三位数了,试想这样评价的班级工作状态,教师教学工作状态和学生学习状态会如何?这种评价下的工作与学习是否与"立德树人"育人目标、"德、智、体、美、劳"五育并举教育方针、培养学生"核心素养"等教育理念相适宜?评价什么?怎么评价?在此处就不展开。

管理人员要清楚评价的基础原则,那就是管理评价越精细,越全面,你的团队及团队成员就越容易缺乏团队精神,缺乏问题解决能力和创新性。排名式

的管理评价，就会让被管理者采取"精益求精"式对应评价指标而工作，而忽视评价指标没有的或比分较小的"重要而必需的内容"，这就导致学校里有"主副学科"现象。"考核学科教师永远缺编"，因为这些学科教师去干其他的事。连上齐上足课程这么基础的教育教学常规，在好多学校都难以真正落实，学生负担越来越重，连作业管理都成了教育系统的"重要工作"，校外学科补课机构"火爆"，以至于国家出手"重拳"打击，等等。这些现象还是看得见的显性问题，还有一些看不见的隐性问题，但对学生身心是有影响的，对学生成年后的工作与生活也是有影响的，只不过没人进行科学评估，也没有太多人去研究这方面的问题。

三、社会性评价指向外界对教育期待

教育是现代社会公共生活的组成部分，教育服务于社会发展，所以教育评价中就少不了社会性评价。

社会性评价主要包括地方党委、政府和相关部门评价、家长评价和社区民众评价三方主体的教育评价。

社会性评价对教育的影响丝毫不比成长评价与管理性评价"弱"，从某种意义上说，社会性评价对区域教育发展有着"决定性"作用。地方党委、政府和相关部门评价对区域教育发展是"一锤定音"的，从政策方面、资源方面、教育管理人员工作岗位方面与对教育发展的影响都是"决定性的"。家长评价对区域和学校教育发展有着"基础性作用"，从对教育的信任度、支持度与选校等方面对区域和学校教育发展的影响是"空前的"。社区民众对区域和学校教育发展有着"全域性的"作用，从对教育的认可度、支持度与敬畏度等方面对区域和学校发展的影响是"多维且全程和全体的"。

如何让社会性评价变得有利于区域和学校教育发展，是教育与教育系统当前面临的最大困难。纵观当下，我们的教育发生了一些失去教育常识、背离教育规律、以所谓的教育改革弱化与替代教育教学常规等不良现象，有教育系统内部问题，也有因为教育社会性价比而导致的问题。如地方党委、政府，家长与社区民众以单一的中、高考录取数字来评价区域和学校教育教学质量，不考

虑学生身体、心理及其他素养发展，甚至于只考虑少数的中、高考学生中"高分学生"的状况，而不顾及大多数学生健康而高质量的发展，更不会考虑到学校与学生的特色与特长、发展与成长、基础与提升等教育评价需要考量的其他要素。这样的社会性评价，极大地破坏了区域与学校的教育生态，也无视基本社会常识与教育规律，更无视国家对教育的价值定位与追求和教育相应的法律法规要求。这样的社会性评价对教育的伤害是巨大的。

教育评价是教育高质量发展的重要因素，无论哪种教育评价方式，我们都应遵循社会与教育常识，遵守国家法律法规，遵照教育教学规律，以教育评价助推教育高质量发展，助推学生健康成长，助推区域与学校良好教育生态构建，这样的教育评价才是科学而有效的。

教育一旦资源化，就会减弱或丧失教育性

条件是教育存在的基础，教育需要教育资源。我们发现一种现象，我国在20世纪七八十年代，各地教育差距不太大，尤其是以省级、设县市区市级差距并不大，校级差距还是存在的。时间进入到本世纪以来，我国各地教育差距变大，而且还在拉大，尤其是以省级为区域的教育差距拉大。问其原因，有很多因素，但有一点是重要的共性。

20世纪七八十年代，我国社会资源相对贫乏，教育资源更是如此，地区之间教育差距主要存在于入学率、辍学率，也就是解决有学上的问题。到21世纪以来，我国社会进入高速发展及高速发展带来的资源积累阶段，社会资源得以发展并且释放到各行各业，教育也不例外，教育资源得以丰富，地区之间教育差距在扩大，各地进入上好学的阶段。随着各地教育资源配置不平衡，教育发展水平与教育教学质量也就拉开了差距。

大概率来看，社会经济发展较好，且对教育重视并投入较多的区域，教育发展水平与教育教学质量要优于社会经济发展较慢，且对教育不够重视并投入较少的区域。这就说明教育离不开教育资源，教育高质量发展更离不开丰富的教育资源。

除了以上的认知，笔者还观察了关于教育资源对教育不同影响的现象，那就是教育一旦资源化，其功能不但没有真正地提升与发展，并且还弱化，甚至于会丧失教育的教育性。

学校办学以追求学校资源为导向，是教育资源化的显性特征，也是学校教育教育性弱化的"最大推手"。

学校办学需要资源,如政策支持,钱、财、物、项目支持,师资选拔的优先权,生源选择权,学校地域地段,等等。这些资源为学校办学提供了"决定性的奠基优势",所以,校长千方百计想获得这项优势。

基于学校需要资源,甚至于优质资源,校长花力气去争取办学资源,争取办学优质资源是无可厚非的,应该说是光明正大,是学校和校长的本分与本职工作之一。

本文所交流的话题是"学校办学以追求学校资源为导向"。学校办学以追求学校资源为导向与学校去争取资源有什么区别呢?有本质的区别。

学校去争取资源,其目的是办学所需,是为了办好学,从而服务更多不同状态的学生,让更多的学生获得更佳健康成长的可能,学校争取资源目的是服务学生,帮助学生。学校办学以追求学校资源为导向,其目的是通过争取资源而获得更多的资源,学生的作用在学校也成为学校资源,并非是学校服务对象,也非学校存在的目的,学校目的是不断获得新的资源,成为以资源换资源的商业体。

我们不难看出,都在争取资源的两类学校,前一类学校争取资源,是为了向学生提供更优质的教育,帮助更多的学生。这类学校的资源争取是办学"手段",不是办学目标;学校争取资源是为了提升自身办好学,而不是为了办好学而后在与其他学校的竞争中获得"胜利",不具有"排他性";争取资源是为了学校走向高品质办学而需要的基础,而不是对外有着"华丽的欺骗"的说辞。

后一类学校争取资源,是为了比其他学校更加"优秀",尤其是同类学校,以此获得更优更多的资源。如:政策支持力度资源、教师质量与数量资源、生源遴选资源、学校硬件配置资源、学校办学自主权和资金资源,等等。这种资源不断累加,学校就成为出类拔萃的"品牌名校",成为"品牌名校"又获得了更多的教育资源,以此循环,学校乐此不疲。可是,我们并没看到学校的"教育性",只看到学校拥有更多的"选择性"。让这些"品牌名校"拥有高人一等的"身份",而不是真正优于别的类型学校的"教育性"。

试问,我们教育高质量发展,指向学生核心素养,指向新课标、新教材、新中考和新高考,就是需要更多这样的"好学校"吗?我们教育改革,教育发展就需要学校有更多的"选择性",而不是让更多的学校具有更优的"教育性"吗?

如果学校办学以追求资源为导向,学校的教育性就会弱化甚至走偏。学校办学以追求资源为导向,他们的价值定位不是为学生提供优质教育,而是为学校提升优质资源,学校的目标不是着眼学生,而是着力学校,学校的价值在于其商业性,而非教育性。

如果教育目的是为了追求工作与生活资源优先,以及获取更多工作与生活资源的份额,这是教育资源化的隐性特征,长此以往,教育的教育性会逐步丧失。

教育的核心目标是帮助学生健康成长,即:身心健康,终身成长,成为一名有良知、有修养、有知识、有素养的社会公民。这样的公民是对国家有帮助,对家庭有贡献,对个人有价值,能过上有目标、有原则、有爱好、有品味、有挑战、有希望的人生。这才是教育所能为受教育者提供的最完美,最丰富,最有价值的教育效果。

如果教育的核心目标是为学生提供获得工作与生活资源的优先权,是提供工作与生活资源配置额度,那教育公平的意义何在?首先,教育是不具有此类直接功能与力量的,如有,那就是教育"顺应"了社会的某种规则;其次,教育的指向是人的成长,而非人成长后的资源配置优先权与额度;最后,教育就会从培养人培育人的维度走向为了人成长后获取资源优先权与额度,而放弃人的成长与人的存在。

如果社会、家长、学校和学生对教育的认知是学生通过教育手段,使其成年后的工作与生活获得更多的资源和资源配置优先权,那教育价值就不是培养人,而是直接对接社会,以社会资源分配的"规则"为"样本",形成一套符合此规则的教育逻辑,在此教育逻辑下,又有一套教育内容、教育方式和教育评价。这种状态下,教育看似是教育,实则不是,因为教育失去了教育性。当下我们看到一些教育现状,无不是因为教育价值不是培养人,而是为学生成年获得更多的资源配置和资源配置权。如:学校与家长希望孩子考好的高校;又如:好些学校往往不能够开齐开足课程,但开不齐、开不足的课程都是中考高考非考试学科；再如：好些区域教育局对学校评价，学校对教师评价，老师对学生评价都出现了重学科轻能力，重应试轻构建，重分数轻素养，等等。

教育离不开资源，教育高质量更离不开相应资源；但教育并不能资源化，学校发展目标不能资源化，教育目标更不应该资源化，否则，学校的教育性就会弱化，甚至于丧失，这是教育最大的危机。

学校管理的五个走向

学校管理是综合且系统的，是科学且复杂的，如何让学校管理服务与支持学校生长、教师成长，是每所学校永恒的命题。涉及到学校管理的理论、理念、做法很多，对我们学校管理有很大的支持。今天，我以"走向"来谈谈学校管理。

走向一　学校管理从"零碎"走向"条理"

学校工作应该是整体性的，实际工作则是分割的、零碎的，这里面包括实际工作的"现状"与"无奈"。校长们经常会听到教导处（或称之为教研处、教师发展中心）的负责人"抱怨"，说德育处（或称之为政教处、学生成长中心）事情太多，耽误了好多时间，以至于影响了正常教学工作；而德育处又会"抱怨"教导处占用时间太多，以至于学生没法参加正常活动，这对学生成长很不利，使学校难以真正实行德智体美劳"五育并举"育人目标，等等。

这就是我们通常所说的协调，校长们都知道学校管理需要太多的协调沟通，而且协调沟通的成本太高。这些工作占用了校长们的大量时间与精力，优秀校长这方面的困惑可能少些，好多校长吐槽说，根本没有时间干自己认为重要的事情。

学校有"零碎"工作是现实中的常态，如果学校工作"零碎"就不正常了。"零碎"工作是整体工作的组成，好比散文的"形散"，而学校工作如果"零碎"了，则好似一身衣服没有"搭配"，如同散文的"神散"，散文的特质是形散而神不散，学校管理工作也应如此。

应付、应对、应景、应急，"四应"是"零碎"工作的现实"标签"，也是实际工作无奈的"必须"。日常工作，不可能没有"零碎"，如何把有形具体而繁多的"零碎"变为合理而适宜的"条理"，这是学校管理者需要面对、思考和应对的。学校管理理性思考后的梳理工作，使之不会陷入"一盘散沙""头疼医头，脚疼治脚"的慌乱与无序，这就需工作的"条理"。

学校工作的"条理"一般都是由管理者来负责，有些学校工作的"条理"是少数人才具有的"能力"，与其说是具有能力，不如说是拥有资源与权力。学校每一次的"条理"都是一次"博弈"和"取舍"，并且每次都对团队和团队文化有不少的重建与冲击。

学校在共同愿景、学校文化、制度建设、组织构架、评价考核等方面都需要关注"条理"的工作，同时还需在学校日常管理中，要从就事论事向就事论因和就事论策等方面综合思考与行动。

走向二　学校管理从"片断"走向"体系"

任何一个单位与部门工作都分为"点、线、面、体、网"五个方面或五个层级。事情本身和做这件事的人，是决定事情是"点"、是"线"、是"面"、是"体"还是"网"。同样一件事，不同人做，对事情的定位不同；不同的事情，同一个人去做，事的定位也会不同。事情的"客观性"较为显性，做事的人"主观性"较为隐性，所以，我们可以多从"人"的角度去思考工作的"片断"与"体系"问题。

学校长期面对"考勤"工作。"考勤"是学校重要的基础性工作，又是能引起团队情绪波动的工作，好多学校采取现代化、多时段和重奖罚的方式来对待"考勤"。"考勤"工作是件什么样的工作呢？"考勤"某种意义上体现了学校文化现状、学校管理水平和校长治理能力，折射学校管理能力与效果不同的层面、层级与层次。教师出勤是一件"不抓就乱""一抓就怨"的工作。学校不要把出勤工作变成一项孤立的"片断"工作看待，而要把"出勤"工作融入到学校"体系"工作中，再去思考出勤工作，出勤工作就不会成为"片断"，而是学校"体系"工作中的组成部分，这样往往有事倍功半效果。

学校工作如何能从"片断"式走向"体系"式呢？个人认为至少有以下几点（但不仅限于这些）：

从理解"站在门前的事"走向探寻"躲在门后的事因"。我们通常看到的是"站在门前的事和你自己假设的事情"，但并不一定是"事情本身"和"躲在门后的事因"。我们更多的时候没有从看到的事情中去还原事情本身、事情的背景、事情的原因。如果实际情况真的这样，就会出现我们在学校管理中经常出现的"片断"问题。一所学校如果拥有更多"片断"式工作，长此以往，学校人人都在忙，觉得事事都重要，感受时时都紧张，可是工作效果很不佳。

任何事情都是"事出有因"。这里的"因"，至少包括事情本身、事情环境、事情相关的三方面原因。事情的原因可能不止一种，凡是一件事情或问题屡次出现，原因肯定是多样多元且复杂的。如果，面对事情只是从一方面或这件事本身去思考，往往难以解决，只有考虑上述三方面的问题，并把这件事融入环境和相关事情中，事情就不会出现"无解的自循环"，工作思路也就自然会从"片断"管理走向"体系"管理。

走向三 从"单向需求"目标走向"多元选择"追求

"单向需求"走向"多元选择"的核心，是让我们学会从"唯一"走向"可能"。不要在"唯一"中选择，因为"唯一"就是唯一，没有选择；要在"可能"中选择，"可能"或许不那么完美，但可能可选择更多的"完美"。读者朋友，您是会倾向"单向需求"还是"多元选择"呢？

如果你选择唯一，可能会更快接近目标，你的效率看似会"很高"，但你要承担单向需求式的就事论事，也就是每件事情看似都很"高效"，都很"完美"，回过头来看，或许并未"前进"。原因是，做成了一件事情，可能会为其他事情埋下更多的"危险"，从而影响管理的整体效应。

如果你选择了"可能"，工作开展会比较"艰辛"与"缓慢"，工作过程中会遇到的问题也不少，工作成效不是很显性，但工作会有积聚。管理者坚持以价值为引导，以时间为朋友，当然是有限且可承担范围内的时间；以耐心为能力，以成长为目标的管理理念，就是采用"多元选择"。

在实际工作中,我们往往以所谓目标为导向的工作单项"集聚需求",可能会不知不觉地走向"唯一",这样不仅没有真正"完成"工作,单位还会出现不可低估的"互消式的损伤"。而我们日常工作过程中,以多元选择为出发点,选择"可能"的方式,工作看似"低效"而"缓慢",但这种"低效""缓慢"的工作对单位来说是一种体系性构建与生长,对单位建设具有强大的生命力,激发单位各方工作潜力,形成良好的教育生态。

走向四 学校管理从"分工"走向"融合"

部门组成了单位,而部门又由小组构建的,每个小组有若干成员,每个成员都有较为明确的工作职责,这就是岗位。反之,每个成员有机组成小组,每个小组集结成部门,每个部门汇聚成单位。前段讲的是单位分工,后段讲的是单位融合。单位没有分工,会杂乱无章,人浮于事;单位没有融合,各自为政,难成合力。

德育室(学生处、政教处、学生发展中心)、团委(大队部)常常会向校长"抱怨",教学工作占用班级、学生太多时间了,以至于难以有效开展德育活动。教导处(教务处、教研科研处、教师发展中心)常常向校长"抱怨",德育工作太多、太频繁了,现在教学要求这么多,标准又高,如果继续下去,教学质量将大打折扣。当然,校长们听到的抱怨远不止这么多(抱怨内容、抱怨对象、抱怨频率、抱怨程度),除了校长们,还有其他校级管理者、中层、班主任都会接受这些信息,接受信息多少与拥有资源多少和岗位责任大小是成正比的。

这些现状,看似是差异性的个性化问题,实则是学校管理中"分工"所带来的"必然性"问题。如何解决现实背景下的分工所带来的"负面"影响,是校长们现实中不可回避的命题。

"分工"是单位(团队)必需的选择,分工后给机构带来的"破坏性"影响看似是必然的结果,但也不是没有办法化解。"融合"就自然而然地走进大家的视野。

学校共同愿景下的"分工与融合"是一对孪生兄弟。学校的办学宗旨、育人目标、三风一训等方面,都是全体师生的共同教育愿景。只有学校全体师生从内心认同、理解并希望实现办学宗旨、育人目标、三风一训，才能使之成为学校共同愿景。共同愿景下的"分工"，每项工作、每个工作岗位就会立足本职工作，瞄准与对标学校共同愿景，化成以单位与团队发展为目标的思考与行动。"融合"就会在各自分工工作下，自然地发生，而不是人为地强化和主张，不会出现因各自工作"独立"与"重要"而以对立的态度去理解其他工作，从而让"自己的工作"游离于整体之外的情况。

轮岗机制下的"分工与融合"。学校分工主要是三个方面：管理工作；教学工作；非教学辅助工作。管理与教辅工作根据工作性质，采用定时工作岗位轮岗，这样既锻炼团队，培养人才，又能有效地让大家对学校整体工作、工作机制、工作目标有系统理解，同时，利用团队成员互信互助、换位思考、同理共情等方面，有着积极有效的帮助。教学工作轮岗空间较管理和教辅工作要小，尤其跨学科教学的可能性较小。为了让这个问题不成为此项工作的"峡谷"式的"拦路虎"，学校在管理、评价等方面工作，尽量向工作岗位轮岗难度较大的教师开放，使这些老师能以"管理者"和"第三方"视野来看待和感受学校不同岗位的工作内容、工作要求、工作目标，从而增强他们对学校的整体性认识，使得融合理解达到"曲径通幽处"的意境。

共商互通机制下的分工与融合。学校由于工作点多面广，人员较多，加上学校工作相对"独立"。大家虽然都在同一所学校工作，对别人的工作不一定了解，对自己没有从事过的岗位，就更加陌生。轮岗机制也是有限的，那么，是否可以在一些工作研讨、决策方面进行适度"开放"，对一些工作进程、要求等情况进行适宜的组织"展示"，并且加强该项工作的延伸、拓展研讨、交流、展示和参加。

"分工负责"是每个人根深蒂固的观点与习惯，要想"攻克"它，需要长期而系统的方法，让"融合"成为分工负责的"兄弟"。当然，还有评价、文化等方面的空间与努力。"融合与分工"不应该用对立观去思考，否则，看似融合，实则是走向更大的"分离"式的"分工"。

走向五　学校管理从"计划"走向"规划"

学校计划是阶段性工作安排，学校规划是相对长时间内的目标与策略。工作计划更像学科中的"单元",而学校规划更像学科中的"学段"。工作计划更多是行动与行为的"操作手册""分工""时空安排";学校规划则更多是方向＋目标＋资源＋内容＋策略的"企划书"。

规划被好多单位"边缘化",是大家对规划的理解不到位,认为规划一般存在"根据上面说的,我们改改词",或者是"写出来,印出来,摆出来",或者是"只说愿景、目标,不管论证可行与否,不给出实施的策略与有效的支持"等现象。而计划则不同,凡是"合格"的单位,都会重视计划,计划要做得具体、详细、可操作,不但有年计划、月计划,还有周计划和某项工作计划。

有一次在讲座上,有位校长在交流互动环节问我:学校都知道规划很重要,但学校很难做出一个好规划,所以,大家对规划只有"高高举起",且"束之高阁"。这位校长问的问题具有极大的普遍性,可以"武断"地说,基础教育学校有这个困惑的可能不会少于 80%,甚至更高。

这个问题看似是如何做规划的问题,其实,背后还隐藏了规划有什么作用或者说规划如何能发挥出它应有的效果。

规划至少包括规划的作用、规划基本要义及结构、规划落地等内容。

为什么大家喜欢做计划,而不太愿意像做计划那样做规划呢?每所学校有他们各自的原因,综合起来,可能有如下几点:

原因一,觉得"规划"内容太大,实施的时间太长,所需条件太多;

原因二,觉得"规划"难实施,没有计划好把握,好操作;

原因三,"规划"本身对学校管理者的专业能力与整体观的要求较高;

原因四,"规划"是实际工作"对应"面对外界不确定的因素。

可能还不止这些原因。

学校管理最大的走向是从"学校管理"走向"学校治理";学校管理者应该从"管理者"走向"治理者",从"领导"走向"领导力",从"资源拥有者"走向"帮助服务者"等。学校管理是科学而复杂的系统工程,这几个走向,只是站在某个视角去观察,还远远没有触及到管理的内核。

工作中的四种思维类型

在日常工作中，经常可以听到和看到这样一些现象，如有些人在哪个岗位干，都干得不怎么样，而有些人在哪个岗位都干得不错；有些人干什么事情，总会"留尾巴"，而有些人干事情，很让人放心；有些人做一件事总会带来一大堆事情，而有些人一件事做好后，顺便还能做好其他几件事，等等。

对此现象，大家习惯性地认为，这是不同人工作目标的差距，或者不同人对待工作态度的差异，抑或不同人工作能力的差别，等等。不可否认，上述情况与这些差异有关。但除此之外，我以为还有一个很重要的因素少有提及，那就是人与人"工作思维"的差别。工作思维不同的人，必然产生不同的工作状态、工作能力、工作标准、工作效果，值得思考与研究。

根据工作中的诸多现象，笔者从"思维"角度整理出四种工作思维方式，即"自我型思维""任务型思维""问题型思维"和"价值型思维"。这四种工作思维有着各自不同的特点与习惯，也会在工作中留下明显痕迹，同时会在工作理解、工作视觉、工作策略、工作进度、工作次序、工作轻重等方面有着显性的"记忆"。如果从工作效益的视野，去给自我型思维、任务型思维、问题型思维和价值型思维进行"排序"，这四种思维应该呈梯次上升形态。

01 自我型思维（也称之为抛物线型思维）

每个人都有自己独特的认知方式，帮助我们采集信息、吸纳信息、合成信息和反馈信息。在工作中拥有自我型思维的人，在大多时间与事情上，都相信自己所拥有的信息以及固有判断，并以自我的认知、判断、兴趣与情绪去面对工作。如此，工作就会出现"抛物线"的现状。"抛物线"型工作，呈现出的是起伏的、不稳定的、不确定的工作样态。拥有自我型思维的人，在工作过程中，有时状态、能力、效率、效果都很不错，甚至是优秀；有时则状态、能力、效率、效果都不太好，甚至是很糟糕。这种"抛物线"式变化，导致工作极不稳定，让工作难以保持在一定的"合理范围"，得到的评价也是不可信任与难以认可的。

自我型思维的人为什么会出现不稳定性与不确定性呢？主要原因是缺乏对自我信息、外界信息的更新，缺乏自我对照、自我反思、自我成长的意识与能力，从而导致对工作环境、要求、目标、资源、能力等方面的认识不足，进而把动态的工作状况用静态的思维来面对。把外部多主体、多条件、多要求、多目标的工作用单主体、不充分条件与要求来看待，并以个人认知的目标去对待现实，自然呈现出时而正常、时而不正常的不稳定状态。

要改变这种状态，自我型工作思维的人要增强与外部信息的有效交流，要对工作环境、对象、团队、工作机制与流程、单位文化与目标等方面有更多、更深入的了解，以此来拓展自我采集信息渠道，促进自己合成信息与吸收信息的能力，达到自我反馈信息的准确而完整。只有这样，才能保持工作的持续性、完整性和高品质。

02 任务型思维（也称之为线段型思维）

任务型工作思维，也可以称之为线段式思维。何谓"任务型"思维，就是在工作过程中表现为，希望对方能给予明确的指令，比如说，去做一件事，希望能明确知道什么时候、在什么地方、和谁一起去干什么？干完后，又怎么样，等等，却不太喜欢别人给你讲这件事的背景是什么？为什么要做这件事情？这件事与哪些事情和哪些人有什么样的关联？这件事情为什么让你和谁一起去做？做这件事情有哪些风险与机遇？做这件事情的基本原则及可行性建议，等等。

任务型工作思维，为什么称之为"线段式"思维呢？因为任务型工作思维具有任务性、阶段性、分段式和非持续性等特点。拥有任务型工作思维者，始终都把接受工作，作为工作起点 A；把工作完成时，作为工作终点 B；工作就如同一条 AB 线段一样，是阶段性的，相对固定化，有明确工作起点与工作终点，而且路径清晰、简洁单一，所以，把任务型思维称之为"线段式"思维。

以任务型思维做工作，往往缺乏主动性。缺乏主动性包括缺乏主动思考、主动担当、主动行动。工作往往是被动的，即不主动思考，不主动担当，不主动行动。以任务型思维做工作，也缺乏工作持续性，往往把工作分成一段一段的。不会把两项或多项工作看成"相连的整体"，进而不会去思考它们的"内部"联系，总是以"计件"的视觉，把事情与事情看做"独立"存在的多件事，就像一段段"线段"排在那里，毫不相关一样。所以，拥有任务型思维的人，做了再多的工作都没有实质的积累，只有数量上的增加，不会有质的提升。用任务型思维去做工作，所有的工作是临时的、零散的、不成体系的，事情甲与事情乙没有联系，自然也不能相互给予什么帮助，就如同在大街上匆匆擦肩而过的人，没有信息交流、没有记忆影响，常常是一天到晚忙，除了机械性完成任务以外，没有给自己一定的时间、一定的心情、一定的空间系统思考工作方向、工作内容、工作策略，也没有系统解决工作中的问题，系统梳理总结工作的得失。

任务型思维的人在单位、机构里是最常见的一种类型。如果，你告诉他们，工作可以从哪方面去关注，他们会为没有去做提出一大堆理由：岗位原因、工作性质原因、领导风格原因，或者机构工作机制及文化原因……我们有理由相信，以上的原因，甚至还有其他更多的原因，导致了"我"成为今天任务型工作思维的人，或者说"我"只能用任务型思维去思考工作，才可能完成现有的工作或在现在的工作岗位呆下去。但是，还可以有一种理由，可以让"我"的工作思维有所改变、有所优化、有所丰富、有所融合，使"我"从任务型工作思维跳出来。那就是，"我"要充分认识到，任务型思维形成的根本原因是自己的工作意识、工作习惯、工作定位、工作目标与工作思维的"躺平"，而不是或不只是外界原因所致。所以，前面所讲到那么多的"形成"任务型思维的原因，其实并不是"真正的原因"。

03　问题型思维（也称之为效率型思维）

"问题导向"是近几十年来比较"热"的概念，也是被多领域、多行业、多群体热衷"推荐"的工作与思维样态。研究问题导向的甚多,在此不做详细解释。问题型思维具有化解性、策略性、效率性与聚焦性等基本特点。问题型思维的化解性,使拥有问题型思维的人有较为高效解决问题的能力,可以较为快速而准确地找到问题产生原因,并能给出相应的解决问题的思路,同时会及时有效地展开行动。由于问题型思维有比较丰富的实践工作"案例"与"经验",这些"案例"与"经验"能给他们提供多种问题产生的形态与原因,同时带来更多解决问题的机会,并积累了各种各样解决问题的策略,最终形成了解决问题的能力。所以,拥有问题型思维的人,他们可以为解决问题提供不同的路径或针对问题的动态变化而优化与改变策略。拥有问题型思维的人,工作往往都比较"高效",他们大多数是"高效的行动者"和"问题处理的能人"。问题型思维拥有者,往往是工作的聚焦与专注者,他们会针对问题,围绕问题,研究问题,并会心无旁骛,直指问题且致力于问题的解决。

拥有问题型思维的人,一般都是单位与团队的"核心成员"与"管理层",因为问题型思维在实际工作中对工作推进、单位工作氛围和团队建设有极大的带动作用。一个单位与团队如果拥有更多问题型思维的成员,这个单位工作效率与工作效益一般不会太低,化解与解决问题能力也不弱,工作效果也不会差到哪里。这应该是一件让管理者快乐而幸福的事,也是好多管理者在团队建设方面一直为之努力的目标。

问题型思维已经是工作思维中较高层级的思维,他们有清晰的问题导向,有明确的解决方案,有迫切解决的意愿,还有为问题最终能得到解决的能力。但问题型思维也有其不足之处,比如问题型思维的化解性、策略性、效率性和聚焦性的特点,具体针对某件事或某阶段工作时有着极好的支持与帮助,但对单位、团队长期的、多元的工作,有时会带来"冲击"与"影响",可能还会因为过于强调问题的解决,而失去一些更长远目标的"培育"机会,等等。

04 价值型思维(也称之为目标型思维)

价值型思维,也称之为目标型思维。价值型思维者是把工作目标与工作价值融为一体的工作思维,工作目标的追求,同时也是工作价值追求,两者合二为一。正因如此，价值型思维是坚持"目标导向下的策略与资源思维"，这里目标导向不仅是工作目标，也是工作价值导向。"目标导向下的策略与资源思维"是指坚持目标，坚持以目标为导向的工作思维，坚持策略与资源服务目标实现的思维。价值型思维具有整体性、系统性、持续性、坚定性等方面的基本特点。

笔者认为，价值型思维应该是本文讨论的四种工作思维中最高阶的思维方式。因为价值型思维是站在目标与价值融合维度下去思考工作，所以价值型思维具有整体性、系统性、持续性和坚定性的特点，而这些基本特点是一个目标达成的核心要素。价值型思维比问题型思维站位与立意要高、要广、要深些，更有综合性思考。拥有价值型思维的人，具有事物总体观，用系统论去看待工作目标，看待工作问题，看待工作策略，看待工作方案，看待工作过程，看待工作资源，看待工作评价等方面，使之更科学、更理性、更与实际相通，而不是局部或暂时地看待工作。

价值型思维整体性体现在对事情的整体把握，不会只因时、因事、因条件、因环境去考虑一件事，去考虑一个人，不会从局部事情和少部分人去考量。而是会基于目标导向下去衡量、去判断、去选择、去行动，从价值层面上去考量工作目标。价值型思维系统性体现在问题解决与思考上，会从产生问题的因果、背景、环境、解决问题的方向、策略，以及所需的条件、资源与可能导致的冲突、变量等诸方面去考量，使问题变得十分清晰，并能真正化解，而不是暂时性与应付性"变通式"的解决。价值型思维持续性特点，体现在此思维不是点状式的、线段式的、片区式和阶段式的思考方式，而是确定工作方向，围绕工作目标，针对工作现状，提出工作策略而采用"拧螺丝式"的工作推进，其工作目标是一致的，其资源配置是一致的，其工作导向是一致的，工作状态是一致的，直至工作目标的达成。价值型思维坚定性特点，体现在目标是在价值层面上的统一与认定，目标形成与目标达成的坚定是"深入人心"与"刻入脑海"的，并且是团队共同的愿景，不是一时、一事、一人的目标。团队目标一旦上升到价值层面后，一是目标在团队形成层面，需要多方、多次的研讨、沟通、修正，其形成过程是长期、艰辛且充满争论的，此目标一旦形成后，要想"放弃"目标，是非常困难的，团队也会坚定而竭尽全力地去实现目标。

关于工作中的四种思维方式，是我在多年工作实践中的经验、体会与思考，可能不够成熟，不太严谨，但能给大家一些有益的启发。如能给大家带来一些思考与实践，将善莫大焉！

两个"最常见"

脚踏实地地去研究和解决局部的关键性问题,所产生的辐射、互动、连带作用,有时候远远胜过浮于表面的面面俱到的问题研究。

真正的研究并不是"大题小做",而是"小题大做""小题深做"。学校的智慧往往都是"积小智成大智"。

中国作为一个有14亿人口的发展中国家,在如此大规模地普及义务教育之后,如能解决好最常见学校的最常见问题,不仅具有中国意义,而且具有世界意义。

以上几段文字,是尹后庆会长用来诠释发言中的两个"最常见"。

这两个"最常见"为什么会触动、触痛我呢?

一、基础教育追求什么?

从政策层面来讲,基础教育追求什么?追求的是"公平而有质量"的教育。国家要求基础教育,特别是义务教育从区域的基本均衡达标到区域的优质均衡创建,从区域教育现代化治理到区域教育高质量发展,再到"双减"政策出台与落地,无不是在追求基础教育的"公平而有质量"。基础教育要达到"公平而有质量",就需要有尹会长所讲的"坚持在最常见的学校解决最常见的问题中,持久地追求和凸显深厚而扎实的专业功力"。

基础教育国家级优秀教学成果推广应用工作的目标指向是什么?是指向基础教育的"公平而有质量"。正因为如此,基础教育国家级优秀成果推广应用项目,才会在全国范围辐射推广。而且,教育部基础司和中国教育学会领导要求项目组花更多时间、更多精力、调动更多的资源服务好教育欠发达地区,地域偏远的地区。解决当地当校"现实而真实"的问题,这不也是体现基础教育追求"公平而有质量"的目标吗?成果推广应用项目是从第一、二届基础教育国家级教学成果中遴选出的74项成果,涉及内容很广,目的是让国家级优秀成果辐射更多的地区,让更多的地区通过基础教育国家级优秀成果应用,全面提升教育教学质量,保证不同区域和同一区域不同学校全面发展,这不正是体现"公平而有质量"的基础教育的追求吗?

要实现基础教育"公平而有质量",就必须面对最常见的学校和教育最常见的问题。"最常见"可以理解为经常看得到,也可以理解为一般的、普通的,还可以理解为容易被忽视的、小的、细的或"无关紧要的"。当然,我的理解和尹会长的理解不一定一样,也可能和好多人不一样。如果按照我的理解,要让基础教育"公平而有质量"的目标达成。那么,尹会长提到的,两个"最常见"是每位教育者必须面对的,那就是最常见的学校解决最常见的问题。为什么这两个"最常见"重要呢?一是"两个最常见"本身对基础教育目标"公平而又有质量"的价值;二是"两个最常见"没有得到应有而足够的重视。只有真正面对与解决两个"最常见"中最常见学校的最常见问题,基础教育才真正达到"公平而有质量"。

二、基础教育价值在哪里?

从教育自身来说,基础教育价值在哪里?"普适性"是基础教育的显著特点。何谓"普适性",可以从接受教育主体和实施教育内容两个方面来说。教育主体的"普适性"指向所有受教育者,也就是面向全体学生;教育内容的"普适性"指根据各学段的特点,结合课程标准和核心素养的标准,提供共性与个性结合的教育教学内容,也就是面向学生全面发展。

教育主体的"普适性"就涉及到全体学生和全体学校,如果我们只关注某"特定群体",那么,那些最常见的学校就会被忽视或弱化,最常见学校的"最常见的人"就被"遗忘与淡化"。从教育工作者的艰辛程度与成效表达来说,这种"忽视"或"弱化"是"有利"的,因为可以以"低代价"换来"高回报",

但这无论从政策层面、职责规范层面、教育本源层面来说都是错误的；从教育工作者的良知与情怀来说，这种"忽视"或"弱化"是"无知"与"愧疚"的，也是"不能容忍"的"认识与行为"。

一些地方不断用政策与条件作为资源，在区域中"建设"名校，以彰显当地对教育的重视，体现当地教育教学水平与质量。笔者认为，这些"名校"顶多只能称之为"资源名校"。既不能体现当地对教育的重视，也不能表示当地真实的教育教学水平与质量，反而是暴露出当地对基础教育理解的"偏差"，以及当地破坏区域教育生态的行规。极力"建设"资源名校的地区，他们对"最常见"的学校是"不常见"的，甚至是避而不见的。在这方面，上海有值得借鉴的做法——上海在全市范围启动"百所公办初中强校工程"项目，选择的学校都是各区各街道"最常见"的学校，这与上海提出的"办家门口的好学校"是一致的。只有先重视最常见的学校，也可能真正关注全体学生，才能体现把全体学生成长作为基础教育价值追求。

教育内容的"普适性"就是面向学生的全面发展，也就是尹会长所提及的最常见学校的最常见问题。因为学生在全面发展的过程中，会遇到各种各样的问题，每个问题去追踪、追问，都是大问题。但是，在学生身上、在学校教育教学过程中，这些问题就是最常见的问题，是基础、是常态、是细小、是容易忽视的，甚至是一些简单而没有"技术含量"的问题。这些问题不是焦点问题、热点问题、"学术性强"的问题，如小学低段学生上课"老走神""老插话""老问与上课无关的事""老记不住老师布置的事情""作业写得太慢""做事不合拍"，等等。当然，不同学段、不同学校、不同地区有着不同最常见的问题，如寄宿学生就寝问题、寄宿学生非教学时间教育与管理问题、学生活动参与度、学生人际关系及家庭关系、学生自治教育性与管理性等问题，还会延伸到学校管理问题，如不同年龄教师工作量的安排，如何激发教师工作热情，年轻教师成长具体策略及可行性内容，家校如何合作……

教育内容的背后是教育价值、教育理念、教育定位的引领，同时还需要教育资源、教育环境、教育评价、教育方式等方面的支持。

三、基础教育面临什么？

从教育现状的视域来说，基础教育面临什么？基础教育最大的问题仍然是"最常见的学校和最常见学校的最常见的问题"。如果，我们国家基础教育能解决或坚定而持久地把其作为教育政策、教育研究和教育实践最重要、最重视、最重点的问题，那么，国家对基础教育提出的一系列要求都可能达到。如"面对全体学生与面向学生全面""公平而有质量的教育"，如"五育并举"，"立德树人"，等等。

纵观教育现状，我们不难看到以下几个典型问题，如区域教育不平衡。导致区域教育不平衡有客观因素，客观因素导致区域教育不平衡，这属于"无奈的合理且可接受"的范围。但也有些非客观的"人为"因素，比如说政策的支持，资源的配置等，这些就需要我们重视与关注"最常见学校和最常见学校的最常见的问题"。同区域不同学校不均衡，同样有客观的因素与非客观因素，如乡村小规模学校与城区学校之间的差距，其中就包括地域因素，家庭因素，客观环境、资源与氛围因素，等等，是"无奈的合理且可接受"的范围；但教育资源配置、管理评价、机会平台、氛围营造、宣传关注等非客观因素，就是没有对"最常见学校和最常见学校的最常见问题"有足够的重视。

教育现实中，我们发现在多数的地方出现同学校对不同学科重视不对等，同学校对不同问题重视不对等，同学校对不同"人"重视不对等的现象。同一人对不同内容的认可有不同标准，为了达到所谓的"重要指标"而牺牲其他所谓的"不重要的内容"的现象比比皆是。人们常常基于认知与追求的"功利"，判断我们对教育内容确定、教育方式选择、教育目标坚持是否"重要"。所以，就出现教育部一而再，再而三地要求各地各校开齐开足课程、各地教育资源配置要均衡、教育评价要科学专业、教学质量提升要建立在学生健康成长得以保障的基础之上的现象。

活生生的人才是课堂的核心

原任教育部党组书记、部长陈宝生曾在《人民日报》撰文《努力办好人民满意的教育》。他提出，坚持内涵发展，加快教育由量的增长向质的提升转变。把质量作为教育的生命线，坚持回归常识、回归本分、回归初心、回归梦想。深化基础教育人才培养模式改革，掀起"课堂革命"，努力培养学生的创新精神和实践能力。对于坚持课堂教学改革的教育工作者来说，这就是改革的号角，令人感受到课堂改革的春天真正到来。

在新时代教育发展中，课堂教学改革居于极其重要的地位。一线教育工作者应当充分认识到"活生生的人才是课堂的核心"，积极投身课堂革命，通过教学做合一，体现学生德智体美劳真正全面发展的质量，让孩子爱上学习、快乐学习，让新时代教育在改革中不断获得长足发展，将"课堂革命"进行到底。

课堂不是用来关注的

许多教育管理人员把关注课堂作为他们重视教学、深入一线的最好佐证，殊不知这恰好暴露了这些管理者的官僚思维和专业的匮乏。课堂其实不应该只是用来关注的，课堂是所有学校教育者都应该参与和研究的。

课堂是学校教育的主要方式。现代学校教育以班级和课堂形式开展，即使是现在倡导的走班教学模式，弱化甚至取消行政班级，学习班级形式依然存在。课堂教学只是从内容、方式、评价、目标进行改革，课堂是学校教育的主要方式还难以改变。

可以说，课堂的状态决定学校的状态，课堂的效果就是学校的效果，学校的办学理念、宗旨以及学校文化的传播主要通过课堂来实施与实现。

可是，这些教育管理者并没有把时间和精力放在课堂，而是放在了课堂外。他们思考的是用什么策略和路径去提高学校教育教学质量，这些策略和路径更多的是管理、评价、活动、改革。很少有人走进课堂，去体验课堂、思考课堂、帮助教师和学生改革和发展课堂，永远都站在课堂外去研究教学。其实只有在课堂中谈教育，才能真正地发展课堂、提升课堂。只有在课堂中体验师生教育教学的真实生活状态，才能让教育管理服务教育、服务老师、服务学生。课堂不是用来关注的，而是用来践行的。

课堂是充满变化和规范的空间。课堂的主角永远是人——教师和学生。老师和学生在课堂中的交流是规范与变化并存。规范是课堂的基本要求、基本程序、基本目标与方法；变化是指课堂有意想不到的"突发事件"，而这个"突发事件"是个性化的，也是不可预测的，同时也是课堂更深层次的价值。

不是每位教师都能按规范进行课堂教学的，有些教师也难以完全组织学生按要求进行课堂教学。这就要进入课堂了解、研究、寻找与帮助，而关注是不可能达到的。

课堂变化和变化课堂则是课堂教育教学的另一个层次。有些教师的课堂是没有变化的，只有预设的规范，因为他不允许变化，甚至于说害怕变化。没有课堂的变化和变化的课堂是呆板的、是没有交流互动的、是缺乏探究与生成的，这样的课堂也应该是学生不喜欢的、低效与单一的。如果拥有这样的课堂，那这所学校会是一所什么样的学校；如果拥有这样的课堂，教师又会是一名什么样的老师；如果拥有这样的课堂，学生将会是一位什么样的学生。

课堂是需要不断地探究、熟悉又有疑问的场所。课堂在教师、在教育管理者眼中再熟悉不过，但就是这个天天与我们朝夕相处的课堂，还是值得我们反复、深入和专注地研究。课堂的价值在于他的普通而又伟大。普通是因为每天都在上无数堂课；普通而又伟大是指每堂课都有无数个生命渴望成长，而这种成长可能会影响他们一生的选择与判断。

课堂的熟悉在于内容与程序，课堂的疑问在于人。内容与程序是可以预设和重复的，人是随时随地都有对事物不同的认识与看法，而且还有认识与看法的方式与速度的不同。这些人的区别又会反作用于课堂内容与程序，正是这些可变的因素，课堂不是固态和静止的，而是动态与变化的。而这种动态与变化的就是课堂的疑问，也是教育的疑问，这些疑问永远会成为教育者终身破解的谜。要破解这个谜需要的不是关注，而是专注与研究。

课堂不是用来关注的，每位教育者都应深入课堂，体验课堂，研究课堂，发现和寻找课堂。课堂需要教育智慧，而智慧则需要体验与思考，走进课堂，就是走进教育。

课堂互动不一定要说

课堂互动体现教与学的有效结合，课堂互动是评价课堂有效性的关键指标，也是优质课、教改课的必要条件。现在进课堂观课很难听到"静悄悄"的课，也难听到"一言堂"的课。因为"静悄悄"的、"一言堂"的课不但不合时宜，也会被贴上"传统课""课堂没有体现学生主体作用"等标签，这个标签背后可以折射出教师的教育思想、教育理念和教学能力等方面的问题，课堂"热闹"也就顺理成章。

课堂互动可以"闹"起来。交流是学习的主要方式之一，交流能了解教与学的状态、态度、程度、路径。语言是交流的主要形式，老师可以通过语言表达出教的内容、教的要求、教的思路，学生则通过语言表达出学的状态、学的困惑、学的思考，这样就能让教与学互动，教与学互补，教与学互助。

学生积极发言、分组讨论、师生对话、质疑反思都是课堂互动的方式。学生在互动中提升学习热情、激发学习兴趣、促进思维发展、增强思辨意识、补充思考的方式与方向，等等，有利于学生学习能力的提高。主张学生积极参与课堂，有序有目的地进行师生交流，让教师从讲台走向平台，让教师由导演、演员变为导演、演员和观众；让学生从观众席走向舞台，让学生从观众、学徒变成导演（小组讨论）、演员、观众。

课堂互动也可以"静"下来。师生互动除语言交流外，还有思维的互动、理性的思考。有些课程、内容需要静下来倾听、思索、消化与体悟。教师应根据课堂内容和教学目标的需求而设定教学策略与路径，策略与路径应该服务于课堂内容和教学目标。只以课堂形式来判定教师教学优劣，甚至于判断是否符合当前的教育方向和教育改革，有时会失偏颇。

课堂互动可以"多样"。课堂互动的目的就是让课堂相关人都处于课堂情景与情绪之中、思维与内容当中。"闹"可以互动；"静"也是互动；课堂"闹中取静、静中有闹"同样都是互动。闹、静只不过是课堂的外显形式，绝不是课堂的要点。我们不能以形而代神的表象思维来认识课堂，来认识互动。我们要从课堂应该是"闹"还是"静"的讨论中走出来，走向课堂为什么要"闹"、为什么又要"静"的讨论，以及应该如何"闹"、又应该如何"静"的研究。只有知道"闹与静"背后的故事，才能把握住什么样的课堂应该"闹"，"闹"到什么程度和怎么"闹"；也就知道什么样的课堂应该"静"，"静"到什么程度和怎么"静"。

课堂是如此，生活也是如此。

课堂改革还是改变课堂

围绕着教育改革的话题永远是吸引大众眼球的。教育是一个涉及千家万户的民生问题，改革又是当今最为活跃的话题，所以教育改革被大众广泛关注也是情理之中，如同"爱情"是文学作品永恒的话题一样。

从课程改革到课堂改革，从考试改革到教材改革。这些改革尤以课堂改革覆盖面广、参与人数多、影响大。课堂改革形式多样，模式众多，纵观全国基础教育课堂改革，特别是江苏洋思中学"先学后教"和山东杜朗口中学的"三三六"模式更是声势浩大。全国各地去洋思中学和杜朗口中学学习取经的学校可以说是前赴后继。但是，至今没有一所学校将这两所学校的课堂改革学到位。今天更甚的是，原来把他们捧上"神坛"的人又把这两所学校请下"神坛"，全盘否定洋思中学和杜朗口中学的课堂改革。其实，客观上说，洋思中学和杜朗口中学的课堂改革是取得了一定成效的，尤其对他们学校本身提高课堂效率，提高教师的教学水平，提高教学质量发挥了很大的作用。这两所学校校长结合自己本校实际寻找符合他们校情的课堂改革，体现了蔡林森校长和崔其升校长的教育情怀与教育智慧。至于两校的课堂改革是否能移植到其他学校，以及能否作为模式化进行推广，勿庸置疑这种模式是不可能取得成功的。为什么当时会有那么多学校前往洋思中学和杜朗口中学去学习呢？简单地说有这么三种情况。有媒体造势式的推介和跟风；有对理想教育的期盼和急功近利的心态；有大多数教育人对教育理解的偏差和肤浅。正是这样，就出现盲目的崇拜和追捧，这些崇拜和追捧的背后暴露出我们对教育的无知与片面，总认为能找到一劳永逸、万试皆灵的公式化教育方法，甚至是伸手拿来即可套在自己身上的妙方，其实这是我们对教育认识的极大错误。方法可以借鉴但不能照搬，经验可以分享但不可替代，路径可以嫁接但不可移植。教育的魅力在于同一个人用同一种方法对不同的人教育，其结果完全不同；更甚至于同一个人用同一种方法但不同的语气对同一个人教育，其效果也不同。这就是教育，充满了变化，受很多因素影响。

影响教育效果的因素很多。大家去洋思中学和杜朗口中学学习与其说去学习他们的课堂改革，不如说是学习他们的改变课堂或者称为改变后的课堂。我没有深入两所学校学习调研，所以并不知道他们的改革初衷、改革历程、改革路径。但我可以武断地判断他们的课堂展示只是他们改革的一个环节或是整个改革文章中的一个段落，而去学习的我们误认为这就是他们改革的全部。正是基于这点认识，我们的学习看似重教学的主阵地课堂，实质上我们的学习重形式而轻逻辑。

改变课堂是站在课堂结构、课堂内容、课堂形式上来思考课堂，这样的改变也就自然而然从以上三个维度来改。这种改变是因课堂而动的改革，或者说是教师依据认识课堂来改革。改变课堂是基于课堂效率的结构性的改变，这种改变是想以课堂形式和课堂内容的变化达到课堂效率的提高。

课堂改革是基于对课程的理解，对影响教学效果相关因素的分析，寻找课堂教学路径的思考。课堂改革更注重在课程框架下的教师教与学生学的内在教育生态关系，这种改革更加关注课堂内师生多维度的教与学的需求。

课堂改革是在教育改革大背景下对教育终极目标的思考，是把课堂作为教育改革的落脚点来思考课堂所需要的相关元素的综合性改革，可以说表现在课堂，用力在课外，如：教育目标的思考、教师专业素养、教育评价、教育生态建设等都是课堂改革的内容。改变课堂定位在课堂的变化,对课堂内容、课堂结构、课堂形式的改变,没有涉及课程、组织、评价、教师、目标等方面。课堂改变是课堂改革的展示,但不能就改变而改变,应该借改变而改革,以达到课堂改革"牵一发而动全身"的效果。这样我们既要聚焦课堂,又要透过课堂看课堂外,使课堂改变有实效,让课堂真正成为教学改革的主阵地。

(本文原载于2018年《教育管理与教育研究》第7期)

教师不减负，有价值的教育就难以实现

如果教师的精力时间被非教育事务"占据"，被非教育教学给"耽误"，那么，我们对教育的一切期待就只能停留在设想层面。

只有教师强，才有学生的快乐成长。只有教师能静下心来做教育的事，教育才可能健康持续发展，孩子才能健康成长。

给教师减什么负，怎么减负是当下此项工作的重中之重。要给教师减负，首先要明确教师有哪些负担，哪些是本无须承担的负担。当下教师的不合理负担主要体现在这几个方面。

01 协助协调之负

当下，各级各部门的"小手牵大手"工作，还有地方各种各样"重点工作"都让狭小校园难以装下。是教育部门应该做的事情，由学校来做无可厚非。但一些诸如"廉政建设""扫黑除恶""精准扶贫"与学校工作"八竿子都打不着"的事情都"进校园"，由学校来主导。有些省、市把扶贫任务分给教师，每个教师负责 3—5 户脱贫，不但在经济上增加教师负担，更多是在精力和时间上增加负担。据笔者了解，上门认定贫困户、做资料、帮助脱贫，耽误了不少教师正常上课时间，对此，家长颇有微词。精准扶贫是好事，但作为学校、作为教师花那么多时间和精力，与当地乡村干部、机关工作人员同等对待，笔者认为这一做法是值得商榷的，毕竟教育的工作性质与乡村干部有着本质的区别。

为什么会有这么多工作进学校，有那么多与学校和教师无关的事情由教师来承当呢？这是因为各地都在"假设"一种工作情景，认为让学校、教师参与能更好地完成这些工作。

这些工作名义上说需要教育部门一起参加，或者说只要学校部分参加这项工作，就能提高工作效率，但实质上却是教育部门在分担其他部门的工作。出现这种情况，根源在于地方党委、政府没有厘清教育责任和职责，没有尊重教育专业属性。

02 检查评比之负

一是现在学校和教师面对各种检查评比名目繁多；二是频繁出现"一事多查"而不是"一查多事"；三是检查评比过于重视"留痕"；四是将检查评比作为评价工作绩效重要的方式；五是检查评比"多头"管理，导致学校教师不仅疲于应付，让学生和教师分不清责任与工作的主次。

这样的检查评比给教师带来了过重负担，而且对教育教学没有任何帮助，让教师"沉沦"在文山之中，无暇顾及教育教学。

这样的检查评比还可能导致教师对工作方向不明、目的不清，长此以往将让教师养成"务虚"和"不务正业"的意识与作风。

03 晋升晋职之负

大家都认同和认可教师是专业人士，体现教师专业属性最明显的就是教师职称。

给教师评定职称并无过错，如果应用得好，对教师专业成长有积极引导和推动作用，但现在一些地方的教师晋升晋职却在走向"务虚"式比拼、"衙门"式配置、"非实践"式评价。

因为职称评定信息采用的并非来自教育教学实践成效，如此可能导致教师偏离主业，脱离教学实践和教学一线，去做一些连自己都不相信的"成果"。这也是教师负担过重的主要来源。

04 职责岗位不匹配之负

由于编制管理，学校工作职能职责在有意无意地扩大，但学校在人员编制不到位和不增加的条件下,要完成更多的工作,其结果只是"小牛拉大车"——车慢牛累,其工作现状和工作效果可想而知。

学校缺编已经是现实,一方面是教育教学岗位缺编,另一方面是教育教学辅助工作没有岗位。

一些经济发达地区会出台一些"土政策"支持帮助学校,但更多的地方由于各种因素没有出台相关政策,或者政策支持力度不到位。

教师减负,势在必行,否则会拖垮教师。让教师真正减负落在实处,要制定教师基本工作标准,让教师工作有章可依,有章可循。

要从教师职称评聘、教师编制、教师绩效评估等方面进行整体改革。地方党委、政府和各部门要形成共识、多方协同,让教师专注教育、专注教学。

要发挥教育考核评价督导改革的作用,让评价变帮扶,让评价变诊断,而非定性结论式考核。

教师减负不仅是帮教师,更是帮教育,如果教师队伍"垮塌",其直接后果就是教育愿景难实现,教师职业不再美好。

如果这样,如何让教育优先发展的政策得以落实,又如何让教育成为国家之基、民族之望的目标得以落地?总之,教师减负要站在教育健康发展的高度去思量,去落地。

走近学生的教师最美丽

学校评价在哪,教师兴奋点就在哪!

评价是把双刃剑,有效评价能激发团队积极性,无效评价会损耗团队积极性。怎么样使学校的评价达到既能肯定成绩,又能让站在前排的觉得自己不足、还能让站在后面的充满希望。评价不是"排名",而是让团队明确目标且充满活力和动力。如果评价只负责考量工作的"优劣",团队最终会变成对立和分散的群体,并难以调动最大的力量,这不是评价的目的。欲使评价更能激发团队的潜力,我认为需要关注以下几点。

一、评价制度制定的柔性与评价结果执行的刚性

制定制度要让利益相关人员有表达利益需求的权利和话语权,且要作为重要信息和基础来考虑,评价从小的来说就是利益的分配,从大的来讲就是价值取向。制定制度时可以讲人情、讲条件、讲理由,而且尽最大可能把各种可能都考虑进去,切不可以用个人理想主义来思考制度的客观存在条件。只有这样的制度才可能保证起点正确。评价结果的执行只讲事实而不应讲人情,这样就能保证评价的权威性,让团队尊重制度、靠近制度,并以制度要求作为自己的行为准则。

二、评价的聚焦点应在于"变化",而非改变

学校考评避不开分数、排名,但有些学校的考评只以"结果"数据,而忽视了"结果"数据前面的数据。如果我们的评价考虑了前面的数据,评价就是

以"变化"为标准,只有"变化"才算真正的成绩。当前我们社会对学校的评价太缺乏"变化"的意识,只用最后所谓的结果去下定义,而忽视了评价带来的前后阶段性的变化,这是不专业的,也是不公平的。

三、评价维度要多元

评价单一是当前学校普遍存在的现象,这种评价所带来的直接后果就是让教育变得不是教育,让应考替代知识、以记忆替代理解、以分数替代智商、以技能替代素质,等等。其实老师的工作有量化考核的"绩",也有非量化定性的"绩",还有"态度""量""影响"等方面的要求。比如对老师的课堂考核一般是从课堂准备(教学常规)和课堂效果(学生考试成绩)两个维度展开,应该说这两个维度能呈现教师教学能力的一部分,但不是全部。我们当然还可以从老师课堂基本要求和课堂展示方面评价。当然量化评价更直接更具体,也更让大家认可与信服。教育的复杂在于有些能量化,有些只能定性,所以教育评价无论是内容,还是方法都应多元化。

评价的核心指标不在于评价本身,而在于评价后对被评价者的影响。什么样的评价是好的呢?只有能切实产生改进效果的评价才是大家想要的评价。评价从根本上来说是"帮"而不是"管"。

给学生恰到好处的帮助

党的二十大以来，习近平总书记把握世界发展大势，立足党和国家工作全局，就事关中国教育改革发展的方向性、根本性、战略性问题，作出了一系列重要讲话、指示和批示，提出了一系列新理念、新思想、新观点。

一日，听妻子谈起读毕淑敏作品《恰到好处的幸福》的感想，不由得想到教育也应多做恰到好处的事，给予学生恰到好处的帮助。

现在，许多地方都倡导"一校一品、一校一特"，鼓励学校特色发展、个性发展，可细细品味，又感觉味道不对。试想，学校的"品"与"特"就一定是个性吗？难道几所学校同"品"同"特"就不能称为个性化吗？学校之间同"品"同"特"又何妨？

我认为，真正的"品"与"特"不是为了吸引眼球而刻意打造的有别于其他学校的特色，而是学校在遵循教育规律、学生成长规律，以及在因地制宜和顺势而为的原则下形成的办学特色。

各地教育行政部门和学校之所以注重学校的个性发展，除了受政绩工程和行政化思维影响外，是否还有其他原因呢？但不管是什么原因，教育行政部门和学校的出发点，都是让教育更好地发展，更好地服务师生，这体现了他们促进学校特色发展的良苦用心。

"一校一品、一校一特"的发展目标与策略对学校健康发展有推动作用，但在具体执行过程中，教育行政部门不能要求每所学校都具备不同的"品"和不同的"特"。因为，学生成长最需要的不是"品"与"特"，而是恰到好处的帮助。当学生得到恰到好处的帮助，学校教育、区域教育才能真正实现和谐发展的目标。

学校教育的主要作用在于给学生提供恰到好处的帮助，学生的需求既有已经表达出的愿望，也有未明确提出但出于健康成长和发展必需的支持。因此，学校教育在帮助学生发展过程中，应将尽力而为与顺势而为相结合。尽力而为是指教育者想要达到的目标和对帮助者的态度；顺势而为是指教育者要考虑受教者的认知能力、情绪、态度等因素。

如果学校教育只考虑教育者尽力而为，就会陷入"唯教论"，进而出现种种忽视和违背学生成长规律的行为。反之，只考虑顺势而为可能导致学校教育无法发挥其应有的作用。如果一味地强调学校教育的功能，会出现控制学生的教育教学行为，反之则会出现放纵学生的教育教学行为。

如此看来，学校教育对人成长的帮助是必需的，同时也是有限的，而这一结论也适用于家庭教育。所以，无论是家庭教育还是学校教育，都不能只强调外部作用，不能用教育替代孩子与生俱来的成长意愿。任何人，过度依赖外界帮助，其内在的成长能力都会被边缘化，得不到有效的开发。

但在现实中，无论是教师还是家长，都热衷于花费大量的时间和精力让孩子练习各种"技"，倾向于给孩子更多外部的帮助。他们认为，孩子只有接受这些技能训练才能提高素养，进而更好地成长，殊不知技能训练要发挥作用，首先需要孩子内心有"欲"，然后将孩子内心的"欲"与外部施与的帮助相结合，才能达到提高素养的目的。

那种只注重外部因素、忽视孩子内心真实需求的教育观，正在破坏孩子的自我学习能力，正在让灌输、注入成为教育教学的重要方法。身为一个教育工作者，给予学生恰到好处的帮助，考验为人师者的能力，同时也让教育的内涵更丰富，让我们的教育教学工作更有意义。

面对教学质量

"教学质量"很少单独出来,一般都是和"教育质量"一起出来的,一般都会说"教育教学"。现在它们出来的标配是"教育教学质量"。为什么会这样?这里面的原因很多,此处不一一细说,今天的重点就说说教学质量。

教学质量是什么?

考试成绩是呈现和反映教学质量的一种方式,是教学质量的重要组成部分,考试成绩并不代表教学质量,教学质量是指学生学科知识学习的效果以及通过学科学习对学生核心素养的提升。

我国基础教育目标是"立德树人",通过"五育并举"落实教育"立德树人"目标。很显然,教学质量绝非是教育目标。但是,教学质量是教育目标的重要组成部分和实现"立德树人"教育目标的重要途径。如果我们只谈教学质量,或把教学质量作为教育目标,那我们的教育理念将有失偏颇。教学质量始终是教育关键要素,是教育发展的重要指标。

教学质量和获得教学质量

我们应从要不要教学质量的争论,转向要什么样的教学质量,怎么获取教学质量的研讨。教学质量构成的条件至少有两个:一个是学科知识与技能;一个是个体与群体的素养"变化",当然不仅限于此二者。前者是教学质量内容方面,阐述教学质量是什么;后者是教学质量效果方面,判断教学质量提高或下降,评判教学质量对人的影响。只用结果去评价教学质量高低,是不科学的,因为结果评价需要前提与条件,还需要考虑更多的因素。

如何获得教学质量，讲的是提高教学质量的策略与路径。在数不清的提高教学质量的策略与路径中，至少不应该包含以下几点：一是为了提高教学质量而不惜违反教育规律；二是为了提高教学质量排斥和影响教学以外的教育活动与质量；三是为了提高教学质量影响学生的健康正常生活状态；四是采用违反国家相关政策的行为等。

如何提高教学质量，笔者认为，一是没有"特效药"，但有"特项药"。"特效药"的特点是无边界、无前提、超规律；"特项药"的特点是针对性；二是重常规、重体系，重常规是指教育教学常规是提升教学质量的基础保证，重体系，重教育的相关因素的系统化思维，教学质量绝不是就教学谈教学的；三是教学质量提升一定不要只从课堂教学形式去思考，还要从课程与教师建设方面，从学校文化、学校管理与评价，以及从家校协同育人等方面去思考。

学校治理、学校评价和教师队伍是学校提升教学质量的"三驾马车"，只有"三驾马车"同向同心同力，才能使学校教学质量得以提升。

学校治理是提高教学质量的基础。学校治理是复杂而系统的工程，学校现代化治理能力决定学校层次和学校教育水平。学校治理目的是什么一定要清楚。有些学校在治理过程中，会越走越"糊涂"，走着走着会忘掉"初心"，最后变成"为治理而治理"。

学校治理要采用"基础+"。"基础"指的是学校基本的规范性要求，"+"指的是学校发展性、多样性和个性化的要求。学校如果没有"基础"，就难以存在，难以保证正常运行，难以落实学校教育教学任务及职责；如果学校都是"基础"，就会变得机械与流程化，变得样样重要而没有重点，变得时间、空间、精力不够，弄得大家疲惫不堪、疲于应付。学校制度只能保证学校不会"乱"，但不能保证学校变得"更好"。

"基础"的要点有必需的、可行的、全员的、有效的，要简洁明了，要便于操作。"+"可以是长期常态的，也可以是短期且有时间相隔的；"+"可以是全员必须的，也可以是部分选择的；"+"可以是规范严格的，也可以是创新宽松的。"+"的理念与效果是让人与事在有"基础"的条件下进行多种选择与发展，而这正是学校发展精髓所在。"管了""要求了"，并不代表治理好了；有些事管多了、管紧了，不见得有好的效果。学校治理要坚持"六有"原则，即有限和有效的"管控"、有限和有效的"竞争"、有限和有效的"评价"。

学校评价是提高教学质量的动力。评价是单位无声且最有力的价值取向。学校评价就明确表达办什么样的学校，什么是学校核心且重要的目标。学校评价决定学校教学质量。

学校评价首先要有正确而正向的定位，也就是要明确为什么要评价，也可以问问是谁需要评价，需要什么样的评价。只有评价对影响教学质量的各相关方都有促进与提升，评价才能助推教学质量提高。

学校评价其次要考虑"评什么"和"怎么评价"的问题。教育评价，首先是效果的"变化"，而不是以"绝对的结果"作为评价唯一内容，而应以"进口"定"出口"的评价；其次是评价内容，也就是以什么信息作为评价"资料"与"依据"，以及如何获取"资料"与"信息"，以确保"资料"与"内容"的科学真实；最后是评价方式，也就是谁评、怎么评的问题，这是保证评价不走样，一是操作不走样，一是态度不走样。

最后，学校评价结果使用是决定评价效度的又一重要因素。学校评价就是学校最权威的认可与结论，分配、晋级、表彰都应以评价为依据，否则，不仅评价的效度弱化，学校氛围、教育生态都会慢慢破坏与趋弱。如果这样，学校其他方面做得"再多""再好"，其作用也是微乎其微。

学校队伍是提高教学质量的关键。学校队伍建设要牢牢把握两点：一点是教育需要，就是教育岗位需要；另一点是教师需求，就是教师日常工作与生活需求。两者相辅相成，缺一不可。在现实中，学校过于重视教师队伍的岗位需要，而忽视了教师队伍的日常需求。在现实中，学校把教师队伍的岗位需要与日常需求分割成两条线和两个体系，其实学校教师队伍建设不仅是专业能力提升、职业精神修炼、专业知识丰富，还有个人成长愿望、个人生活追求、个人社会化要求等方面，只有二者融为一体，才可能使教师队伍建设达到服务教育、服务教学、服务质量。

目前学校教师队伍建设存在普遍问题：

问题一：只提要求，只要结果；不问缘由，不问基础。

问题二：只是赋能，只是练技；不顾情绪，不顾精力。

问题三：只管他人，只管需要；不看自我，不看条件。

学校队伍建设不仅是教师队伍建设，还是教育队伍建设。学校教育队伍建设包括学校管理者、教师、家长以及与学校相关的教育辅助人员。教育需要教育各主体形成"共同体"，共同体之间是"教育合伙人"。

学校治理、学校队伍和学校评价是"老生常谈"的话题，也没有什么新意，更不是当下研究的"热门"与"时尚"，这篇小文也可能不会引起多大关注，因为好多人对"高、大、上"或"奇、新、狠"的"招数"更感兴趣，可教学质量提高的确没有太多的"怪招"，有的只是遵循教育规律，结合实际，利用好可借鉴的资源，用心用情地与学生"共情"，与课程"共识"，与课堂"共创"，与时间"共舞"，其他的都是一些小的、个性化的、适时的"补充"。

到底如何提高教学质量，是一个值得教育人长期研讨和践行的教育问题，而非短时且鲜丽的"奇招"就能得以解决。

教育即生活，生活即教育。

从育人视域看作业管理

教育部为贯彻落实中共中央办公厅、国务院办公厅《关于进一步减轻义务教育阶段学生作业负担和校外培训负担的意见》，规范学校教育教学管理，全面提高教育教学质量，坚决扭转一些学校作业数量过多、质量不高、功能异化等突出问题，制定了《义务教育学校作业管理十条要求》。

《义务教育学校作业管理十条要求》（以下简称作业十条）分成"作业管理目的""作业管理内容""作业管理要求"和"作业管理保障"四方面内容共十条。

"作业十条"的第一条是把握作业育人功能，这一条是制定作业十条的目的。本条主要从作业与学校管理、与学校教育教学之间的关系，到作业在其间的作用等方面进行阐释，从而明确了作业在学生学习与成长中的特殊作用与不可替代性。本条表明"作业十条"制定的价值及定位，那就是明确作业在学校教育教学与学生成长中的功能：学校应站在"立德树人"总体育人目标上看待作业管理。同时，本条还明确了作业的科学性与有限效能，必须使作业回归它应有的"有效作用"和"合理地位"。本条是"作业十条"的灵魂与纲要，以下几条都紧紧围绕着本条而制定。

"作业十条"第二条至第四条是围绕着"作业管理内容"进行具化阐述，包括严控书面作业总量、创新作业类型方式、提高作业设计质量等。

书面作业总量包含三方面内容，即小学一二年级不布置书面家庭作业（可安排促进学生素养发展的非书面作业和校内适当巩固练习，这回应了社会上断章取义式理解：小学一二年级不做作业）；小学其他年级和初中书面家庭作业平均量是多少（三至六年级家庭作业总量不超过 1 小时；初中学生家庭作业总量不超过 1.5 小时）；其他非上课期间书面家庭作业时间总量是多少。第二条是从学生年龄、学习内容、学习要求等特点进行分类提出要求，并且只是作了基本性的要求。其目的是避免学生过重作业负担，防止学校教师以低效训练替代有效作业。

创新作业类型方式是通过作业类型的创新，达到教育教学与育人方式改革，助力育人目标的达成。"五育并举"的育人理念，就是培养完整的人、健康的人、真实的人，而不是以应试为单一的教育目标。作业类型方式创新的提出，就是为了助推教育能培养出符合党和国家教育方针要求、满足社会发展、新时代现代化建设需要和个人成长需求的人才。

提高作业设计质量是针对当下有些地方、有些学校、有些教师对作业理解不全不准，并没有以职业责任和专业素养去研究与对待作业。其间不乏学校不重视作业研究与管理，教师不以学生状况、学科规律、学段特点、学科内容去布置作业。本条要求学校要把作业设计等方面工作列入学校教育教学常规管理与评价、学校教研活动和教师专业成长工作序列中，要把教师作业能力与教师的解读课标、开发课程、提高课堂教学质量、提升教育科研水平融为一体。学校还应将教师对作业设计、布置、完成、批改、反馈等系列内容的研究，作为学校教师专业成长、提升学校教学质量、提高学校办学品质的重要途径。

"作业十条"中的第五至第八条，提出了作业管理要求。

指导学生完成作业、认真批改反馈作业、不给家长布置作业、严禁校外培训作业等，这既是对学校教师和校外培训机构提出的明确要求，同时也是再次厘清教育各主体方的职责。要求学校教师完成作业工作的"闭环"，不允许出现"只布不改""我布他改"的现象。学校教师在作业工作中要形成作业设计、作业布置、作业批改、作业反馈等环节。作业是学生再学习的过程，也是看教师教学是否"有效"的过程。

第七条提出不给家长布置作业，是指学校教师不应该把由教师履行的教育职责与工作转移给家长，而不是指家长有条件不可以检查、布置、督促孩子做作业，不可以结合学校教师布置的作业给予应有的督促与检查。现代教育发展，已经走向更多的协同协作，家校合作尤为重要。

第八条严禁校外培训作业，校外培训给教育带来更为复杂的教育与社会问题和挑战，一些校外培训机构为了吸引更多的学生，突显所谓的培训效果，出现了一些比较突出而明显的问题，其中，作业也是比较聚焦且显性的问题。

"作业十条"中第九和第十条是作业管理保障。各地教育行政部门要履行指导、管理、督导、评价工作，学校要履行主体责任是"作业十条"的明确规定。

综观"作业十条"，从作业管理出发，对应的是当下社会热点和教育现状。但"作业十条"要达到预设政策愿景，需要我们一起面对。

思考一：不能独立看待"作业十条"出台。在国家现代化高质量发展的新时代背景下，各层面的文件相继出台，如果我们只是站在某个文件上去讲贯彻落实，很可能会走进就事论事的思维。这就需要大家站在新时代教育现代化治理体系建设中去理解、去落实，要融合到学校教师日常开展教育教学工作。

思考二：不能机械和不考虑实际去看"关键点"。如：60分钟、90分钟，不给家长布置作业等，并把这些"显眼"且容易操作的，作为督导考核评价内容。无论是学校教师，还是社会家长，无论是工作实施主体，还是工作管理评价、督导考核部门，都应该回归到育人视野、回归到学生成长、回归到教育规律、回归各地各校教育现状来执行，否则就会出现为落实而落实，看似落实得很好，但并没有达到文件愿景、育人本质需求。

思考三：各地各校要抓住"作业十条"出台的契机，一方面做好作业数量过多、质量不高、功能异化、效果不好的治理；同时还要做好作业设计、作业管理、作业布置、作业批改、作业反馈等作业各环节的研究与规范。让作业成为帮助学生学习的好路径，成为学校教师教育教学的好助手。

思考四：一份文件出台，至少着重对应一个主体问题，但这个问题是否能得以化解，文件只是重要的开始，接下来还是需要各地各校根据本地实际，动真碰硬地创造性落实与有效解决文件指向的"核心"与"关键"问题。

校史　校友　校庆

学校是文化传承与传播、文明丰富与发展的重要场域。

一所学校如何体现其生命价值,不仅仅有走进校园所看、所听、所悟、所体验的学校生命质感;更包括这所学校已逝的时空曾经发生了什么、发扬了什么、发挥了什么,还包括这所学校未来会发生什么、发展什么、发现什么,一所学校包括"曾经+现在+未来"。

学校的曾经是发生过的事实,无法改变,需要直视,需要梳理,需要继承与反思,更需要物化,从而赋予其生命,诠释其生命意义,最后转化为学校生命,并让学校生命更加完整与丰富,也呈现出学校生命真正的价值。

校史、校友与校庆是推动一所学校继承、生长与发扬的重要文化元素。不同学校因受其办学长短、办学层级、办学条件等因素影响,其校史、校友、校庆的对外影响力是不一样的,这是客观而健康的事实。作为学校现在和曾经的校长、教师、学生与家长,要坦然、自信、虔诚地面对学校的历史与现在,就像一个人面对自己的家庭与家人一样。

简而言之,校史是真实而又具体地记录学校的曾经。校史,如同一个人在成长过程中,不断回味与描述自己的人生;校史,是学校发展的土壤与明灯,不断吸取营养,禁行错道,面向未来。校史如何撰写,或者说校史如何具体记录,记录详尽如何,很难一一回应。

关于校史

至少可以有以下一些建议:

首先，学校从哪里来？包括但不限定于以下内容：学校是何人或何组织因何原因创办；在何时何地办何等层次及规模的学校；办校者即创建或首任者，其办学之初心及对学校发展与未来之期待是什么？学校办学时期与办学过程中，有哪些关键的人与关键的事，等等。

其次，学校大事记，包括但不限定于以下内容：学校办校期间的历史背景、重大社会事件、地方重要事情、重大政策等内容；学校每学年的大事，涉及到学校层面、教职员工层面、学生层面；对学校、教职员工、学生、社区、家长带来较大影响的事情与人士。

其三，学校组织及人员，包括但不限制于以下内容：学校办校以来的组织构架及人员组成；学校办校以来的教师名册及任教情况，学生名册及在校情况，教辅人员名册及工作情况；其他单位、团体及个人参与学校发展的情况。

其四，学校取得的成绩、成效与成果，包括但不限定于以下内容：学校办学取得的成绩、成效与成果；教师教育教学以及社会活动中的成绩、成效与成果；学生学习以及工作生活中的成绩、成效与成果；教辅人员工作以及社会活动中的成绩、成效与成果。

其五，学校的不足与反思，包括但不限定于以下内容：学校办学中犯了什么错误，存在哪些过失与不足，有过哪些值得警惕的事情，出现了哪些令人痛心的事情（除已有历史定性公案，最好不要涉及具体人）。

最后、其他值得记录的人与事。

02 关于校友

曾经或现在在学校工作与学习过和因对学校有过重大帮助且被授予荣誉称号的人，笔者认为都可称为校友。但更多对校友的界定是曾经或现在在学校学习过和被授予过荣誉校友的人，称之为校友。此部分内容采取前者观点。

如果说，学校是校友永恒成长与温暖的家，那么，校友就是这一家庭永远不可割断的重要"门面"与"基因"。

纵观当下学校，从事基础教育的学校，建校 30 周年能保留所有校友资料的学校，少之又少；有 50 年校龄及以上，从事基础教育的学校，能保留所有校友资料的，也是寥寥。这中间有复杂的社会因素，也折射出教育作为一门科学，作为一个行业，基本的规范与要求尚有诸多地方需要完善。

关于校友或学校校友建设几点思考：

其一，要树立校友全覆盖意识，校友档案及资料建设要规范，让每一位校友拥有自己的"学号"及在校的基础信息。但现在有些学校过于聚焦优秀校友，弱化甚至放弃大多数校友的方式是不可取的。学校借助优秀校友各种资源，帮助学校办学是无可厚非的，但这些与同时保证全体校友权益并不冲突。

其二，校友建设分档案文本类与非档案文本类，档案文本类是构建校友在校工作与学习时的资料，以原始资料为好；非档案文本类是构建校友之间、校友与学校交流沟通的平台，帮助校友在学校这个成长与温暖的家庭中不断丰富与愉悦人生，让校友之间、校友与学校之间形成生长性生命链，促使学校与校友健康而快乐发展。

其三，要了解不同类型、不同年龄的校友对学校的感情需求，以及设立校友开放日，一年多次，选择校友较适宜的时间。

其四，要站在校友与学校共同视域下去考虑校友返校活动空间、内容及参加人员等，并为校友设立可表达和可表现的渠道，等等。

最后，要建立校级、届级和班级校友联系平台，并构建围绕学校文化、学校发展、学校历史等方面的交流。

03 关于校庆

学校成立之纪念日，是校友们共同的生日，如同人的生日、结婚纪念日一样。

其一，校庆应是所有校友与学校共同欢庆的日子，应该邀请到每位校友；让每位校友感受到来自学校的尊重与认可；让每位校友享受学校欢庆的喜悦；搭建多渠道、多方式、多形态的交流、表达、体验的平台，等等。

其二，校庆不应是"少数人的表演"和"阶层划分"的场所，校庆活动可形式多样；校庆仪式可隆重、可日常；校庆时间可半天、可一天、也可在某一时间区间；校庆可设主会场、可设分论坛，可讲座、可分享、可圆桌，等等。

其三，校庆不能变成"爱富嫌贫"的庆典，校庆不能变成"伸手要钱"的庆典，校庆不能变成"自吹自擂"的庆典，校庆不能变成"只见森林不见人"的庆典，等等。

最后，校庆应是校友共同庆祝的日子，校庆应是校友见证与分享成长的日子，校庆应是校友共同回忆美好童年、少年与青年的日子，等等。

校史——是记录学校发展的主线，里面记录了你，记录了他，记录了我们，记录了与大家和学校一起成长的人与事、喜与悲、成绩与不足。

校友——是学校的灵魂，学校因他而存在，因他成长而骄傲，没有校友的学校只有荒僻的空间与院落，校友是学校价值之所在。

校庆——把学校与校友、校友与校友、学校历史与现在、学校现在与未来串联起来，使学校变成成长与温暖的家，让学校价值变得真实、丰满而有温度。

希望每所学校都一起来思考校史、校友与校庆，从学校文化视域思考，从学校育人视域思考，从学校日常工作视域思考。

关于教育评价科学性的思考

近几年来,各方对教育评价重要性的认知已经形成共识,有国家政策文件、有学界理论研究成果、有可用于实际操作的评价体系、有各地各校评价实践创新成效,等等,而且我们还欣喜地看到由于评价改革所带来的教育健康发展。

关于教育的科学性这个话题,一直是挂在我们嘴上,写在我们的文件、方案和文章里,应该是被大家普遍认可的。

那么什么样的教育是好的教育?这个问题,国家层面与地方层面理解不一定一样;理论研究者与实践操作者认识不一定一样;家庭、社区与教育系统认可不一定一样。之所以出现这些现象,原因说起来很多,但细想一下,原因实则只有一条,那就是教育评价的科学性问题,教育的科学性自然就延展出教育评价的科学性。

怎样的教育评价是科学的呢?很简单,那就是不再会出现以上"不一定一样"的现象。现实中的教育评价并未达到助推教育高质量发展的预期作用,正因为这点,引起了笔者的思考,供大家交流、研讨。

思考一:教育评价结构的完整性

教育评价结构主要包括教育评价价值取向、教育评价内容、教育评价工具、教育评价组织、教育评价结果分析、教育评价结果使用六个方面。这六个方面缺一不可,相互联系、相互影响,共同构成教育评价体系。

纵观当下的教育评价,我们发现,过于注重评价内容、评价工具和评价分析三个方面,而相对边缘化评价价值、评价组织和评价结果使用三个方面。其原因是，我们教育管理、教育研究与教育实践不成体系化，过于注意各自的工作职责分工；同时，他们又隶属于不同领域、不同阶层、不同部门或单位，服务于不同部门。

教育评价如果不解决教育评价六个组成部分的协同化与系统化的问题，教育评价的科学性永远只能是走在路上。换句话说，在教育评价科学中，如有某一方面或几个方面，不能与其他方面同步跟进，教育评价的科学性将大打折扣，自然地教育评价效益也会大打折扣。正因为如此，大家才知道教育评价的重要性，才在不断地加强对教育评价科学的研究。

思考二：教育评价实施的可操作性

教育评价的作用在于促进教育的健康发展，教育评价要达到这个价值追求，除了对教育评价内容、评价工具、评价方式、评价分析等方面研究外，还要站在教育评价的可操作性角度来考虑教育评价。

笔者坚信教育是"做的哲学"，认为教育"现场感"是教育者必须触及到的教育灵魂，同时也是燃起教育者教育思考与形成教育行为的原动力，因为教育的生命价值就在教育发生的地方，除此之外，都不是身临其境式地在"做教育"，而是以旁观者的身份，隔着山河、隔着围墙、隔着玻璃，远离气息、远离温暖的"关心教育"。教育评价同样也需要坚守"做的哲学"，教育评价的可操作性，是教育评价可能发生作用的关键环节。

教育评价的可操作性不仅是教育评价关键环节，也是当前教育评价中存在的突出与显性的问题。各级各类教育评价系统，都普遍存在"想得较理想、说得高大上、做得很艰辛、最后难落地"的尴尬境况。

所谓"想得较理想"是指，在评价系统设计与研制时，从评价价值追求、评价内容设计到评价工具提供都过多地站在"必须与应该"的层面思考，忽视了评价现实中的"可行性与条件性"，这就使评价在实施过程中觉得"好是好，就是落不下"的窘境。

所谓"说得高大上"是指，在解释与解读的过程中，过多就理念谈理念，就设想谈设想，就文本谈文本，忽视了评价落地的"复杂性与不确定性"，导致出现"越说越清晰,越说越在理,越说越拔高"的意境。

所谓"做得很辛苦"是指,在评价过程中遇到一系列问题,如评价信息采取,评价工作组织实施等问题,这些问题会影响评价的科学性,如,评价系统过于注重量化与指标,会让教育评价走向技术性与实验性,让教育独特的人文性、社会性和成长性被忽略,这样的教育评价只能是服务管理、统计和技术,而不是服务于人的成长。

所谓"最后难落地"是指,一是教育评价系统难以在预设条件与环境下开展;二是教育评价系统在操作过程中会经历"妥协性与非效益性的修改";三是教育评价结果的使用,会因各方的"质疑与争论",而"放弃与减弱"其结果使用的范围与作用。

思考三:教育评价结果的有效性

为什么要进行教育评价,笔者认为原由有三。

其一,对教育真实发生后的效果评价,既有整体性评价,也有个体性评价;既有结果性评价,也有过程性评价;既有成长性评价,也有对比性评价。

其二,对教育真实发生后产生效果的原由进行诊断,既有客观原由诊断,也有主观原由诊断;既有方向性原由诊断,也有策略性原由诊断。

其三,通过对教育真实发生后的效果及产生效果原由的评估与诊断,为以后工作的提升、优化,提供改良式系列策略。

只有教育评价同时达到以上三点,教育评价才可能达到实际效果,当然,教育评价实际能产生多大效果,是复杂而不稳定的,但有一点是肯定的,那就是教育评价要达到助推教育健康发展的作用,以上三点的作用必须同步发生,少一点难以发挥教育评价应有作用。

现在教育评价过于强调终端性评估和竞争性排名,这看似能促进相关主体方重视工作、改良方法、提升绩效等作用。但是首先,要肯定教育评价的终端性评估和竞争性排名,在一定程度上对工作有正向推进作用,如同工作、学习的效果与时间关系一样,在一定范围内,工作与学习时间和效果是成正比的,但这需要条件,如时间要在合理区间,工作与学习的认知、情绪和方法,等等;

其次，教育评价的终端性评估和竞争性排名，会导致同类单位、部门和工作人员形成"对立式单位与同事"，这对整体工作效果、工作氛围以及工作生态都有一定程度的负面影响；最后，教育评价的终端性评价和竞争性排名，会让组织评价部门、单位与人员和受评价部门、单位与人员聚焦于最后的"结果"，聚焦于现实的"当下"，聚焦于"可呈现的显性成效"，忽视了"过程与方法"，忽视了"长远与未来"，忽视了"隐性的且难以及时呈现的成效"，这对教育不利，对学生的成长不利，长此以往让教育变成工业化的机械训练。

教育评价是教育科学中重要的组成部分，教育评价对教育作用不仅是外力式推动，更是内部结构的提升。教育评价已成为教育发展的关键，是教育发展的"指挥棒"和"牛鼻子"，这些，我相信大家的认识应该是一致的。

了解教育美好背后的现实,是做美好教育的前提

世界即美好,人生即美好,成长即美好,教育自然即为美好。

从事教育的人本身应是美好的,因为,只有从事教育的人是美好的,教育这件事才能变得令人期待与向往。所以,我们无论在培训、在跟岗、在研讨、在交流的过程中,所听与所看的都是美好的教育和美好的教育人。我们在好多文章中,都能体会到教育和教育人的美好。正因如此,这些让许多从事教育的人处处、时时都充满着自豪与憧憬,这些对教育有正向而持续的推动作用。

教育过程中时常会产生一些追问,如:教育的美好,是教育价值的美好,是教育结果的美好,还是教育过程的美好呢?教育能让人时时、处处都那么美好吗?是部分教育美好,还是所有的教育都美好呢?教育的美好需要付出什么,还会面临什么,等等方面的追问。会有这些追问,可能与个人认知有关,也存在个人对教育有着真心诚意的期待与祝愿。

笔者从三个在日常工作中经常遇到的现象来聊一聊,这也是广大教育人面对的具体问题,所期待看到的教育美好和美好教育背后的"现实"与"真相"。这个"现实"与"真相"不是揭开什么,更不是揭示什么,只是以更多视野与维度呈现教育现状背后形成的因素,不涉及到优与劣,更不涉及对与错、是与非的问题,仅仅是问题研究与探讨,而非社会公平与道德品质领域的研讨。

现象一:无论幼、小、初、高、特,还是职高、职专、职院、学院、大学都有其各自学段的名优学校,不仅我们国家有,国外也有,不仅现在有,古代也有。优质和品牌学校存在既是自然社会客观现象,也是人类社会发展主观需求,否则,优质和品牌学校就不可能这么广泛而持久地存在,这一点大家应该有共

识。我们需要研究与探讨名优学校的内在发展规律,以及优质和品牌学校形成的关键因素。如:优质或品牌学校背后有哪些故事?是资源因素所致、还是学校内生力因素所成?或者是资源与学校内生力共同因素作用等问题?

优质品牌学校形成原因决非只是我们从校长介绍及讲学所讲的,也不应只是学校对外宣传的材料及文章所写的,更不只是大家在学校参观、考察、跟岗所见、所听的和学校老师、同学、家长只言片语表达出来的因素。这并不是他们不讲其形成的"真因、真经与真事",而是有些因素无法用语言与文字表达出来,有些也难以恢复至当时的现场。

一所优质品牌学校形成原因各不相同,比如时代、条件、环境、事件、关键人,等等,但他们形成原因又是相同的。说形成原因不相同是策略层面,是时空层面,是内容层面;说形成原因相同是价值层面,是理念层面,是认知层面。

笔者认为优质品牌学校形成原因无非两个方面:

第一个方面是"大势或时势"造就或促成优质与品牌学校形成;

第二个方面是"关键人与教育生态"引领和推动优质与品牌学校形成。

"大势或时势"是指学校建校之始或学校发展的某个阶段得益于大政策、大潮流或区域发展大环境推动,这些学校或被动,或主动地站在"大势或时势"的风口,使之获得学校发展关键要素,如政策要素、区位要素、投入要素、师资要素和生源要素,等等。学校借助其他学校难以拥有的外部资源,以此抓住学校快速、高质、持续发展的机遇,最后成为大家眼中的优质品牌学校。

"关键人"是指学校建校之始或学校发展的某个阶段有一个或几个"关键人",他们对学校发展起着决定性作用,无论是学校价值追求,还是学校办学效益都有了"质的提升"。这一个或几个"关键人"对学校作用是"丰碑式"的,具有引领性、标杆性、参照性。"教育生态"是指学校建之始或学校发展的某个阶段构建了学校良好教育生态,这种教育生态是让历任校长在学校不敢乱说、乱动和乱改,这种教育生态是让教师在学校里可以且必须找到自己必学、要学、可学的人,这种教育生态是让家长对学校教育教学是放心且积极参与的,这种教育生态是让学生在学校里能找到自己的乐趣、价值和努力的方向与动力。学校在"关键人和教育生态"的影响下,使之各方面工作在同区域,同学段中处于引领地位,自然也就成为了大家心目中的优质和品牌学校。

优质品牌学校是有一些基础性的东西可以输出的,如:学校历史与文化,学校成功与失败案例,学校师生和学校面对发展、面对困惑、面对师生成长等方面一些思考、策略与体会。这些输出有成功的成效与成果,有值得借鉴的经验与不足。

优质品牌学校是有一些东西难以或者说是不可输出的,如:学校机遇,学校资源,学校区位,学校投入,学校师资,学校生源,等等。

只有认识到优质和品牌学校哪些是历史的、是资源的、是环境的、是积累的、是条件的、是外界的;哪些又是努力的、是生长的、是普适的、是内在的。我们才真正看清优质和品牌学校优秀在哪?品质在哪?哪些可学?哪些是难以复制的?这一点非常重要,不仅是学习者要理性看待,优质和品牌学校向外输出与介绍更要有历史的、客观的、全面与科学的态度去呈现。

不要出现当下一些优质和品牌学校那样的做法,就是学校的发展与现状,一切都源于他们的理念、他们的改革、他们的策略、他们的能力,与其他的外界因素无关。这种观点与做法是要不得的,这会让优质品牌学校与学校中的人陷入功利之中,且慢慢变为"虚构的虚假者",同时也会误导大多数学习者,使学习者陷入"怀疑人生"的盲区,这对教育与教育者都是有百害而无一利。

现象二:任何一个群体都是多元的,也是多层的,教师群体也不例外。以教师教育教学价值、态度、责任、效果等视野来划分,教师群体大概可分为卓越型、优秀型、适宜型和不宜型四个层级。今天讲讲我们通常所说的知名优秀教师,也就是优秀型和卓越型两个层级中的佼佼者,一起来探寻知名优秀教师背后都有哪些故事?知名优秀教师成长是由于机遇?还是努力?还是机遇与努力共同作用?

一个行业,一个群体,一个团队如果没有卓越而优秀层面的"标杆式的人或一群人",那么,这个行业,这个群体,这个团队不仅是平庸的,而且是没有希望的。教育行业,教师群体更需要一批甚至于一大批知名而优秀的教师。很多人对优秀教师知名这件事很不感兴趣,但对优秀教师是认可的,我知道持这种观点的人的担忧,他们认为优秀教师能更好地履行教育教学职责,更好地为学生提供有价值的帮助就可以,怕优秀教师一旦知名,会让优秀教师沽名钓誉,难以静心完成本职工作。这种担忧现在的确存在,而且还不在少数,但这并不能以此否定优秀教师的积极作用。

优秀教师很多,知名优秀教师相对来说,就没有那么多。知名优秀教师之所以能成为教师群体中的代表,其中有很多"过人"之处,包括能力、素养、成绩、成效与影响等方面。不同知名优秀教师的知名范围不同,优秀领域不同,成长环境与方式也不尽相同,但他们还是有其基本的共性特点。

据笔者观察,知名优秀教师有以下几点共性,总结起来,就是"三知三会",即:知时势,知学生,知自己;会学习,会改变,会提炼。

知名优秀教师"知时势"可以理解为懂政策,知方向;懂社会,知人文;他们关注教育与社会,教育与人文之间的关联,从而知道教育发展之大势。

知名优秀教师"知学生"可以理解为懂规律,知共性;懂心理,知个性;他们是以学生为起点的教育思考,而非以教师为起点的教育思考,这样他们就知道"教服务于学,学决定教"的教育基本法则。

知名优秀教师"知自己"可以理解为懂教育,知定位;懂知识,知方法;教师处于师的地位,处于教的一方,但并非说明教师就是知识,就是真理,要明确教师是通过知识平台,帮助学生健康成长,知道教师的作用,教师的长处,也知道教师的不足,教师的无奈。

知名优秀教师"会学习"可以理解为有意识,能持续;有方法,能转化;学习是所有成功者共有的"武器",可以说"无学习不成长,无学习不成才,无学习不成功",他们之所以知名且优秀,学习是其中重要的原因。

知名优秀教师"会改变"可以理解为有愿望,能行动;有想法,能落地;改变是人认知内化后的显性表现,是学习走向成长的"分界",没有改变的认知和学习都只是停留在"知之为知之"的状况,只有有了改变,认知和学习才真正做到了"知行合一"的境界。

知名优秀教师"会提炼"可以理解为有观点,能表达;有基础,能研究;提炼是教师从模仿者走向创造者的开始,也是其必经之路;提炼是教师从经验主义者走向理性思考者，从单纯实践行动者走向多元实践行动与研究者。

知名优秀教师还需要在教育教学中持续保持较高的水平和能解决教育教学中存在的实际问题，只有这样，才能称之为"知名优秀教师或知名优秀教育工作者"。

现象三：优质品牌学校，知名优秀教师的底气是什么？就是培养一批又一批优秀学生。今天，我们一起探究优秀学生与优质品牌学校、知名优秀教师的关联，或者说优秀学生的优秀，优质品牌学校与知名优秀教师起到哪些作用？这些作用是其他普通学校和老师所不具有的作用。

要了解这些，我们可以换个角度来看看，学生综合素质与素养提升，背后又有哪些故事？这些故事中，哪些是共性的，哪些又是个性的？哪些是家庭作用，哪些又是学校作用？还是家庭与学校共同作用？

这就能让我们看到优秀学生的特质是什么？是优秀学生无论是在学生时代，还是离开学校，走入社会，他们身上都会折射出不一样的"光芒"。所谓的"光芒"，就是他们具有一些基本特质，如：积极而健康的价值追求；勤奋而持续的行为方式；学习转化的基本能力；在现有条件下破解而有效的思维策略；向内寻因的认知思维……

假如优秀学生的基本品质是这些，如果优秀学生基本品质为"果"，那么优秀学生成长过程，也就是接受的教育就是"因"。我们就可以以寻"因"探"果"式的方式，去寻找教育与优秀之间的关联。

学校教育（包括教师）在学生成长中有着极其重要的作用，这种重要包括不可替代性，不可逆转性。所以家长、政府和社区对优质和品牌学校、对知名优秀教师"追捧"的热度从未减弱，这点就证明学校教育（包括教师）对孩子成长的作用。

以上是大家共识，但现在出现一些"不良现象"，就是把学生的优秀"原因"都归功于学校与教师，这一点在一些优质品牌学校更为凸显，知名优秀教师对教育的理解，对学校的宣传，自己的理念都只限于他们是如何帮助学生健康而优秀地成长，而没有认真、客观而专业地去解读"优秀学生"成长的轨迹。比如说学生自身因素；再比如说学生前期接受教育的因素；再比如说学生的原生家庭教育因素，等等。

只有客观和专业呈现优秀学生成长的相关轨迹，才能真正而科学地帮助更多的学校，更多的教师，更多的家长和更多的孩子，让他们知道"成长"的"全程"，而不是加工后的"美好瞬间与片断"。如果我们只让大家知道瞬间与片段，无论呈现出的多么"美好"，学习者都无法走近与到达"美好"，也享受不了美好的教育与教育的美好。

真实，是一切教育的开始，也是一切教育的结束。美好的前提是"真实"，没有"真实"的"美好"，都是想象中的"美好"，而非生活与生命中真正的美好。

坚守"三常"是学校健康发展之道

教育是自然现象,在动植物世界中广泛存在,只不过各种动植物教育内容、方式不一,人类是自然界唯一把教育变成一门科学的物种,这是人类文明的显性特征。

教育的社会属性永远引领教育发展,所以教育始终都有其时代特征。正因如此,教育始终都在变化,教育始终都在推动社会的发展,教育对社会的发展有责任与价值。同时,社会是拉动教育变革的主要力量,教育发展与改革一直没有停止。

迈入19世纪以后,教育改革与发展是空前、迅速、迭代的。进入21世纪后,人类社会进入信息时代,尤其是进入了人工智能时代,教育的变革更加迫切与快速,迫切得让教育与教育人很难承受,快速得让教育与教育人很难跟上,这种很难承受和很难跟上,作为"当事人"的我们,是兼具挑战与痛苦的,但放在人类历史发展中,又是必须且积极的。

现代的中国,教育改革进入快车道,从原来的五年一小变、十年一大改,到现在每年都有变、都有改,这种变与改都体现出时代的变化、社会的变化。

作为学校这一承担具体教育教学任务的主体,如何面对迅猛教育的"变"与"改"呢?这是每所学校,每位校长,每名教师面对的挑战。

学校、校长、教师应在坚守教育规律基础上,全力且愉快地拥抱并融入时代的发展,才是学校健康发展之道。

什么是教育规律呢?作为学校的教育规律,就是坚守教育教学中的"三常"。教育教学中的"三常",是指学校教育目标、教育治理和教育教学中的常识、常规和常态。

由于社会发展迅猛，教育变革提速，学校需要不断学习，不断改革，不断接受新的观点、新的概念、新的做法，等等。但无论是什么样的新观点、新概念、新做法，都要遵守教育规律。

一、教育教学常识

教育教学和其他科学技术一样，有其常识。何谓常识，即社会对同一事物存在的日常共识。下面列举两个教育教学常识予以说明。

教育教学常识一：任何名师、名校都不可能只是通过呈现在大家面前的改革，变成今天的他们，这就是教育教学常识。了解教育教学常识，就会让我们以一名专业者的视野，以一名研究者的理性，以一名第三方的客观角度去研究教育、观察教育、评价教育与实施教育。

如果没有教育教学常识，我们就会被社会上一些宣传、观点带偏。比如说：一些关于名师成长策略、名师成长案例、名师成长培训等方面的介绍，这不是名师成长全面、客观、立体的"成长样态"。又比如说：一些关于名校成长路径、名校成长案例等方面的介绍，也不是名校成长全面、客观、立体的"成长样态"。

只要有教育教学常识的人都会知道，名师是在本体学科中学、悟出来的，名师是在课堂里浸泡出来的、是在与学生交流沟通中生成出来的、是在教研科研中滋润出来的、是在学案与教案撰写和作业设计与批改中走出来的、是在教育反思与设想中书写出来的，决非外人所讲的那样，只是通过采用某个教育观点，使用某种教学方式，在某类课堂样态等教学改革中冒出来的。

只要有教育教学常识的人，都会知道，名校是在充分统筹自身资源优势，发挥自身特点，遵循教育规律，师生持续坚持一步一步，一项一项，一天一天的认真而努力的教与学，才形成今天的名校。只要有教育教学常识的人，都会知道，学校发展最基本的"三要素"：机制（含政策）、师资与生源，只有以这三要素作为基础，然后才能通过学校文化、教育理念、治理水平、课程建设和考核评价等因素发挥积极有效的作用，学校才可能变成我们所看见的名校。

教育教学常识二：只有持续且协同的教育，才可能培养出健康快乐的学生。

人的成长与环境有着密不可分的关系，环境包括自然环境、学习环境与生活环境等。学生接受教育分两种，一种是有目的、有意识的教育，如家庭教育、学校教育和社会一些有明确教育指向的人、事与物理空间的教育；还有一种是没有目的、没有意识的教育，如生活中遇到一件偶然事，生活中的日常状态等都有其教育作用，这种教育没有目的与意识，但教育的确真实发生。

学生要健康快乐成长就需要成年人、家庭、学校与社会协同配合且持续的教育。如：国家提出的"儿童优先"原则；国家出台《家庭教育促进法》；国家要求各地各教育部门建立家校社协同育人机制；教育局、关工委、团委、妇联、学校倡导家校合作工作，提出家校共育观点，等等，都说明了学生教育是持续且协同的。

二、教育教学常规

学校教育教学有基本的规范，这种规范就是我们通常所说的教育教学常规。何谓常规，即经常实行的规矩或规定。下面列举两个教育教学常规予以说明。

教育教学常规一：备课、上课、作业（测试）是教师教育教学的基本环节，且缺一不可。一位教师的教学水平高低和教学效果优劣受很多因素影响，因为教师教育教学水平及效果是开放状态，而这些是动态的，是可变的，是受外部信息影响的。但有一点是肯定的，备课、上课、作业（测试）是诸多因素中最基本、最基础、最重要的因素，因为这是教师提升教育教学能力与效果的常规。

有些教师，有些学校，有些教研科研人员不断学习教育新理念、新概念、新提法，追求创新改革，以推倒重来的雄心壮志做教育，这是非常令人担心的现象。笔者认为，教育90%及以上的进步，都是优化式丰富，而非颠覆式创新。教育进步是基于"完成后的完善"，比如说，如何理解现在提出的，教育教学目标从"知识"走向"素养"这一观点，其意思是教育教学目标不再只停留在知识层面，而应该以学生素养提升为教育教学目标。可有些人可能解读成跳过知识层面，直接奔向素养层面，但不要忘记，一是学生素养包括了知识层面；二是学生素养如何形成，没有知识学习如何达到素养提升，其实素养层面提升离不开知识层面的学习。简单地说，教育教学目标的标准提升了，不仅要关注学生知识层面，还要从知识层面向素养层面进阶，也就是说素养目标是基于知识目标完成后的完善，而非颠覆性或非此即彼式的突变。

教育教学常规二：预习、听课、作业（包括测试）是学生学习的基本环节，且缺一不可。同样，影响学生学习的因素很多，但有一点是肯定的，那就是坚持基本教育教学中的学习常规，是所有学生要学好知识，提升素养的基础共性。

预习是学生学习的开始，既是学生良好学习习惯养成的开始，也是培养学生学习兴趣过程的开始，还是学生自主学习能力训练的开始，更是学生主体已储备的知识能力与客体知识对话的开始，预习无疑是教师的教与学生的学的常规。

课堂是学校教育教学的主阵地，也是学生学习成长的主场域。课堂应该是任何一所学校最关注、最重视、最敬畏的，因为课堂是学校教育教学最集中、最专业、最规范的教与学的场合，可以说，学校得课堂，就得教育教学质量，就得学生健康成长，课堂是教师的教与学生的学的常规。

作业是教师的教与学生的学的方式，作业是教师的教与学生的学的内容，作业是学生群体和个体体验式学习。作业是知识掌握与理解后的"试用"；作业是课堂内教师的教与学生的学的延续和延展；作业是教师对学生了解后个性化的"教学"；作业是学生自我学习与自我评价的"工具"；作业是教育教学中教师的教与学生的学的常规。

三、教育教学常态

学校教育教学常态化是学校遵循教育教学常识与常规的物理支持。

前面讲到了教育教学的常识与常规是教育教学的基本专业认知，可以说，教育理论，教育专业都是建立在教育常识的基础之上，否则，所有的教育理论与专业就变成无基之厦，无根之木。大家理解了教育常识、常规，在实际教育教学中也会遵守教育常识、常规，这就是教育常态。

对于教育教学常识与常规，全体师生要共同认可且在日常教育教学中遵守，让学校的每项工作，校长的每项决策，教师的每次教育教学行为，学生的每日学习都遵循教育常识，遵守教育常规，这种认知与定位是学校所需的教育教学常态的前提。

对于教育教学常识与常规，全体师生要共同实施且持续在日常教育教学中保持，俗话说，要做一名有良知的人，首先要知良知，其次要行良知，最后要让知良知、行良知变成日常生活习性与习惯。如果把教育教学常识喻为"知良知"，把教育教学常规喻为"行良知"，那么，教育教学的常识与常规如何在学校日常教育教学行为中常态化，就是"要把知良知、行良知变成日常生活习性与习惯"。

学校文化包括教育教学常识与常规，全体师生要对教育教学常识与常规内化于心，同时又要保持教育教学常识与常规常态化，这是学校师生外化于行的学校文化重要而具象化的符号。学校只有坚守教育教学常识，坚持教育教学常规，坚定教育教学常识与常规常态化，才是学校健康持续而高质发展之路。

文化筑魂，课程育人
——谈谈新疆"九团中学"和合文化建设

01 谈谈学习的收获

新疆生产建设兵团农一师九团第一中学（以下简称"九团中学"）的王校长、甘书记和张老师从不同维度介绍了九团中学这些年的教育研究、探索与实践。他们从文化、课程、课堂这几个维度，介绍了本校的育人体系、组织体系、支持体系。还从校长、教师、学生等不同视角，阐述了九团中学在学校文化视域下课程育人体系建构的内容、方式及工具。他们的发言展现了他们的教育理念、教育过程，也呈现了他们的教育效果，让我们受益匪浅。

先谈谈第一点收获： 九团中学的学校文化建设，立足于国家、民族、地域的历史，其文化精神源自兵团精神、胡杨精神、新时代精神，在此基础上确定了学校的和合文化。其实，以"和合"作为学校文化的，肯定不止九团中学这一所学校，但九团中学的学校文化是与当地的文化历史，当地的社会发展，以及中国新时代整个社会体系的治理是极度吻合的，所以他们在和合文化中提出"文化筑魂、课程育人"，提出了学校从规范走向优质，从单一走向多元的健康发展之路。

再谈谈第二点收获： 王校长说："追求以人为本，和谐发展，做有温度的教育。"九团中学的办学愿景，让我有似曾相识的感觉，因为我曾经写过一本书，名为《做有温度的教育》。听了王校长的介绍，觉得特别亲切。九团中学先提出和合文化，又在和合文化建设的基础上提出和合课程，从而落实"五育并举"。九团中学的育人目标通过和敬、和习、和礼三个领域的课程群来落实和呈现和合文化课程，以和敬聚焦对应五育中的"德"与"劳"，以和习对应五育中的"智"，以和礼对应五育中的"体"与"美"。九团中学将和合课程往下推，就有了问学课堂，让和合课程转化为教育教学的实际行为，从而创建了课堂的新生态——师生共寻，师生共书，师生共言，师生共享，师生共学的问学课堂。

九团中学从学校的和合文化到和合课程，走过了理念—内容—策略—工具—行为的教育教学方式整体变革的历程。九团中学在此基础上构建课程，优化课堂，全面育人，从文化到课程到课堂到育人。以学校文化塑教师之魂，以优质课程磨砺教师之能，以有效课堂培教师之根，以全面育人铸就教师之功，一个相互促进，相互支持的双向多主体的动态良性的教育生态得以形成。九团中学的课程育人不是单向的，不仅仅是通过教师来推动文化，推动课程，推动课堂来育人，而且又通过文化、课程、课堂育人推进教师的成长，这样的循环形成了良好的学校生态。

甘书记聚焦和合课程的体系构建与实施，从时代背景、教育背景、课程背景到课程目标，回答了为什么要做和合课程，课程目标解决了和合课程去哪里的问题，从课程的结构和课程的设置解决了课程做什么，谁来做的问题。课程的实施和评价，解决了课程怎么做，做得怎么样的问题。课程的管理与保障，解决了课程在实际落实当中的资源支撑和资源保障的问题。课程的阶段成效，则反映了别人与自己的调适状况及自己的反思。因为做任何一件事，不同人的理解是不一样的。

张老师介绍了九团中学和合课程下的"问学课堂"。九团中学介绍本校课程育人实践的主讲人，从校长到书记再到教师，一步一步分解开来讲。张老师先介绍了课堂变革的背景，也就是现状、问题与需求，直到"问学课堂"的产生。为什么我们会产生"问学课堂"呢？因为我们遇到了教育实践的一些问题，是我们想达成教育目标双重需求下的一种选择。也就是说"问学课堂"不是凭空而来，它是基于问题的解决和目标的达成而来的。策略从何而来？来自于目标，来自于问题，从而形成了基本的课堂样态——发现问题、梳理问题、协作探究和分享学习。也就是我前面所讲的师生共寻、师生共书、师生共言、师生共享、师生共学的"问学课堂"。发现问题、梳理问题、协作探究是"问学课堂"的实施步骤，如何保证"问学课堂"按质按标准地落地？需要经历研讨流程、研发工具、形成步骤，还需要落实问学课堂的条件与能力。

王校长、甘书记和张老师从三个层次，三个维度讲述了九团中学在学校文化视域下课程育人体系的构建，三位主讲人的讲述呈现出极强的画面感。虽然我们没有到九团中学，但是我们可以感受到九团中学课程育人的气息。

02 谈谈思考和建议

第一，九团中学学校文化的寻根是做得很好的，但和合文化当中应该加入学校与教育的元素，要思考九团中学为什么要选和合文化作为校园文化，以及九团中学的真实使命是什么？是教育。如果在和合文化中加入学校和教育的元素，我想和合文化的立根就会更深。

第二，和合文化到和合课程，"和"字体现得较为完整。王校长在他的报告当中，对和合文化与和合课程中的"和"也阐释得颇为详尽，但我认为在和合文化与和合课程中，第二个"合"体现得不够。在此，我给出一些建议：其一，是否可以从"五育并举"到"五育融合"？大家只谈到了"五育并举"，但没有谈"五育融合"，没有谈"五育"如何并举。"五育"并举是在国家教育方针中关于育人的表述中呈现的，我们要培养德智体美劳全面发展的人。这个"人"很重要。第二个"合"就应该是"五育并举"，应该是"五育融合"。其二，从课程角度来看，我们的综合课程，我们的跨学科课程，我们的幼小、小初、初高衔接问题，以及大单元备课，等等，这些都可以体现"合"。我们的课堂更能体现"合"，合作、研讨、交流，这些课题形式都能体现"合"，等等，这是第二个问题。其三，"问学课堂"的四大环节步骤应该用"基础＋"的教学理念来完善与优化。什么叫"基础＋"，简而言之，就是我们通常所说的：教学有法，教无定法。"问学课堂"的四大环节和步骤，就是告诉老师们教学有法，但我们还要体现教无定法。教无定法体现在哪里？至少体现在以下几个方面：首先，学段不同，你的方法不同。你对幼儿园的学生，对小学的，对初中的，对高中的，对小学初段、中段、高段的，对初一和初三的，你的方法都是不同的。其次，学科不同，方法也不同。语文、数学、英语、物理、化学、思政、自然科学，体育与艺术，不同的学科教学，方法自然也是不同的。再次，师资不同，方法也不同。不同的老师，教学方法也是不同的。所以，我们在实施问学课堂的四大环节和步骤时，要思考四大环节和步骤是否完整，是否科学，还需要不断优化。我们还要持开放的态度，"基础＋"，基础是定法，＋是无定法。

最后，我引用尹会长的一句话作为结语："我们要用大量的时间来解决在普通学校当中遇到的普通而常见的问题，并且使用普通而常见的方法去解决。"

诗育儿童 诗趣人生
——评顾文艳老师的童诗教育

顾文艳老师是江苏省特级、上海市正高级小学语文教师，是从事研究与实施童诗教育教学的知名教育工作者。

作为对诗不敏感，不会作诗，也不太懂得欣赏诗的我，提笔写顾老师，的确怕错失顾老师的诗情。转念一想，儿童都能以诗心般的童心，和顾老师一起寻找丰富而多彩的世界，我又为何不能做一回儿童呢？

从儿童出发，通过童诗，带着童心，回归儿童，可能是顾老师钟情童诗教育教学的逻辑思考吧！

诗情诗意。作为童诗教学、教育的研究者与实践者，顾老师应是一位从内而外都充满诗情诗意的人，否则，她怎么从 2008 年开始从事童诗教育，一做就是 15 年。15 年来，顾老师无论是日常自己班上的语文课，还是公开展示课，都让课堂充满诗情诗意。诗，灵动而飘逸；诗人，纯粹而孤独。但顾老师不会，因为她的诗里有她喜爱的孩子们，正因为这样，她有做一名儿童喜爱的老师的愿望。她在课堂上和孩子在一起时，好似搭乘诗的云朵走到每个学生的身边，带着诗情诗意去触及每个学生内心的丰盈与遐想，让孩子们心里充满着诗情，让孩子们的生命中充满着诗意。

看顾老师的专著与报道，文字中讲述她与一个个孩子之间的日常故事，时时都充满诗情；听顾老师的课与讲座，看她与孩子交流的眼神、语气、姿势，看她与老师们沟通时的用词、语速，处处都充满诗意。正因为顾老师充满了诗情与诗意，童诗教育与教学才会伴随她 15 年，诗情与诗意才会成为她教育教学的底色与底蕴。

教育，是以爱为圆心，以学习为半径画出的一个个成长的圆。爱是不变的，学习是不断调整的，所以，不同的人、同一个人不同的阶段，成长的圆是不一样的。如果，每个学生，在学习过程中，充满诗性与诗意，那么，他们的成长会是多么的美好与幸福。

我们不难发现，诗人们都有诗趣、有诗性。看过顾老师自己的诗，也读过顾老师学生们的诗。顾老师的诗大致可分两类，一类是与教育相关的，是从与儿童的交流、观察、倾听中而来，是从儿童的言谈举止中而来，是解读与洞察儿童童趣、童真、童性中而来，有明显的童心、童趣与童味。一类是与教育无关的，有对自然、对家人朋友、对生活、对社会、对生命的理解，这些诗更能看到顾老师诗人般的诗趣和诗性。

诗趣诗性不仅决定诗人对诗的情趣与性情，也折射出诗人对工作、生活、自然和生命独特的感知。

顾老师在课堂教学上，给孩子们读诗、讲诗、赏诗、改诗，更多的是基于学生的视野，通过诗让她读懂孩子们，也让孩子们知道老师的所思所想。她看似不是教学生作诗，而是让孩子们在诗趣中遨游，让日子、日光、月光，让花草、鱼虫、建筑，让对话、绘本、音乐都充满诗性。

读顾老师学生的诗，就是读孩子日常生活中的状态，只不过用诗表达出来。这种表达可能稚嫩，可能模糊，可能缺少格韵，但充满个性、充满想象、充满自在、充满憧憬、充满快乐。

顾老师的教育教学，注定要重重烙下"童诗教育"几个字。我不知道顾老师为何选择"童诗教育"，虽然在她的文章和采访她的报道中提及一些"原因"，但还不仅缘于这些，至少还应是缘于顾老师的性情、兴趣；顾老师对文字、对文学的敏锐的感知力；顾老师内心充盈、多彩、丰满，以及顾老师对课堂、对教育、对孩子的爱心……

儿时的感知、体验是人一生的底色与源泉，给人生带来的不仅是直接技能与知识，还有终身成长与生活的记忆与兴趣，如吟诵诗词、识谱视唱、玩球习武，等等。顾老师的童诗教育，就是让孩子们在最具生命力、充满遐想、纯粹与纯洁的美好时段遇见诗，用诗情、诗意、诗趣、诗性滋养着时光、滋润着童心，对孩子来说，是何其美哉，是何其幸哉！

顾老师的童诗教育，与其说是与孩子们一起诵诗、赏诗、说诗、赋诗，不如说顾老师带着孩子们在诗情、诗意、诗趣、诗性中浸润，一起欣赏自然、欣赏自己、欣赏家人、欣赏老师、欣赏同伴、欣赏日复一日的平凡。当教育回归生活，生活就有教育的滋味，教育就有生命气息。

诗，是美的。诗人的表达是空灵的、是奇妙的，是让人有千万种美的遐思的。诗与诗人的特质是与儿童契合的，所以说，童年是诗最好的栖息地。顾老师理解诗的心思，抓住了诗的特质，顾老师了解教育的本源，知晓儿童的世界，并且顾老师手上还握有一串打开儿童，打开诗的王国的钥匙，所以，顾老师就和她的学生们在诗情诗意中追逐，在诗趣诗情中玩耍，这是顾老师之大喜！这是顾老师的学生们之大幸！这更是童诗教育之大机遇！

小小课堂，小小儿童，由于小小的诗，让课堂变美了、变广阔了、变有趣了、变生动了；让学生变得更灵动、更活跃、更友好、更深邃了；小小的诗，让顾老师更温润、更平和、更智慧了……

童诗教育，诗育儿童；童诗教育，诗趣人生。

第八章

家校合作：区域教育生态的基础策略

家校社协同育人：法律是依据更是机遇

家庭教育促进法出台后，如何收到其法律的预期效果，对家庭教育产生实际的促进作用？笔者认为，除了思考如何根据法律的相关要求来落实指导家庭教育外，还有一点至关重要，就是如何推进家校社协同育人。

在近30年的"家校社协同育人"的研究实践中，厘清家校社协同育人的目标、各方边界，以及如何协同三方面的问题尤为关键：

一问：家校社协同育人的目标是什么？

从实践来看，家校社协同育人的目标有：帮助学校、帮助家长、帮助学生三个方面。目前，大多数区域与学校的家校社协同育人，都停留在帮助学校这一目标上。家校社协同育人的目标如果是帮助家长，那么，家校社协同育人机制、组织、活动、内容等方面，都要围绕教会家长做家长。现在家庭教育的能力与水平，的确需要提高，但家校社协同育人，简单定位在"帮助家长做家长"这个层面，尚嫌不够。一是学校教育与社区教育尚有进一步提升与改进的空间；二是没有遵守协同育人各主体平等、互助、共商、共进的基本原则。家校社协同育人的目标如果是帮助学生，那么，家校社协同育人机制、组织、活动、内容等方面，都是围绕如何培养学生。家庭、学校、社区的着力点都在于自己如何在学生健康成长方面，各尽其力，怎么样与其他相关方协同，来帮助我们（各方）培养学生，而非仅仅要求别人（他方）如何去教育学生。纵观当下，各地家校社协同育人实践，都有向他方提出要求，而非从自己（我方）如何去努力，再去寻找别人（他方）的支持与帮助。如果不解决这一问题，各方只会成为互相指责的"推卸"关系,谈不上教育各主体协同育人。

二问:家校社协同育人的各方的边界是什么?

任何工作都应该有边界,家校社协同育人是多主体、多内容、多维度、多方式的,边界意识尤为重要。在家校社协同育人工作中,育人主体与育人内容的边界一直是实际工作的"障碍"。结合多年的家校社实际工作经验,笔者用这样的表述来描述家校社协同育人的边界与作用——"家庭与学校在教育孩子方面,如同一个股份公司,家长是公司董事长,学校是CEO,家长是公司终身持股人,学校是公司阶段持股人,家校是教育合伙人"。这说明家长与学校在孩子教育过程中,应各自承担责任(各方职责边界)。有了边界,能尽职尽责;没有边界,揽功推责。家校社三方育人主体,由于各自资源、使命、条件不同,各自所能承担的职责不同,所以就有了各自的教育边界。但是,我们必须清楚,主体边界不是泾渭分明的,更不是楚汉之界,各行其是。

三问:家校社协同育人如何协同?

家校社协同育人,核心在育人,重在协同,育人是目标,协同是路径。家校社协同育人,可以从目标协同、内容协同、方式协同、效果协同等方面着手。目标协同旨在关注培养什么样的人,内容协同重在关注用什么培养人,方式协同则强调怎么样培养人,效果协同就是培养成什么样的人。在家校社协同育人实际工作中,会出现主体不明或者过于依赖一方、内容过于单一或过于简单、方式过于程序化或单方把控等问题。而这些也是影响家校社协同育人目标是否能够达成,各方是否认可,效果是否优良,活动是否持续的关键原因。

家庭教育促进法的出台,标志着我国家庭教育驶入法治化进程,是我国社会经济发展中的重大事情。这势必对我国家庭教育能力与水平有积极推动作用。而这一切,只是开始,家校社各方必须在实际工作中各负其责,使法律预期效果真正得以实现。

"家校合作"是区域教育高质量发展的必经之路

教育不是"独行侠",教育是多主体、多内容、多方式、多评价的综合社会人文科学。协同育人就是教育必须的常规,协同育人包括教育内容协同,教育方式协同,教育主体协同等。家校共育就是教育主体、内容和方式综合协同,要达到家校共育目标,家校合作是其策略与前提。

区域教育高质量发展离不开"协同育人",其中重要的就是家校合作育人,可以说,区域教育没有家校共育,就不可能有区域教育高质量发展,由此可见,家校合作是区域教育高质量发展的必经之路。

教育标准是教育评价的前提,但不同主体对教育理解是不尽相同的。关于区域教育高质量发展,也同样面临这样的问题,为此,需要我们对区域教育高质量予以思考。

思考一:区域教育高质量核心价值追求是什么?是"优质+均衡",前者是教育素养价值追求,后者是教育社会价值追求,当然,二者是相互依存,且融为一体。

思考二:区域教育高质量的内在需求是什么?是基础教育中的"两个面向",即面向全体学生和面向学生的全面发展。

思考三:区域教育高质量的外显要求是什么?毋庸置疑,是"办好家门口的好学校",只有办好家门口的好学校,区域教育才可能是高质量。

思考四:实现区域教育高质量发展的落脚点在哪里?不难确定,在于"构建区域良好教育生态",健康的教育有良好的教育生态,反之,不健康的教育生态是不友好的。

基于这些理解，区域开展"家校合作"工作，能解决区域教育高质量发展过程中的哪些问题？笔者通过自身20多年的实践与研究，认为至少可以解决以下一些问题。

首先，梳理家校关系，明确合作价值。家校之间要树立"教育合伙人"关系，合作的价值追求是为了给学生一个健康成长环境，即营造家庭与学校之间的良好教育生态。避免出现家校教育"推责揽功"现象。

何谓"教育合伙人"？笔者在家校合作实践与研究中，发现家校合作存在普遍问题，学校方面把家校合作变成了家长培训和家长支持学校工作；家庭方面把家校合作变成家长个体需求。家校合作两个主体对家校合作价值定位出现偏差，把家校合作定位于对方为自己提供帮助，而不是双方共同为学生健康成长去发挥自身的力量与作用，简而言之，就是家校双方站在学生健康成长的立场上，为对方提供相关的支持与帮助。

为了让家校合作真正达到"家校共育"的目标，笔者始终认为家庭与学校在教育孩子方面，如同一个股份公司，家长是公司创始人、董事长，学校是这个公司的CEO，家长是公司的终身持股人，学校是公司的阶段持股人，家校是"教育合伙人"。用家校合伙人来表述家校关系、家校责权、家校合作目标，使大家清楚且明确家校合作工作应该如何去做。

其次，针对家校现状，提供解决策略。家校之间出现一些不正常现象，如：家长与老师"平时无事不相见，见面肯定有事情"。为什么会出现如此奇怪的现象呢？家校共育并未落到家长与教师心里，家长与教师并未理解"教育是互助"，尤其是家长与老师的教育是互助的，内容互助、方式互助、效果互助。

教育不是"治疗"，而是"健体"。教育不是以解决问题为目标，而是以培养学生成长为目标。教育不是"治病"，而是"预防"，家长与学校合作应该把更多时间聚焦于学生在"平稳""平凡""平常"状态下沟通交流，而非只是在学生"犯错""应急""冲突"状态下商量与协调。

这样的家校没有真正开展家校工作，或是家校合作工作在浅表层，需要系统而专业的指导。

其三，解决家校之间各自为政、相互指责、相互推诿的现象。家庭与学校是学生教育的最为重要的主体，每一主体的教育对学生成长都有着直接、明显、长久而深刻的作用。但是，家校除了各自的教育作用外，两者之间合作所产生的教育作用远远大于其中任何一方作用，这就是从小的教育生态圈，比如家庭教育生态圈和学校教育生态圈，走向较大的教育生态圈，家校合作后教育生态圈。

科学的家校合作工作是更好地优化家校各自教育生态圈，同时，构建与优化更大的教育生态圈，即家校教育生态圈。科学家校合作解决了家校各自为政，互不融合，还相互指责，相互推诿的尴尬局面，让家庭、学校与家校形成良好的教育生态，助推学生健康成长。

其四，解决学校成就感不强，解决校长、教师倦怠感问题。名校名师给人感觉充满活力，积极自主，这是为什么呢？有人说，是学校校长的教育情怀、教育智慧、治理能力和个人魅力或者是教师的职业追求、职业素养、职业能力和人格魅力，等等。笔者非常认可以上观点，因为没有以上这些因素，是不可能成为名校名师的。

我们只要粗略做个统计，就不难发现，在一线城市，在核心城区，在发达地区的名校名师比例要比乡村、城乡接合部和不发达地区高得多。有人说，是人才优势，是资源优势，是评价优势，是政策优势，笔者也非常赞同。可是，我们再追问一下，这些优势指向什么？无非是"能力"与"机会"。

乡村教育最大的问题在哪？笔者认为，乡村教育的最大问题是"孤独"，政策虽然支持，实际现状并未充分体现。乡村教育在现实生活与工作中，长期"无人问津"。试想，一个单位，一个团队，一个人长期处于"自娱自乐"的状态下，他何来的热情，何来的动力，只能靠"情怀"与"责任"。如果有关注，有舞台，有认可，他的动力除了情怀与责任外，还有目光，还有同伴，还有信任，还有商量。这样下来，学校办学活力提升，教师职业倦怠降低，这就需要科学而有效的家校合作。

其五，解决社区与家长对区域和学校教育教学评价不客观的问题。教育评价基于教育标准，教育标准源于教育定位，不同教育主体对教育有着各自的教育定位，不同教育主体对教育有着各自的评价。

区域和学校教育至少要接受以国家为代表的各级各类"管理性评价"，还有教育专业机构的"成长性评价"，还要接受来自社区与家长的"社会性评价"。三类评价主体不同，他们的视野不同，评价标准、评价内容、评价方式、评价结果使用也自然各异，同一区域、同一学校的教育，有时会出现三类评价结果迥然不同，这也是"常事"。

家校"教育合伙人"关系让家校成为学生教育"共同体"，改变原有的家长作为"委托者"身份来"监督""评价"学校教育的"第三方"评价。家校"教育合伙人"关系建立，家长与学校共同商讨如何一起面对学生教育中的困难与发展，家长和老师一样为了学生教育与学习一起努力，一起想办法，一起提供帮助，家长面对学生的成绩就会更加客观，更加理性。面对学生学习状况，家长不再会以"委托方"身份提要求，推责任，而是知道学生成绩是来之不易的，即使学生成绩并不理想，家长也不会像以前一样，怪学校，怪老师，怪学生，而是与学校，与老师，与孩子一起商量，一起努力。这正是笔者经常说的一句话，参加看戏，参与出力，因为家校合作，让家长参与到学生教育之中。

其六，解决区域和学校教育教学质量不佳问题。大家都说课堂是学校教育主阵地，教学质量是学校的生命线。那么，我们顺着这个命题继续问下去，课堂与教学质量又受什么影响呢？大家又会说，最大的影响是教师。那么，我们顺着这个命题继续问下去，教师又受什么影响呢？大家归纳出教师的职业操守，教育情怀，专业能力，薪酬待遇与社会认可度，等等。那么，我们顺着这个命题继续问下去，教师受不受社区环境、家校关系、家校合作工作的影响。个人认为，这是很受影响的，而且影响还很直接，作用还不小。

良好的家校关系与科学的家校合作，对学校治校办学，对教师的职业态度、职业感受、职业成长与解决职业困惑都有帮助与促进作用。这些帮助与促进是能让学校治校水平与办学质量都得以提升，提高教师的工作状态与工作能力，带来的直接效果就是教育教学质量的提高。

家校合作绝不是简单家校活动，而是家校活动后的合作与共育；家校合作更不是简单"教会家长做家长"的家长学校和请家长帮助与支持学校工作，而是合作与共育。区域教育高质量发展需要很多条件，也有很多策略与路径，但是，家校合作是区域教育高质量发展的"必经之路"。

共育 助育

如今,大家谈起教育,更多的是抱怨。家长抱怨学校和社会,学校抱怨家长和社会,社会则更多地抱怨家长和学校。

为什么会出现这些怪象呢?教育本身就是多元多样的——无论是教育目标,还是教育方式,教育效果;教育本身是受多因素影响的——社会、家庭、学校和学生;教育需要协同共育——影响教育因素很多,做好教育就要多方同向同心同力,形成教育共育生态。

由此可见,家校教育为孩子构建良好的教育生态是当下教育急迫所需。

家校共育的前提是双方站在学生立场下的教育合作。家校共育如何能生根发芽,又如何能开花结果且开鲜艳芳香之花,结香甜可口之果,就需要家校双方从教育价值、教育责任、教育策略以及教育能力等维度进行有效的行动。

家校共育首先是家校在学生教育方面的定位,有了家校在教育中的定位,家校关系就是家校共育的开始。在教育孩子方面,家庭(家长)和学校(校长、教师)如同一家股份公司,家长是这家公司的董事长,校长和教师是这家公司的CEO,家长是这家公司的终身持股人,学校是这家公司的阶段持股人,家校是教育的"合伙人"。家校共育实际上是在寻找教育的"合伙人",寻找同向同心同力的"教育合伙人"。

明确家校"合伙人"的关系,家校就能聚焦和明确孩子教育问题,就可以各负其责,各尽其力,各发其优,不再是抱怨式的补位与推卸式的缺位。家校由于与学生关系及家校教育方式与内容不同,确定家校在教育学生方面的侧重点不同，而不是单一从法律主体上来说的责任划分。不可否认的是，家校在教育问题上是有分工，有边界的，但这是建立在家校关系不是"教育合伙人"立场上的认识。法律是社会规范有序秩序的保障与基础，人人要遵法守法，但对好多人来说，在日常生活中绝大多数时候不会用法律条文比对自己的言行或者对照法律条文说话做事，这不是没有法律意识，更不是不遵法守法，而是这些人内心有比法律要求更高的人文意识与追求。家校共育也是如此，这一方面上海奉贤区以家校共育为起点的区域教育生态建设已经做了一些有效尝试，以奉贤区教育学院德育研究专家为主体的团队，融合各方资源，历时三年，研制出版了覆盖高中小幼四个学段的家庭教育指导教师教程，为教师家庭教育指导能力建设提供了专业化的样本，不仅为奉贤区域教育家校共育以及区域教育生态构建寻找了一条有效可行的策略，同时也为上海其他区乃至于全国其他地方提供了可推广、可复制的宝贵成果。

无数的事实告诉我们，良好的愿望要转变为扎实的现实，通常要经历一个不平常的过程，对于教育领域同样如此。如何让区域化整体推进教师家庭教育指导能力建设的顶层设计落地生根和开花结果，更加值得我们探讨。基于实践，笔者有如下三点认识。

首先，区域教育为落实教师家庭教育指导力建设提供制度性保障，让教师家庭教育指导成为区域教育生态建设的重要组成部分，区域应该把教师家庭教育指导作为重要工作予以推进，指导、帮助学校积极开展此项工作，并为此项工作提供资源、培训、研讨的保障，以此保证教师家庭教育指导力在区域层面上得以落实。

其次，学校是教师家庭教育指导落地的关键，学校要把教师家庭教育指导力作为教师专业能力和专业素养的重要指标，并组织教师研讨和学习家庭教育相关知识，以及提升教师与家长交流沟通的能力，学校应在工作责任、工作安排、工作要求中体现教师家庭教育指导方面的内容，并为之提供相关的支持与帮助，确保教师家庭教育指导工作融入教师相关工作中。

最后，明确教师是此项工作的主体，从认识上，教师要把家庭教育指导与学生教育放在同一层面予以思考；从能力上，教师要把家庭教育指导能力与学生教育教学水平放在同一水平予以提升；从效果上，教师要把家庭教育指导和学生教育教学放在统一标准上予以考量。总之，教师家庭教育指导力不是教师"额外多余"的，而是新时代下教育新状态对教师的新要求。

（本文原载于2019年《上海教育》第30期）

不能让孩子在"迷糊"中成长

营造家校有共同愿景的教育生态是办好人民满意的教育的基础。

01 家长角度

没有家校合作时,家长对教育的追求往往是单一的。单一是指家长不是根据教育规律和孩子本身的需求而提出教育要求,往往从"指导者的权威视角"来看待学校教育。这样一来,可想而知,家长对学校教育能满意吗?有一句广告语最能表达家长教育孩子的心态:"没有最好,只有更好。"当孩子的学习成绩不如意时,家长就会对学校管理和教师的教学能力提出质疑。当孩子的学习成绩令人满意时,家长就会对孩子的学习时间提出要求,或者对学校的办学理念提出不同的见解。比如,学校能否开展多样性且适合孩子的"课外活动"(我们现在称为课程),能否让孩子有更多时间走出校门亲近大自然、了解社会、参观博物馆或美术馆等。应该说,家长的这些建议都是对的,但学校是否有能力和时间同时做好不同家长"认为应该"做的事情呢?这个问题家长是不管的,他们只管提"宏观"的要求,而不具体涉及"微观"的操作。

02 学校角度

学校也同样存在对家长的片面要求和误区。他们认为孩子的学习习惯、学习兴趣、学习能力、爱心和毅力等都应该由家庭教育负责。教师只负责"我讲你听""我说你做"的工作,认为学生是"干海绵"加"电动遥控玩具","应为学习而活,应为学习而生"。老师显然忽视了学生和我们成人一样有喜好、有情绪、有选择、有惰性，且自控力尚有待提升。所以，老师除了要对学生讲对错、是非外，还应该从学生的认知规律、情感、兴趣、喜好等角度来思考教育。

只有真正把学生看成活生生的人，教育才能温暖，才会有温度，才能称为为了孩子的教育，不是生存技能的训练场。而这单靠学校教育是做不到的，因此，家校必须合作。

03 家校间没有"主角"，只有"主导"

在教育孩子方面如同开一家股份公司，家长是公司的董事长，学校是公司的CEO；家长是公司的终生持股人，学校只是公司的阶段持股人。所以，家长和学校是"教育合伙人"。

不可否认，家长和学校在孩子教育方面各有侧重，但他们不可分割且又相互影响和支撑。学校作为专业、专门的教育机构在教育方面有着不可替代的优势，另外，学校还拥有众多学生和家长等教育资源。正因如此，在家校工作中学校自然而然地成为"召集人"，如果没有学校这个"召集人"，家校合作是无法开展的。但现在有些学校在家校合作工作中扮演的不是"召集人"，而是"领导者""主宰者"，这非常不利于家校合作，会让家长回避甚至抵制学校。

其实，家长在家校合作中不仅仅是参加者，更应是参与者。参加者有可能是观光客、评论员、监督员，而参与者则是活动和工作的主体，是亲历者、体验者，是运动员，活动和工作的优劣、成败均与他相关。只有把学校每项工作的进与退都变成家长的进与退，家校合作才会真正开始。要让家长参与进来，作为"召集人"的学校就要思考，应该给孩子一种什么样的教育，家长、教师、学校可以为此做些什么。学校要为家长、教师搭台子、选唱词、请观众，让他们在教育孩子的工作中各尽其能、各负其责，同时，又同心、同力、同向。

江西省上饶市弋阳县现在在不同学校、不同时间里，用不同方式开展不同内容的家校合作。

比如，圭峰中学把家长会开到家长打工的聚集地浙江义乌和浦江，把孩子们在校学习、生活的情况及他们想和父母说的话拍成视频放给远在外地的父母看，同时，把父母在外务工的环境及想和孩子们说的话拍回来放给孩子们看，这样的家长会效果良好。中畈中学农忙时把家长会开进村，农闲时请家长来学校。曹溪中学、漆工中学、弋阳一中、逸夫教育集团、叠山学校等多所学校请家长参加学校值日工作。朱坑小学、曹溪中学、葛溪中小学开展"百名教师访千家"和"千名家长看学校"的活动。还有学校请家长参加学校监考、做义务路队护路员、参加学校各项活动等。在龟峰国际登山节、全省家校培训会、叠山书院论坛、春节送春联、体育运动会、群众文化体育周等一系列活动中家长都成为志愿者。逸夫教育集团的家长委员会自己组织、集资为学校建塑胶运动场。弋阳一小四（2）班家长义卖孩子们的习作《童心飞扬》，全部所得捐给本班一名丧父的同学。弋阳二中一个班的家长为班上失聪女孩小欣捐款购买助听器。漆工中学、湾里中心小学、朱塅村小的家长委员会理事长每天都到学校帮助做各项工作……这些只是弋阳县家校合作活动与成效的缩影。

04　不是没有问题了，而是改变了看问题的心态和视角

团队之所以伟大，不是因为解决了所有问题，而是因为能坦然而真诚地面对问题。

只要坦然和真诚，就一定能寻找到解决问题的策略和路径。同样，我们的教育也要承认有问题存在，并坦然和真诚地面对，不推脱、不回避、不指责。弋阳县开展家校合作，的确有效地改善甚至改变了家校关系，营造了家校共同承担教育责任的氛围，帮助学校、教师、家长形成了商量式解决问题的能力，建立了多途径、多渠道化解家校教育分歧的机制，探索了家校合作的方法和措施，为全县教育健康发展提供了有力支撑。即使如此，我们也没有解决教育过程中的所有矛盾，甚至还比兄弟县市存在更多问题与困难，但是我们开启了家校合作的大门。

我们相信路很远，但只要方向对了，哪怕走得慢一些，离目标也会越来越近。

家长，永不退休的岗位

家长，作为有着特殊属性的职业人，没有专业考试和专业学习；并不属于职业范畴；日常生活中不可或缺；对家庭、家族不可替代。

一、什么样的家长，可以称之为"好家长"

每个人对"好家长"的定义不一。既然家长的称呼是因为有了孩子而起，那评价是否属于"好家长"，还应站在孩子的角度和立场来说。下面我从四个方面来谈谈我心目中的"好家长"。

1. 孩子认可的家长

好家长首先是孩子认可的家长，即孩子认可家长对待事情的态度，孩子认可家长处事方式，孩子认可家长情绪表达，孩子认可家长价值取向，孩子认可家长语言表达，等等。

好多家长不太关注与重视孩子对自己的认可，认为孩子认可自己是自然与必须的。殊不知，好多家长并没有得到自己孩子的认可。孩子认可家长本应不是一件难事，孩子与家长有着动物性的本能依恋，可是，人与其他动物是有本质区别的。人的后天学习能力提升，由此导致个体的思维与判断超越人之初的那个人，这就使得好些孩子不再依赖本能认可自己父母或者说不再完全认可自己父母。

父母要成为孩子认可的那个家长，的确要下些功夫。这就是笔者提出家长要成为孩子的"教育合伙人"，父母与孩子要成为"成长共同体"的理由。

2. 孩子喜欢的家长

好家长要成为孩子喜欢的家长，家长喜欢可爱、有想法的孩子，那么，孩子喜欢什么样的家长呢？会蹲下身的家长，会听孩子说闲话的家长，会与孩子一起玩的家长，会和孩子开玩笑的家长，不是时刻都板着脸的家长，不是事事都"上纲上线"的家长……

要做到孩子喜欢的家长，对于家长来说具有很大的"挑战"。家长关注点、思维方式、认知层次、处事方式等方面与孩子有很大的差距。这就导致家长认为应当"喜欢"的，孩子并不喜欢，甚至还反感。

笔者认为，家长要成为孩子喜欢的家长，首先，家长要有平常心，让自己与孩子在一起过着"家庭日常生活"，而不是"严肃紧张的教育生活"，这会让家长处于正常的放松状态，而非刻意与刻板地"端着"自然升级的家长架子；其次，家长要有平和心，接受与接纳自己与孩子的一些不过分的"不完美"，一些亲情式的"没大没小"；最后，家长要有平等心，真心认为孩子是一个独立个体，他不是自己的"附属品"和表现不好的"部属"。换位思考，去想想我们自己、大多数人处于孩子的状况下，我们自己、大多数人在小时候，我们的家长是如何对待我们的，以及我们当时心里的真实想法。只有家长怀揣平常心、平和心、平等心，家长的言行举止，处事方式，态度与情绪自然而然地成为孩子喜欢的样子。

3. 孩子敬畏的家长

孩子敬畏家长既是教育的需要，又是家庭文化与结构的需求。大多数家庭，孩子"畏"家长比较多，也是家长较为"轻松"和"拿手"的措施。有一个现象，随孩子年龄增长，孩子"畏"家长程度就降低。这是因为孩子的"畏"是缘于对家长的"依赖"，简单地说，孩子因需因无奈而"畏"，这种"畏"对教育的作用极其"有限"，甚至于有反向影响。这就是为什么，孩子对家长的"畏"之前，要加上一个"敬"。

教育过程中，孩子对家长"敬畏"是不可或缺的"条件"，有"敬"的"畏"，"畏"在教育过程中的作用，就能得以发挥；没有"敬"的"畏"，"畏"只是满足教育者的自我感受，对教育的作用"微乎其微"。

4. 让孩子有收获的家长

无论是做孩子"认可的""喜欢的""敬畏的"家长，最终的目标是让孩子有收获。孩子有收获，实则是检查"家长工作"效果的科学方式。

二、如何能成为一名"好家长"

可以说，想成为"好家长"是家长的"终极"追求，但真正能成为"好家长"的并不是很多，或者说，不是很多时候都能是"好家长"。下面从五个方面来谈谈如何成为"好家长"。

1. 了解家长是干什么的？

家长的工作，如同开了一家公司，一家不能"倒闭"的公司，一家"终身"责任公司，一家"无限"责任公司。而且作为公司"董事长"的家长，是全年无休，且事无巨细的第一责任人。

家长是没有"资质"的"全能职称"的岗位，家长是"能上得了厅堂，下得了厨房"的全能选手。家长面临的是，要做好长期吃苦、受气、担忧、担责，完成一个"目标"，又有新"目标"的准备。有所准备，包括心理准备与能力准备两个方面。家长学习是做家长的基础与必备条件，每位家长都应该有从"陪伴孩子"走向"与孩子一同成长"的准备，否则，当好家长是句空话。

2. 了解别的家长干了些什么？

了解别的家长做什么？别的家长怎么样做？别的家长做得怎么样？是做好家长的另一途径。了解别的家长这些情况，对自己至少有以下几点帮助。帮助一：从别的家长那里得到启示，学到方法；帮助二：从别的家长那里发现问题，做好"防范"；帮助三：不会觉得自己"痛苦"与"孤单"；帮助四：可以相互合作，结伴同行。了解别的家长干了些什么？对家长有积极正向的作用。

3. 了解孩子为什么叫"孩子"？

帮助孩子，教育孩子，与孩子打交道，就要了解孩子，这样家长才能"有的放矢"。了解孩子可以从两个方面着手。一个是孩子在不同年龄段的基础与共性规律，一个是你家孩子与其他孩子不同的特点。二者结合起来，就能让家长较为完整地了解孩子为什么叫"孩子"。

家长了解孩子，一方面，可以寻找孩子成长过程中的规律，提早预防或介入孩子成长过程中的一些共性问题；另一方面，对孩子出现的一些现象与问题，不会太"恐慌",不会"束手无策",利于家长实施有效教育。做一名好家长,不是一件简单的事,除了态度和方法外,还要有知识的支撑。

4. 了解别人家的孩子是怎么变成今天的"孩子"?

喜欢别人家的小孩,是好多家长内心的感受。网络上,甚至于把"优秀"孩子称之为"别人家的孩子"。那么,家长朋友们,你们对"别人家的孩子",除了羡慕外,还有什么样的想法呢?

笔者认为,家长应该了解"别人家的孩子"与"自家孩子"之间,客观存在哪些差异,各自的优缺点是什么?不能一概而论,说"谁优谁劣",而应清晰表达"谁哪些优,谁哪些劣"。这样避免"一棍子打死",既不客观,也不科学,更不利于孩子成长与家长的教育。家长应该了解"别人家的孩子",是因何变成今天的样子,不但要从孩子身上去寻找原因,更要从家长身上寻找理由,同时还要站在各自家庭情况和孩子个体差异上去思考。

家长如果能这样去看待"别人家的孩子",那么,你家的孩子离变成让人称羡的"别人家的孩子"就不远了。

5. 了解自家的孩子为什么变成今天的"孩子"?

有些家长,说到自家孩子,总是"摇头晃脑""唉声叹气""怨声载道",反正是"一百个不满意"。

我们姑且说,你的孩子不够优秀,经常犯错误,让你觉得不可思议,让你觉得"失败"……可是,你想没想过,自己的孩子为什么会变成今天的"孩子"?那你怎么办?前面讲到家长的"表现",都没有帮助你解决问题。如果你依然不改变,不从家长的观念、想法、言语、行为、情绪、投入、方式等方面改变,你的孩子,可能还不止现在这样"糟糕",因为"糟糕"是没有最糟,只有更糟。

作为家长的我们,需要做的是:找原因,变方法。找什么原因?找谁的原因?家长回答这个问题,就表达出家长的认识和可能的改变,当然,前提是家长的回答是真实且客观的。我有一个观点,"今天的现状是昨天的状态;今天的状态是明天的结果"。变方法,家长教育方式与方法的改变,这是家长必须面对的"艰辛"与"艰苦"。这个说起来容易,但真正做起来是件非常难的事。具体怎么变、怎样变，我在今后的讲座将详细地阐述。

教育是"做的科学"，也是"做的艺术"；科学是规律，需要专业，需要学习；艺术是行为，需要耐心，需要静心，需要专心，但更需要修炼。

家长成为学校"教育合伙人"

我经常问自己,教育是什么?教育是塑造?教育是改造?教育是提升?

我认为,教育是成长,是帮助,是人通过教育获得不同的成长。教育是教己育人。

良好的教育生态是所有教育的基础与前提,同时,良好的教育生态又是"好教育"最关键的因素与条件。

家庭与学校的关系是教育生态的重要一环。家庭与学校不仅是孩子教育的重要主体(场所与时空),同时更是孩子教育的两个"责任主体"。如何做好家校共育?

01 定位家校关系是家校合作的起点

当下,大家已经意识到家校共育对孩子教育的积极意义,但真正做好家校共育,尤其是家校共育给孩子教育带来实质效果的案例并不多。

做好家校共育工作,首先要处理好家校关系。我给家校关系作了一个比喻,家庭和学校在教育孩子方面如同一个股份公司,家长(家庭)是公司的董事长,教师(学校)是公司的CEO,家长是公司终身持股人,教师是公司阶段持股人。我把家校关系称为"教育合伙人"。

用"教育合伙人"定位家校关系,说明了家长、教师对孩子教育的重要性与主体性,同时明确了孩子终身成长与家长、家庭息息相关。家校在教育孩子方面应该是责任共担、义务共存、快乐共享、成长共赢的教育合伙人。只有定位好家校关系,才能做好家校共育。

02 明确教育价值是家校合作的关键

每个人由于生活背景、生活状态、生活目标不同，对教育的理解也不尽相同。同样，由于角色不同、教育需求不一、教育目标差异等，家校对教育的理解也就不尽相同。正因如此，家校共育就需要双方形成共识的"教育价值"，这样家校共育才能"同向"。

人们赋予教育的价值很多，不同家庭对孩子的教育要求与标准各不相同，同一个家庭对孩子的教育要求与标准随着孩子年龄及家庭状态不同而不同。我们往往会把教育目标等同于教育价值，其实教育目标是具体而现实的，教育价值则会更加长远地思考教育目标，所以教育价值比教育目标更"弹性"、更"舒缓"。

家校共育要始终站在孩子成长的层面。成长需要考虑的不仅包含我们对孩子的希望和要求，还有孩子的实际、社会的实际与其他各种因素。孩子的成长是多样的（个体差异）、多向的（个体兴趣）、多层的（任何一个领域，人的能力结构都不是平行单层状的），同时孩子的成长节奏、顺序也存在巨大的个体差异。教育不可能让每个孩子"都一样"，哪怕是"优秀"的一样。因为，那不符合人的成长规律和教育规律。只有科学理性地面对孩子的个体区别与教育价值，家校共育才不会出现"面和心不和"或出现责任是对方、成绩是自己的状态。

03 清楚各自重点是家校共育的保障

家庭和学校在孩子教育的内容方面不尽相同，教育的方式方法不尽相同，采用的教育策略也不尽相同。家庭更注重生活（观念、态度）、习惯（生活、学习）、人文（为人、处事）、伦理道德等方面，更多的是身教，更多的是无预设，没有完整的规范和计划，没有明晰的方案和目标，是不考核不评价的"松散"教育，更在乎"情"和"理"。学校则更加注重知识技能方面的学习，并借助于此培养学生的情感、态度、价值观，学校教育是规范严谨且成体系的，目的明确、计划清晰、策略明显、训练有素，且有明确指标考核评价，更在乎"科学""秩序"和"理性"。

家校教育无论是内容还是策略都有明显的差异，但有一点是相同的，那就是教育价值——帮助孩子健康成长。

"互助"是家校共育中的关键因素。家庭教育拥有学校教育所不具备的资源与条件，如亲情、个体化教育、时间、生活化、持续教育……学校教育同样拥有家庭教育所不具备的资源与条件，如学科平台、同伴学习、专业人员、课堂形式、课程资源、学校文化……为了避免家庭教育与学校教育"同质化"，就需要家校之间紧密合作。

家校共育是现代教育的重要组成部分，家校应该成为同心、同向、同力的"教育合伙人"，只有良好的家校共育，教育才能走向健康；只有良好的家校共育，孩子才能在良好的教育生态下成长。其实，家校合作并不难，只需要家长、教师退一步，让孩子成长进一步，那样一切都会变得更美好。

教育需要"合伙人",不需要"雇佣"

教育,其实是人与人"对话"的过程。作为受教育者,他们在接受教育过程中,要面对不同的人之间的"对话"。关于教育,追问到最后,教育其实就是人与人、人与事、事与事之间的"关系"。从教育过程中的"人"来说,即教育者与受教育者之间的"关系",教育者与教育者之间的"关系",受教育者与受教育者之间的"关系"。

笔者在江西省上饶市弋阳县任教育体育局局长时,在弋阳县全域助推家校合作,5年的推进,弋阳教育取得了不俗的成效,尤其是弋阳县区域教育生态"可圈可点",也基本达到当时笔者提出的区域教育理想与愿景——"以良好的校风影响家风改变民风"的区域良好教育生态构建。在推进全域家校合作中,为了说清楚家校合作的一些问题,我用了一个比喻,"家长与学校(或教师)在教育孩子方面,如同开了一家股份公司。家长是公司的创始人、董事长,学校(或教师)是股东、总经理;家长是公司的终身持股人,学校(或教师)是公司阶段持股人,职业经理人,家校二者是"教育合伙人。"

随着后面对教育不断加深理解,认为"教育合伙人"不仅可以用于说明家校两个教育主体之间的关系,其实在教育更大范围都可以使用,尤其是教育其他相关主体方。

01 教育者与教育者之间关系应是"教育合伙人"的关系,而不是"教育雇佣"关系

教育是多主体的行为,也就是说受教育者在其受教育过程中,要面对多个

教育主体，为了保障受教育者整体性不变，教育具有延续、衔接、融合等特性，正因为教育这些特性，就需要教育各主体间的有效支持，这里的有效至少包括：不对立、不重复、不间隔、不空缺、不推责、不揽功、不独行……而这些前提，需要明确教育者与教育者之间的关系。

什么样的关系更有利于教育者之间形成有效的支持呢？

毫无疑问，构建教育者之间的"教育合伙人"关系，有利于积极、健康、有效推动教育各主体之间的教育合作。如果教育者各主体之间是"雇佣"关系，就会形成一种看似"边界"清晰，职责清楚的分工，但在教育实际上，我们看到的是"各自为主、互不越界、有效为己、有责甩锅"的现象，这显然不利于帮助受教育者成长。

"有事不见面，见面肯定有事情"，这是笔者对家长与老师之间现状的描述。假如这种现象存在，那么，这种家校关系肯定不是"教育合伙人"，而是"教育雇佣"关系。家校关系如果是"教育合伙人"，就会是"共职共责，有边界、但互助互补"的协同发展的景象；家校关系如果是"教育雇佣"关系，就出现"揽功推责，边界清晰、且各自为政"相互埋怨的乱象。

大连34中史美丽校长分享的一个例子。史校长会经常观察一些学习与在校表现"欠佳"的学生，一旦发现这类学生表现有"逐优"现象，马上会打电话给该家长。

有一次，史校长又发现了一位同学有"逐优"表现，马上拨打该同学家长的电话。通过简单寒暄，双方知道对方身份后，史校长就告诉家长，该同学有哪些优秀的表现……

家长听了几句后，打断史校长的话，问："校长，您别说这些了，请您告诉我，我家孩子到底出啥事了，要不要我们马上过来……"

当史校长告诉家长，没啥事，就是告诉家长，您的孩子最近表现很好，做了一些以前他没有做到的，老师与同学为他的进步而感到高兴，等等。

起初，家长不信，不断追问校长，请她告知实情，孩子到底犯了什么错、闯了什么祸。史校长告诉家长，孩子啥错都没犯，就是与家长分享孩子的进步。校长花了好长时间，家长才从半信半疑中变得轻松、高兴，连忙向校长致谢！

孩子回家以后，家长使劲地表扬孩子。孩子听了父母表扬与肯定后的一两周，走路都是挺胸抬头，与人打招呼问好，都是从二三十米开外就开始的，眼里放着光芒，上课认真积极，与同学相处融洽友好，可以说这段时间是这个孩子从未有过的"高光时刻"。孩子系列表现，是校长、教师、家长让孩子享受了努力的收获，体验了改变与成长的快乐。这段时间教师与家长对孩子的态度、眼神、语气都改变了，孩子生活在被关注、被肯定的友善环境里。孩子成长的教育生态悄悄走向利于正向发展的方向，这样的教育生态对孩子健康成长有积极的作用。

史校长就是从构建家校"教育合伙人"关系开始，逐渐构建学校良好教育生态，让学校变成一个适应孩子成长与生长的环境，这样的学校，一定是教师爱教、学生乐学、家长满意、社区认可的"家门口的好学校"。如果，史校长把家校关系变为"教育雇佣"关系，大连34中就不可能构建良好的家校协同育人关系，也建构不了学校良好的教育生态，学校教育生态难以助推教育健康发展，学校自然也就成不了"家门口的好学校"，只能成为"家门口的调剂学校"了。

像大连34中史校长这样智慧而有情怀的校长不是很多，像大连34中这样"家门口的好学校"也不是很多，但是，我相信这样的校长、学校也不是绝无仅有的。

02 教育者与受教育者之间"教育合伙人"关系的构建

教育改革一直继续，改革内容与方式也在一直调试，但教育改革的目的只有一条，那就是让更多的人接受良好的教育，让更多的人通过教育发现自己更多的"可能"，让更多的人通过教育变成让自己幸福、让家人幸福、让社会美好的"有用之人"。要达到教育改革的目的，有一点是必须且不可跨越的，那就是构建教育者与受教育者"教育合伙人"的关系，比如说师生关系、母女关系、父子关系……

笔者曾经写过一篇文章，文章题目是《教育，教己育人》。这篇文章就是讲，教育者要树立与被教育者共同成长的观点，教育者不要以"知识拥有者""成长导师""道德高峰"等身份自居，而要与学生建立平等、共学、互进的师友关系，与学生进行教育教学的合作，真正形成民主、平等、尊重教育教学的氛围。

课堂，是师生交流与生活的场域，也是师生开展教育教学的重要时空。课堂对于学校，对于教师，对于学生来说，就像手机之于电脑中的"芯片"一样重要。围绕着课堂教学研究与实践的改革也一直没有停止脚步，同时也涌现不少课堂教学"成果"，有内容方面、形态方面、方式方面，等等，这些课堂教学改革"成果"，尽管研究与实践视角不一，侧重点不一，名称也不一，可最终关注点与观点却是较为统一的，即课堂建立了什么样的师生关系，就会有什么样的课堂。

好的学校、好的校长、好的教师，可能他们有着不一样的"好"，但有一点至少是一致的，那就是他们的师生关系是平等、互尊、互助而友好的。笔者到过好多学校，看过好多好学校、好校长、好教师，见证了他们与学生的关系。2021年探访了重庆三所知名学校，先后去了重庆谢家湾小学，重庆南开中学和重庆巴蜀小学。在谢家湾小学看到孩子们亲切而自然地叫刘希娅校长"希娅"，每每看到这一幕，我的内心都有触动，我的眼中都有热浪，因为孩子们被解放，没有被束缚，看到孩子的纯真与天性。南开中学田祥平校长，是一位会为美食写评论的校长，他带着我们参观极有历史厚重的校园时，与三三两两学生的相遇，不管是擦肩而过，还是迎面相逢，师生双方都有默契而温暖的眼神交流、表情招呼和轻言细语的问候，他们之间是那么的自然而不生硬，从容而不做作。巴蜀小学马宏校长与李永强副校长，在送我们出学校时，刚好是下课时间，校园里到处是学生，到处是欢快脚步与欢乐笑声，由于学校空间不大，而且学校依势而建，处处体现了重庆山城的特点，学生们时而"闲庭信步"，时而三三两两或蹲或站、忽静忽语，时而"横冲直撞"……好一派学校应有的味道，好一片少年年少的样子。即使这样，并不妨碍两位校长与学生简单而直接的交流，校长们忽侧身让路，随后引来一串串开怀笑声，忽与学生点头示意，……好一幅师生快乐友善的生活图。

从三所学校瞬间的校园片段，师生闪烁的定格画面，看到了三所学校师生良好的关系，折射出学校教育者与受教育者之间的"教育合伙人"关系，看到了学校构建良好教育生态的显性效度,成为"教育即关系"生动而美好的诠释。当然,我们身边还有许许多多这样的学校、校长和老师,同样建构了师生之间"教育合伙人"的关系,也构建了学校良好的教育生态。

03 受教育者与受教育者之间"教育合伙人"关系的建构

现代学校的形成原由很多,但有一条原由是针对学习者(受教育者)的,那就是现代学校构建一个"学习群",现在称之为"学习社区"。为什么学习者需要学习群或学习社区,或者说学习群(或学习社区)会助推学习者的学习呢?这个问题在教育学与心理学中可以找到答案。学习者之间,不仅是学习同伴,也是学习者的学习资源之一,更是学习者的学习动力之一。正因如此,现代学校的发展就得以进一步加速。

学习者之间如何才能形成真正的学习群或学习社区呢?学习群或学习社区不是指有一定人员,放在同一空间,做同一件事,就形成了学习群或学习社区的。学习群或学习社区形成有基本的要素,如有共同目的——学习、成长,有一定时空,一定组织,一定机制,一定内容,等等。其中,最为关键的是学习者与学习者(也就是前文指的"受教育者")之间形成"教育合伙人"关系,只有学习者之间真正形成了"教育合伙人"关系,学习群或学习社区才真正形成,并发挥应有的作用。

我们看到,在教育竞争还不太激烈,教育还不过于精细化的年代。家庭、社区(村居)、班级与学校的风气对学生(孩子)学业成绩影响很大。所以经常看到,一家几个子女学习都不错,都能升入较好的学校继续学习(多子女年代);一个村居(社区)会学习的孩子比例要比其他村居(社区)高好多;一个班级、一所学校的学生学习成绩明显高于其他班级、其他学校等现象。我们把这些现象称之为家风、民风、班风和校风的作用,正是这些良好的风气,让他们的学习趋于"同向化",出现你学我赶、你助我推、你问我思的学习群或学习社区。家庭、村居、班级和学校一旦形成学习"同向化"现象,其背后原因是受教育者与受教育者之间相互促进,相互帮助,形成了"教育合伙人"的关系。如果教育者与教育者之间是"教育雇佣"关系,他们之间就可能会出现不利于双方或群体发展与成长的氛围，这样会削弱他们发展与成长的机会、条件等方面。

教育，是人与人之间相互影响、相互作用的科学，人与人之间的关系决定了教育的生态有什么样的关系，就有什么样的教育。

构建"教育合伙人" 家长成为学校"教育合伙人"

良好的教育生态是所有教育的基础与前提,同时,良好的教育生态又是"好教育"关键的因素与条件。

家庭与学校的关系是教育生态的重要一环。家庭与学校不仅是孩子教育的重要主体(场所与时空),同时更是孩子教育的两个"责任主体"。

如何做好家校共育?

定位家校关系是家校合作的起点。

当下,大家已经意识到家校共育对孩子教育的积极意义,但真正做好家校共育,尤其是家校共育给孩子教育带来实质效果的案例并不多。

我把家校关系称为"教育合伙人"。用教育合伙人定位家校关系,说明了家长、教师对孩子教育的重要性与主体性,同时明确了孩子终身成长与家长、家庭息息相关。家校在教育孩子方面应该是责任共担、义务共存、快乐共享、成长共赢的教育合伙人。只有定位好家校关系,才能做好家校共育。

明确教育价值是家校合作的关键。

每个人由于生活背景、生活状态、生活目标不同,对教育的理解也不尽相同。同样,由于角色不同、教育需求不一、教育目标差异等,家校对教育的理解也就不尽相同。正因如此,家校共育就需要双方形成共识的"教育价值",这样家校共育才能"同向"。

人们赋予教育的价值有很多,不同家庭对孩子的教育要求与标准各不相同,同一个家庭对孩子的教育要求与标准随着孩子年龄及家庭状态不同而不同。我们往往会把教育目标等同于教育价值,其实教育目标是具体而现实的,教育价值则会更加长远地思考教育目标，所以教育价值比教育目标更"弹性"、更"舒缓"。

家校共育要始终站在孩子成长的层面。成长需要考虑的不仅包含我们对孩子的希望和要求，还有孩子的实际、社会的实际与其他各种因素。孩子的成长是多样的（个体差异）、多向的（个体兴趣）、多层的（任何一个领域，人的能力结构都不是平行单层状的），同时孩子的成长节奏、顺序也存在巨大的个体差异。教育不可能让每个孩子"都一样"，哪怕是"优秀"的一样。因为，那不符合人的成长规律和教育规律。只有科学理性地面对孩子的个体区别与教育价值，家校共育才不会出现"面和心不和"或出现责任是对方、成绩是自己的状态。

清楚各自重点是家校共育的保障。

家庭和学校在孩子教育的内容方面不尽相同，教育的方式方法不尽相同，采用的教育策略也不尽相同。家庭更注重生活（观念、态度）、习惯（生活、学习）、人文（为人、处事）、伦理道德等方面，更多的是身教，更多的是无预设，没有完整的规范和计划，没有明晰的方案和目标，是不考核不评价的"松散"教育，更在乎"情"和"理"；学校则更加注重知识技能方面的学习，并借助于此培养学生的情感、态度、价值观，学校教育是规范严谨且成体系的，目的明确、计划清晰、策略明显、训练有素，且有明确指标考核评价，更在乎"科学""秩序"和"理性"。

家校教育无论是内容还是策略都有明显的差异，但有一点是相同的，那就是教育价值——帮助孩子健康成长。

"互助"是家校共育中最为关键的因素。家庭教育拥有学校教育所不具备的资源与条件，如亲情、个体化教育、时间、生活化、持续教育……学校教育同样拥有家庭教育所不具备的资源与条件，如学科平台、同伴学习、专业人员、课堂形式、课程资源、学校文化……为了避免家庭教育与学校教育"同质化"，就需要家校之间紧密合作。

家校共育是现代教育的重要组成部分，家校应该成为同心、同向、同力的"教育合伙人"，只有良好的家校共育，教育才能走向健康；只有良好的家校共育，孩子才能在良好的教育生态下成长。其实，家校合作并不难，只需要家长、教师退一步，让孩子成长进一步，那样一切都会变得更美好。

家校合作的两个关键要素
——责任与策略

家校合作是协同育人的工作方式，也是协同育人的一种形态。家校合作从有学校形态出现就伴随产生，只是不同时代，不同地域，不同家庭与学校有着不同的合作形式、合作内容、合作程度而已。家庭教育促进法出台，加强加快家校合作进程，提升了国家有关部委，地方党委、政府，地方教育主管部门，学校、家庭以及社会各界对家庭教育，对家校合作的认识与重视。

如何让家校合作从工作、任务、形式到有成效，有帮助，有意义，是当前家校合作工作急需解决的问题。要让家校合作有成效，有帮助，有意义，就必须真正理解家校合作价值、目标与内涵。

笔者在做班主任，做德育室主任，分管德育副校长，校长，教育局长和教育科研人员时都从事家校合作实践探索与实践研究，有自己的实践经验、实践感受、实践成效、实践成果。做好家校合作工作，首先要理解家校工作两个关键要素，这两个关键要素就是"关系"与"互助"。

要素一："关系"，关系即责任

家校合作的前提是构建家庭与学校之间的关系，有何种样态关系，就有何种样态合作方式、样态内容、样态的责任。

笔者在家校合作实践探索与研究中，提出把家庭与学校之间的关系，构建成"教育合伙人"。

所谓"教育合伙人"，我在前文中，已经作过阐述，在此不赘述。"教育合伙人"说清了家校在孩子教育过程中的各自责任,各自定位,各自目标;说明了家校在孩子教育过程中的关系;说透了家校在孩子教育过程中可能存在争论、责怪和推诿时,各自应该回归双方的关系。

为什么说关系即责任呢?每所学校,每位教师在遇到学生成长、学习问题时,首先想到找谁呢?我想应该是学生的家长吧!为什么会想到家长呢?因为家长是孩子的父母亲,监护人,他们有责任教育孩子,有责任与学校、与老师一起教育孩子,而这种责任源于家长与孩子的关系。反之,当家长在孩子教育过程中遇到困难与问题时,想找人商量或帮忙,会想到谁呢?应该会想到孩子的亲属或者孩子的老师,因为具备亲密联结的关系,才会有用心帮助的责任。

纵观好多学校开展的家校合作工作,建了章程,成立家委会,做了好多事,开展了许多活动,家长与学校互动也不少,但没有取得令人满意的效果,这是什么原因呢?不同学校有不同个性化原由,但有一点是肯定的,那就是家校关系没有理清。学校方面认为,家校合作是为了家长,为了提升家庭教育,学校与老师觉得增加工作量,但家长还不一定理解;家长方面认为,家校合作是学校工作,家长觉得参加活动是为了支持与帮助学校。

面对这样的认知,家校合作很难达到预期效果,开展过程中自然也会有很大的障碍。家校之间没有认识与明确各自的责任,是因为没有弄清双方的关系,只有明确双方关系,各自的责任也就清晰明了,家校合作的效果自然而然就会彰显,合作过程中出现一些问题,就会在成长中化解,在化解中成长。

明确家校之间关系,有助于理顺家校之间的合作内容与合作方式,形成家校合作机制,促进家校协同育人氛围与成效。根据笔者多年从事家校合作工作实践与研究,提出"教育合伙人"的概念,就是希望各地各校在家校合作工作中,重视家校关系,定义家校关系,审视家校关系,以家校关系为基础,为起点,为重点建设,以此推动家校合作,达到家校共育。

要素二:"互助",互助即策略

家校合作多主体是否有内驱力,要看家校合作能否发挥"互助"作用。在家校合作实际工作中,我们往往看到一种现状,那就是学校成为此项工作的

"指导者"与"主导者",而不是"参与者"与"倡导者"。

如果学校在家校合作工作中扮演的角色是"指导者"与"主导者",势必变成一项"至校而家"的单项工作,学校处于要求方,家庭处于接受方。如果学校在家校合作中扮演的角色是"参与者"与"倡导者",家校在这项工作就变成"相向而行"、共同奔赴的"教育合伙人",学校与家庭都处于需求方。

家校合作的"互助性"是教育核心意义的体现。笔者曾经写过一篇小文《教育,教己育人》,其中有个观点特别契合教育的"互助性",那就是教师与学生在教育过程中,师生都是共同学习与共同成长。家校合作是家长与学校两个重要教育主体间的协同育人具体策略,无论合作的目的,还是合作的内容与方式,都应体现他们之间的"互助性"。

现实中的家校合作为什么会出现"剃头挑子一头热""参与度不高""只见活动不见效果""难以持续有效开展"等现象。"剃头挑子一头热"是指家校没有形成家校合作机制未能真正帮助学校与家长教育孩子,无论是时间上、精力上、方法上还是效果上都有帮助的共识,好些学校与好些教师和好些家长没有认识到家校合作是对自己的帮助,而认为是只给对方的帮助,反而耗费了自己的时间与精力。

导致这种现象产生,无非是三个方面原因,一是定位原因;二是认知原因;三是专业原因。

定位原因是没有把孩子健康成长,当做自己的应尽责任,认为这件事是"他人"的事,有些家长,有些老师,有些学校是这么定位的。

认知原因是没有真正理解教育规律,理解孩子成长规律,对教育认知处于一知半解的状态,他很难理解给予孩子一个良好生活、学习与成长环境,远远比多做几道题,多上几堂课,多读几本书要重要,更没有认识到,孩子成长过程中最为重要的"两个人",即"家长"与"教师",最为重要的"两个环境",即"家庭"与"学校",对孩子成长具有"先天基因"的作用。

专业原因是对家校合作专业理解出现偏差,简单把家校合作看成家长支持、配合、信任教师;简单把家校合作看成是指导、培训家长做好家长;简单把家校合作看成请家长到学校参加一些活动,等等。

家校合作工作出现"参与度不高"的现象的主要原由，一是家校合作活动设计得不科学，没有充分考虑参与对象的"参与性"，从活动内容、效果、时间、兴趣与标准，都没有充分考虑参与对象的实际需求与条件，导致大部分人要么没有兴趣，要么没有时间，要么难以达到活动内容及活动要求，使之被拒之门外，只有少部分人愿意参与或具有参与条件。一是家校合作活动设计，只考虑某一方或某一群体的需求，让其他群体只是来做"道具"，参加与不参加没有实际意义，导致家校合作工作参与度不高。

家校合作工作参与度高与低是家校合作工作实际效果的具体表现，换句话说，家校合作工作如果参与度高，则效果佳；家校合作工作如果参与度低，则效果欠佳。

家校合作工作出现"只见活动不见效果"的现象与家校合作工作出现"难以持续有效开展"的现象，是好多地方家校合作工作常见的现状，是两种现象，一个问题。"只见活动不见效果"的现象，会很大程度影响家校合作工作有序、有效、有力推进，同时也会大大损伤家校合作工作各主体方积极性，这也就是好多地方家校合作工作越做越难，越做越弱，且"难以持续有效开展"的原因所在。

家校合作活动推动家校合作工作，家校合作工作具体通过相关活动开展而展开，但家校合作活动的前提是如何提升与呈现出活动的效果，没有效果的活动，就是形式，是单纯工作任务，没有实际工作内容、工作目标、工作活力与工作增值。

家校合作如何设计活动，如何组织活动，如何让活动各主体方积极、有趣、有效地参与家校合作等方面问题，都是解决家校合作工作出现"只见活动不见效果"和"难以持续有效开展"的现象。

家校合作的价值追求就是育人，放弃与偏离这一教育价值追求的家校合作是难以存在的。

家校合作是工作策略，而非工作目标，家校合作是家校共育渠道，家校合作服务于家校共育，服务于帮助孩子健康成长。

家校合作工作是科学而复杂的专业行为，关系与互助是家校合作工作关键而持久的要素。只有真正理解与践行这两个要素，家校合作工作才能持续有效开展。

家长，面对的是"未知"

家长，面对孩子成长的结果是"未知"，因为教育只能给予孩子更多的"可能"，而不是必然的"结果"；家长，面对孩子成长的过程也是"未知"，因为孩子成长中会遇到各种"可能"，而且这些"可能"都不可预测；家长，面对孩子成长的方式还是"未知"，教学有法，但教无定法；家长，面对孩子成长的内容仍是"未知"，孩子成长过程中需要多方信息、多种营养，有些内容是可以预知与预设的，有些内容是难以预测与预知的。

关于家长的定义，有着不同的解读。笔者对"家长"的定义是：家庭如同开了一家"无限"责任公司，这家公司"经营"范围很广，且永远不会"倒闭"。家长，就是这个"无限责任公司"的董事长，为"公司"的决策者和运营者，全年无休；家长，对孩子教育负全责，且是终身责任制；家长，教育孩子需要"智勇双全"，且"十八般武艺"样样齐全，要与孩子共同成长；家长，教育孩子是"长线投资"，且教育过程的点点滴滴对教育效果有着积极的影响。

01 教育，面对的是"变化"

好多家长都希望学到教育孩子的"妙招"，甚至是"绝招"，尤其是"一招致胜"的"万能招数"。家长有这样的想法可以理解，面对孩子的教育，让家长"头痛"毕竟是大概率事件。原因就是家长面对的教育是"变化"的，且有时是"多变的""不确定的"。试想，如果以不变的方式与方法，去面对个性化且不断成长的孩子，如何能成。

教育，面对的是"变化"。孩子是"变化"的，因为孩子在不断成长，处在不同阶段的孩子有不同的想法；孩子接受的信息是有"变化"的，无论是孩子学习的内容，还是孩子感兴趣的事情，都在不断地"变化"；父母与孩子的关系也是"变化"的，很多人不赞同这个观点，认为父母与孩子的关系是不会改变的，此处关系局限于法律关系、称谓关系，但孩子与父母的情感、生活空间、依赖度、认可度等方面是会发生"改变"的，这种"改变"给教育带来难度与不确定性。父母教育孩子的方式是"变化"的，父母教育孩子的方式受孩子年龄、孩子学习内容、孩子情绪与认知状况以及孩子所处环境等因素的变化而变化。

因此，教育孩子不存在"一招致胜"的"万能招数"。

02 教育，不是"治疗"，而是"预防"

教育是提高受教育者的免疫力和判断力。如果我们给什么是"好的教育"，什么是"不好的教育"下个定义的话，那么，笔者认为：教育多数作用是"预防"，少数作用是"治疗"，这样的教育就是"好的教育"。反之，教育多数作用是"治疗"，少数作用是"预防"，这样的教育就是"不好的教育"。不知道这个定义有多少人认可？

教育是"预防"，不是"治疗"，是基于教育基础规律，教育是寻找、是帮助、是引领、是启发，教育不是阻拦、不是决定、不是替代。如果教育是"治疗"，是基于教育滞后，就等于受教育者出现了某种"不良"或"后果"，而采取的教育行为与策略，而这与教育的初衷是"背道而驰"的；教育是"预防"，不是"治疗"，是基于人的认知规律，人的成长规律，认知与成长都是立足受教育者自我觉醒，而这种觉醒是基于接受、选择、判断、加工与反馈而形成的。教育就是保证受教育者在适合成长的良好生态中成长，良好的教育生态就是教育者基于对受教育者种种认知而做的大胆预设与预测，这种预设与预测就是教育的作用。

教育如果是"治疗"，就没有规律可言，就不是科学，也谈不上是艺术，更多的是技术。

03　什么样的家长可以称之为"好家长"

关于什么是"好家长",什么不是"好家长",也是仁者见仁,智者见智的。笔者认为"好家长"至少有以下四点:"孩子认可的家长""孩子喜欢的家长""孩子敬畏的家长"和"给孩子以收获或帮助的家长"。关于这四点,笔者在《家长,永不退休的岗位》中做了表述,在此不再赘述。

04　怎么样才能成为一名"好家长"

每个人心里都有"好家长"的标准,每个人都有自己如何成为"好家长"的方法与路径。笔者也只是从自身的体会,选择几个关键词来聊聊家长如何成为"好家长"。

——**天职**。教育孩子是家长的天职。为什么做"好家长"第一条是"天职"呢?忙碌与艰辛的家长们,做着做着就"怀疑人生",觉得今天的辛苦,今天的不快,今天的无奈,今天的……都是因为孩子,都是为了孩子。家长一旦有这样的认知和意识,就会让家长对孩子教育出现认识偏差,定位偏差,情绪偏差,方法偏差,等等。家长出现认知偏差,家长的教育就会出现系列问题。比如说:家长会经常对孩子说,我这么忙,这么累,这么做,都是为了你,你再不努力、再不优秀就对不住我;家长遇到事情,容易烦躁,容易发火,没有耐心,认为孩子太麻烦了,为了他,我都改了这么多了;家长就会为孩子做选择,做判断,认为孩子必须这样,否则就会出现严重后果,觉得这是为了孩子好,等等,类似这样的例子还很多。

只有家长从内心认识到教育孩子是父母的"天职",是天经地义的,是责无旁贷的,是自己生命过程的一部分,才不会感到是单向"付出",是无谓"失去",是无奈"辛苦",进而才会具备做"好家长"的底色和基础。

——**尊重**。尊重是指家长在教育孩子时,把孩子当成"大人"对待,通俗地说,家长今天对孩子教育时的语气、表情、方式,如果放在二十年、三十年后,你还依然是这样的语气、表情与方式,那说明你是尊重孩子。家长是否尊重孩子,决定了家庭教育效果。

尊重、平等与协商是教育的三大"基石"。尊重,任何时间都不会看不起;

平等，没有动物与人的鄙视链；协商，一切在研讨中决定。尊重、平等与协商看似简单，实为挑战人的价值观，挑战人的修养，挑战人的耐心，挑战人的处事方式，挑战人的虚荣，等等。

家长的自上而下，家长的言传身教，家长的情绪输出，家长的能力与精力等方面，都会成为家长能否尊重孩子的相关因素。你能做到什么程度？

——成长。家长对孩子的教育，实质上是帮助孩子成长，而成长是要"代价"的。孩子成长的最大"代价"，就是家长要付出大量的时间、大量的精力与大量的资金外，还要有能力提升、心态调适、资源调配和心态平和、态度稳定，等等。

这是因为，教育孩子要面对孩子诸多的问题。接受与引领幼儿离开父母，走出家庭，进入幼儿园，这期间有游戏，有必备劳动，有音乐、美术、语言等方面，同时也要面对孩子懵懂顽皮、毁坏东西、到处乱翻、不听说、对着干等行为。随着孩子一天天长大，父母一方面享受孩子身体长大，能力提升，交流沟通等快乐，同时，另一面又要面临孩子的学习，与同伴相处，生活习惯养成，与人交流态度方式，等等问题。

家长遇到这些事，一是频繁；二是"着急上火"；三是有点"措手无策"。当然，还有四、五、六。这种情况下，家长往往容易"犯错"，这对家长来说是"挑战"。家长不但要接受与应对这份"代价"，还要理解这份"代价"；那就是孩子要成长，就必须面对这份"代价"，否则，孩子就难以健康、积极而快乐地成长。

——一辈子。孩子成长是一辈子的事，不必过于在乎一时一事；孩子一辈子成长，是由日常一点一滴组成的。这两句话看似矛盾，实则是事实，这可能就是最朴素而现实的哲学吧！

面对孩子一辈子，站在孩子一辈子的角度来思考孩子的教育，家长至少可以得到两种启示：

启示一：家长在教育小孩时，切记"勿以善小而不为，勿以恶小而为之"和"小洞不补，大洞吃苦"这两句话。面对孩子的教育，在于日常，在于引导，在于发现。所谓在于日常，指家庭教育要生活化，要寓于具体事情中，寓于"烟火气",寓于亲情中;所谓在于引导,家庭教育在于交流,在于表达观点,在于提醒,在于示范;所谓在于发现,家庭教育的优势在于有更多时间,在于不经意间,在于有更多机会去接触孩子,了解孩子,发现孩子的变化,寻找原因,可以做到预测和预防。

启示二:家长不要因孩子出现一些"不良"现象,一些波动与变化,就觉得孩子"不可救药",就觉得"事态严重"。其实不然,有些是孩子成长过程中的偶然情况,有些是孩子成长过程必需的"坎坷",有些是家长的"误判"与过高标准所带来的"过高要求",等等。家长发现孩子的变化,尤其是让家长认为不好的变化,家长需要重视,需要给孩子一定帮助,但切不可慌了手脚,乱了阵脚,免得忙中出错。家长更不可"扩大"问题与事态,否则,有可能出现"好心办坏事"的现象。

——孩子气。孩子有时候会"孩子气",家长要理解。在此,笔者还要建议,家长朋友们在和孩子相处时,也要和孩子一样有"孩子气"。能够与孩子一起有"孩子气"的父母,不会太辛苦,也不会太焦虑,更不会是"失职"的。

给孩子讲"道理",是父母教育孩子常用的方法。父母对孩子讲"道理"时,是否想过,其实父母经常给孩子讲"道理",反而会让孩子回避父母,认为是父母强加给他的观点。孩子本能就会形成"防火墙",不知所措。父母应该清楚一点,对孩子成长有最大帮助的是体验;孩子最喜欢的教育是"润物细无声";孩子成长最需要的陪伴,是有趣、有效的陪伴。父母如能适时、适地、适宜地与孩子一起"孩子气",看似与日常我们定义的教育不一样,看似父母与孩子"没大没小",看似会破坏与影响父母在孩子心里的"形象",看似会影响父母对孩子的教育作用,等等。但是,父母这些担心,恰恰是父母对教育理解的"偏见"与"误区",这些"看似"问题的问题,恰恰与父母的担心相反,不但不会出现,反而促进亲子关系,亲子认可,亲子协商,亲子尊重,亲子合作,等等。父母如能适时、适地、适宜地与孩子一起"孩子气",对孩子成长有正向、积极且有效的帮助。

——情绪。情绪,如同硬币的两面,有时是"天使",情绪让你变得有特点、有魅力、有热情;有时是"魔鬼",情绪让你变得失控、失智(理智与智商)、失真（对真实状态判断失真）、失效。

影响家庭教育的因素很多，就家长方面来讲，家长的情绪对教育影响最大，也是家长最难把控和最容易"犯错"的。情绪是家长最需要改变与把控的，同时也是家长较为"独立"拥有和"单独"把握的。

家长如何把握情绪，我有几点看法和建议：一是情绪有先天的"气质"，并不是不可"改良"，但这不是一件容易的事情。二是情绪起伏受习惯、认知和环境等方面影响。三是改变习惯是长期而艰难的一件事，想彻底改变很难，但适度的调整是可以的。我们可以尝试列出几点习惯出来，如快速反应，小事不管，大事无措，喜欢唠叨，等。我们可以选择一个进行调整，比如喜欢唠叨习惯，我们可以从唠叨频率、唠叨时长、唠叨对象、唠叨内容四个方面列一个表，记录一天的数据，然后是今天与昨天对比，看看有什么变化并予以分析，坚持7天，接着再坚持7天，就可以看到明显变化。四是认知是人面对外界信息反应的基础，人对事情作出不同理解、判断与选择，大多数源于自己的认知，不同认知的人，面对同一信息，他们的反应是不一样的。人的情绪源于对事情与信息的判断，而判断又来自于他对事情与信息的"认知"，其实把控情绪，如同让一辆开动的汽车停下来，你是用力去拉汽车车轮，还是用脚踩刹车？用拉汽车车轮的方式让汽车停下来，就如同你拼命克制自己情绪一样，效果很差；用踩刹车方式让汽车停下来，则如同你优化自己的认知，从而让情绪得以把握。五是环境是情绪的"催化剂"，能促使你情绪起伏，具有创设环境能力的人鲜少，具有营造环境能力的人也不是很多，但能选择环境来教育孩子的家长，可以说人人都能做到。家长们一定要选择适合与适宜的环境，否则，又会陷入情绪的"泥淖"，让你难以自拔。六是没有人所有的情绪都是"优良"的，或所有的习惯都是"糟糕"的，接受与正视自己的情绪是每个人把握情绪的前提与基础。

家长朋友们，要做一名优秀家长，就要做自己情绪的"主人"，不要做情绪的"奴隶"。

——**说出来**。家长有话说出来，这个话不是"道理"，不是"评价"，而是客观"呈现"自己的"认知"。家长要平和、平稳、平常地表达，而不是自己有决定、有判断，再与孩子交流，应该是把自己的话说出来，告诉孩子，让孩子知道你说什么？为什么要说？这样可能会有一时一事的"麻烦"，但有助于家庭有效交流与沟通氛围的形成。

除了家长有话要"说出来"，家长还要让孩子有话"说出来"。孩子随着年龄增长，与家长交流越来越少，一是因为孩子"独立"意识的反应；二是因为孩子在与家长长期交往中，没有感受到交流所带来的帮助，换句话说，家长并没有对孩子表达予以尊重，甚至还作为所谓的教育"素材"。孩子有话"说出来"，不仅仅是孩子交流、表达、寻找等方面的需求，也是家长与孩子相互成长，相互理解，相互信任的需要。让孩子有话"说出来"，对家长来说，是件重要而艰辛的事。如果孩子有什么事，都会和父母交流，这证明你们家庭氛围好，孩子信任父母，家长尊重孩子，这样的家庭教育是民主的，是平等的，是有利于孩子健康成长的。

——**孩子是谁**。"知己知彼，百战不殆"。了解孩子，让家长有的放矢；了解孩子，让家长对孩子的言行与想法，知其然又知其所以然；了解孩子，让家长在遇到一些行为、一些现象的时候，哪怕是一些不良的问题，家长不会盲目，不会恐慌，会从容应对；了解孩子，让家长增强"预防"意识，提升"防范"能力，增多"预测"机会，使家长不被孩子牵着跑，被事情牵着走，整天忙于应付与解决各种问题；了解孩子，让家长知道其他孩子情况，"没有对比，就没有伤害"是因为不知原由，如果知道原由，"有了对比，也不再会伤害"。

教育规律，有教育者的教育规律，有受教育者的成长规律。"孩子是谁"？就是以教育者视角去了解孩子的成长规律，这对作为教育主体与终身责任的家长，有重要的意义。

——**重要事情与重要节点**。每个人成长都要经历千万日夜与千万件事情，每个人成长过程中的重要事情与重要节点又尤为重要。

孩子成长有关键期，如婴儿期是孩子智力、心理与身体发育和生长的关键期，也就是重要节点。如幼儿期的听、说、爬、走、看、模仿和玩玩具等内容，是重要事情；如幼儿进托班、上幼儿园，进小学校，小升初，青春期，等等，都是重要节点；再如孩子的情绪变化，兴趣喜爱变化，学习成绩变化，交友变化，与父母交流变化，穿着打扮变化等方面，都是重要事情。

作为家长，要关注与重视孩子的重要事情与重要节点的变化，要提前学习相关知识，或向其他家长与老师请教，静心观察，平和面对，积极引导，及时跟进，因势利导，必将给家长带来诸多的欢喜。千万不要浪费孩子成长过程中的重要事情与重要节点。

家长面对的是"变化"，孩子面对的是"未来"；家长经历的是"未知"，孩子经历的是"希望"。愿天下所有父母都与孩子一起面对"变化"与"未来"，从容地把"未知"变成"希望"。

跨省家长会

路光生校长坐在我的办公室,向我讲述江西省弋阳县圭峰镇初级中学(以下简称圭峰中学)开展的跨省家长会(学校所在地为圭峰镇,圭峰镇又因世界非物质文化遗产、世界地质公园、5A级景区龟峰而得名,原龟峰也称圭峰)。

我与路校长围绕着为什么要开展跨省家长会、怎么开展、开展这项活动后产生了什么样的效果等一系列问题进行交流。

学校一般都是一个学期召开一次家长会。每次家长会,许多学校会召开反馈家长会的总结会。班主任一般都会提及家长到会率不高,代会的现象很普遍,迟到早退现象不在少数,家长只会向学校提要求,家长只关心孩子成绩,家长向老师反映学校存在的问题,等等。而家长会的现场,往往可以看到"一言堂",即老师指责与批评家长,老师主导与把控会议方向、内容与节奏等现象。

家长反馈总结会往往以班主任与学校领导互相埋怨、指责结束。但其中有些现象,让路校长"警觉",那就是,这次参加家长会有隔代的爷爷奶奶、外公外婆,有父母辈的舅舅、舅妈、姑姑、姑夫、大伯、叔叔这些"老面孔",还出现了同辈的兄弟姐妹"代会"现象,而且还是在校学生,其中有一人代表几个学生家长参会,据统计,最多的一人,代表了五名学生家长参会,除了姐姐代父母给弟弟开家长会,还有弟弟代父母给姐姐开家长会等现象。

面对这不正常的"正常"现象,该怎么办呢?路校长说道。

路校长组织团队,设计工作方案,通过调研、座谈、访谈、问卷等方式,向学生、家长、社区和老师调查,发现了好多原来未掌握的信息、原由。才知道,原来的判断与认识,只是简单地从现象判断、个别信息推断、原有经验惯性、点状分析结果等表层知晓，而现在通过组织教师进行全域与全面深刻调研、分析。这里的全域，是指对全校所有家长、所有学生、所有村居委和所有老师；这里的全面，是指对不同家庭、学生现状进行分析，对不同原因进行梳理，对不同需要进行统计。从而发现学校家长会到会率低，到会人员要求不达标的原因。拿到一份厚厚的调研报告，对比以往的会议记录，回想大家"充满自信"的信息、理由与判断，路校长开始寻找问题的关键所在，期待找到破解之法。

不参会的家长原因不尽相同，有的在外地务工、有的临时有事、有的觉得来了兴趣索然、有的觉得孩子没啥"出息"、有的压根认为就不需要开家长会，等等，叫人代替参加的原因与上述原因差不多。

路校长再次组织人员，专门研讨如何有效召开家长会，全面推进"家校合作"，如何在家校共育的"困境"中突围。会议最后聚焦在两个问题上。第一个是从明确召开家长会的目的出发，研讨后，一致认为是为了帮助学生健康成长，影响学生健康成长的因素很多，但主要而关键的就是家庭与学校的有效合作，形成家校协同育人生态与机制，家长会就是有效平台，作为学校应该从丰富家长会形式、提升家长会效益、选择家长会时间等方面优化。第二个是从外出务工家长群体出发，通过统计，外出务工家长比例近80%，其中父母都在外地务工的比例近60%。在外务工的家长群体，自然而然成为本项工作的重点与难点，也就是该项工作的突破点了。学校又做了统计，了解到本校有206名学生家长，在浙江义乌与浦江务工，所占比例高达50%，解决了这两地家长的问题，就等于解决了一半的工作难题。

明确工作目标、了解现状、分析原因后，接下来就寻找工作路径并展开实践行动。路校长是位"率真"的教育人，是位年轻稳重有想法和韧劲的教育人。"把家长会开到学生家长务工地去"！这么一个极具创新且富有教育情怀的思路就这么产生了。于是乎就出现了圭峰中学的"跨省家长会"。

"跨省家长会"的决定在2013年10月形成，在12月的第二个周末，圭峰中学一行二十几人来到浙江浦江、义乌两地召开家长会，当时有113名学生的家长在义乌务工，93名学生的家长在浦江务工。学校通过各种关系，分别在浦江、义乌两地借了场地，利用周末时间召开家长会。当时，家长会的通知发出去以后，校长、老师心里都没有底，怕家长不来，那该如何呀？如果只有极少数家长来，会议是开，还是不开呢？那几天，学校校长、老师，都忐忑不安。

到了召开家长会那天，老师还在布置会场，家长们早早赶来，参会家长人数大大超过预计。因为好多是"双家长"，甚至于"多家长"。双家长，有的是父母同来的，有的是父亲或母亲再加上一个亲属；多家长，是孩子的父母，再加上亲朋好友。场面非常热闹，早到的家长帮助老师布置会场，或找孩子的班主任和任课老师沟通交流。

我们从来没有开过、看过这样的家长会，家长的眼神充满敬重、感谢、激动、专注与虔诚，生怕漏掉一个信息、漏掉一句话、漏掉一个词……路校长眼睛里充满了泪花回忆着。当时，由于没有经验与自信，会场位子不够，有站在过道的，有两人挤坐的，有蹲坐在地上的，还有站在外面走廊上与窗户边的……整场家长会，是开会时氛围安静，会后氛围热闹。会后，老师们被一个个家长围着，除了询问孩子成长情况、请教孩子教育问题，更多的是表达对学校、对老师的感谢，以及自己在孩子教育问题上的内疚、亏欠与无奈，会后交流时间超过了会议时间。家长们说，自己一定要尽最大可能，克服困难承担父母教育的责任，当年就有38位学生家长双双回乡务工创业或父母其中一人回乡陪伴小孩读书。

一个大胆的决定与尝试，换来意想不到的收获与成长。路校长与圭峰中学的教育团队并没有停止对教育的思考，他们继续调研，继续讨论，发现家长会现场效果是好，可还是"单边感动"。孩子们与未去的老师没有现场感，他们将信将疑，没有切身体会。这样，效果也就大打折扣。同时，学校还了解到，有些家长认为孩子太不懂事了，父母身在异乡，起早摸黑干活，就是为了换得一家人生活，孩子不但不理解，反而还埋怨与责怪父母不陪伴他们。大部分留守儿童都认为，父母不喜欢他们，"不要"他们，只知道赚钱，只知道自己在外面"玩"、"过好日子"。另一方面，有些孩子反映父母真的不关心他们，不知道他们在家、在学校遇到的困难，尤其是比较大的事，父母都不及时解决，等等。

针对这些问题，2014年12月的第二个周末，学校的领导与班主任们如期而至，又来到了浙江浦江、义乌两地召开"跨省家长会"。有了2013年的经验与积累，无论活动设计、组织、内容、形式，乃至于会议布置等都有了较大的丰富与优化，同时还增设了一个内容，那就是"摄影"。

学校把家长会现场的情景拍摄下来，让未到现场的师生观看感受。除此之外，还增设一项重要内容，那就是为了解决上述有些家长与孩子相互不理解，在认识上出现偏差的问题，设计了特别的内容与环节。这个环节就是，学校在去外省开家长会前，用摄像机拍摄在浦江与义乌务工家长的孩子，让他们对着镜头说一句话，一句平常的话，然后在家长会上播放；学校在外省开完家长会后，选择一些家长，拍摄他们在外乡的务工场景、生活场景，回到学校播放给所有师生观看。

"当时，我们也不知道这么做，是否有效果，有什么效果。"路校长腼腆坚定而温和地看着我说。

"您猜，情况怎么样？"

"不知道。"我笑了笑说道。

当时的场景，让我终生难忘。路校长眼睛里又充满了泪水，对我摆摆手说。

据圭峰中学的老师说，语言的力量不在华丽、优美、深刻与哲理，其实最为平常、朴素的语言，只需要真情实感，其力量是无比强大的。

听完这句话，我非常自豪我曾经说过的一句话："真诚是无敌的。"

根据圭峰中学在现场的老师们描述，当会场屏幕上出现了孩子们的影像，家长们听到非常平常而朴素的一句话时，如：爸妈，奶奶脚又痛了；爸妈，你们什么时候回家；爸妈，我没钱了；爸妈，弟弟又上老网了；爸妈，衣服弄丢了；爸妈……在座的父母都不禁泪流满面，整个会场的人员百感交集。看完影像的家长，在开会过程中，像一个个乖巧的小学生，像一个个犯了错的淘气学生，像一个个……总之，家长们的心，我们是读得懂，看得见的。

在外省开完家长会后，学校又把在浦江、义乌拍的视频放给师生们看。虽然，未能拍全所有家长的片段，但力量依然强大，观看场景与在浦江、义乌家长会场景惊人的相似。惊喜与感动交加，笑容与热泪齐聚。是什么力量，是爱的力量，是教育信仰与情怀的力量，是人性的光辉与人文温暖。教育有时就这么"简单"，教育有时无需更多的"技术"，教育发生在生活、在生命中，教育的核心是"善与爱",没有善与爱的教育理论,教育内容,教育策略,教育场景,教育技术都缺乏价值与作用。

据圭峰中学给我的信息,他们从2013年开始,每年12月的第二个周末都开展这样的"跨省家长会",其间经历过4任校长,直到2020年因疫情被迫停止。他们还告诉我,每年都有家长从外地返乡回家,陪伴孩子学习,陪伴孩子成长,据他们的统计,学校留守儿童占比从2013年的78%,下降到2020年的30%,学校教学质量也大幅提升。

看到以上的数据,我深感欣慰,当时我们在2013年提出全县教育"三让"工作目标即"让弋阳教育走专业化发展道路、让弋阳孩子在家门口享受良好的教育、让弋阳的教育成为弋阳人的骄傲"和2014年提出的"以良好校风影响家风改变民风"的区域良好教育生态正在形成。教育是件"善事",教育需要教育者的"善念、善言、善行",只有教育者心怀善念,口吐善言,身行善行,教育才会结出美丽且丰硕的善果。